全国教育科学规划国家青年项目（CFA140138）成果

# 地方高校转型发展

The Transitional Development of Local Universities

卢伟 著

科学出版社
北京

## 内 容 简 介

知识经济时代的经济社会发展对地方高校日益增长的优质、多样化人才与技术的需要，与地方高校人才、技术供给能力不平衡、不充分的发展之间的矛盾，已经成为地方高校转型发展的根本动因。本书从高等教育学、发展经济学、制度经济学、人力资源管理等多学科理论视角，采用量化研究与质性研究相结合的混合研究方法论，系统、深入地探讨了地方高校转型发展的要素结构及其作用机理，探讨了地方高校在学科专业、"双师型"教师队伍建设、应用型人才培养、科技成果转化、管理制度变革等领域的转型发展核心要求及特征，建立了结构方程模型，并系统提出了推动地方高校转型发展的相关对策与建议。

本书适合教育学尤其是高等教育学研究者，以及教育行政部门管理者和高校管理者阅读与参考。

---

**图书在版编目（CIP）数据**

地方高校转型发展/卢伟著. —北京：科学出版社，2020.12
ISBN 978-7-03-067168-4

Ⅰ.①地⋯ Ⅱ.①卢⋯ Ⅲ.①地方高校-发展-研究-辽宁 Ⅳ.①G649.21

中国版本图书馆 CIP 数据核字（2020）第 243862 号

责任编辑：孙文影　高丽丽/责任校对：杨聪敏
责任印制：李　彤/封面设计：润一文化

*科学出版社* 出版
北京东黄城根北街 16 号
邮政编码：100717
http://www.sciencep.com

**北京虎彩文化传播有限公司** 印刷
科学出版社发行　各地新华书店经销

\*

2020 年 12 月第 一 版　　开本：720×1000　B5
2020 年 12 月第一次印刷　　印张：14 3/4
字数：259 000

**定价：99.00 元**

（如有印装质量问题，我社负责调换）

# 序

学术专著《地方高校转型发展》是卢伟博士所主持的国家社科基金项目的最终研究成果。作为卢伟在北京师范大学攻读博士学位时的导师，该著作即将付梓，我很为他感到高兴，这是他学术生涯的一个重要节点，也是走向更好未来的一个重要起点。

纵观世界现代化的总体进程，社会现代化实现了从农业社会向工业社会、从工业社会向信息社会两次转变。我国作为后发型国家，社会发展具有高度时空压缩的特征，社会发展不平衡且发展方式复杂多样，我国现代化面临的重要任务就是如何发挥迟发展的正面效应，充分发挥好"落后优势"(advantage of backwardness)，借鉴国际先进发展经验，转变发展方式，进而实现追赶和超越的双重目标。党的十八大以来，我国坚持走中国特色新型工业化、信息化、城镇化、农业现代化道路，推动信息化和工业化深度融合、工业化和城镇化良性互动、城镇化和农业现代化相互协调，促进"四化"同步发展。转方式、调结构、提质量，成为今后一段时期国家经济社会发展的战略主题。新"四化"所导致的产业结构升级与调整，现代装备制造业、现代农业、现代服务业等领域新的产业集群发展，对高层次科技和创新型人才、技术技能型人才的需求日趋旺盛，对于人才数量、结构、质量均提出了更高要求，进而对高等学校的发展定位、目标、类型结构、学科专业设置的调整提出了相应的要求。作为后发型高等教育大国，其迟发展的负面效应——高速效应也带来一系列问题。高等学校，尤其是地方高校所培养的人才的质量、结构存在严重问题。高校毕业生总体发展水平不高，实践能力、创新能力和可持续发展能力不足。技术、技能型人才和拔尖创新型人才严重短缺。人才结构与就业结构、产业结构不匹配，已经严重制约我国产业升级和经济发展方式转变。在今后一段时期，高等教育发展方式应从外延扩张转变为以结构优化和质量提升为主的内涵式发展，实现高等教育发展的第二次飞跃，为建设人力资源强国和创新型国家提供智力支撑。

进入新时代，我国的经济社会发展对地方高校日益增长的优质、多样化人才与技术的需要和地方高校人才与技术供给能力不平衡、不充分的发展之间的矛盾，已经成为地方高校转型发展的根本动因。《教育部 国家发展改革委 财政部关于引导部分地方普通本科高校向应用型转变的指导意见》提出，地方高校要增强把握社会经济技术重大变革趋势的能力，加强战略谋划和布局，适应、融入、引领所服务区域的新产业、新业态发展，瞄准当地经济社会发展的新增长点，形成人才培养和技术创新新格局。因此，实现地方高校转型发展对于促进地方高等教育实现内涵式发展、高质量发展具有重要战略意义。地方高校转型发展的实质就是教育发展方式的转变。教育发展方式是指推动教育发展的各种要素投入及其组合的方式，其实质是依赖什么要素、借助什么手段、通过什么途径、怎样实现教育发展。2011—2015 年，我主持了国家社科基金重点课题"以科学发展观为主题，转变教育发展方式研究"，课题分别从教育发展要素和教育发展类型、发展阶段等多个层面展开了研究。期间，卢伟正在攻读博士学位，并全程参与了课题的申请、论证和研究工作，为其后续从事地方高校转型发展研究打下了学理和方法论基础。

地方高校转型发展研究是高等教育发展方式转变研究的重要组成部分，二者具有共通性和内在一致性。《地方高校转型发展》一书从高等教育学、发展经济学、制度经济学、人力资源管理理论等多学科理论视角，采用了多种研究方法，系统、深入地探讨了地方高校转型发展的要素结构及其作用机理，探讨了地方高校在学科专业、"双师型"教师队伍建设、应用型人才培养、科技成果转化、管理制度变革等领域的转型发展核心要求及特征，建立了结构方程模型（SEM），并系统提出了推动地方高校转型发展的对策及建议。该书对于有效破解地方高校发展面临结构性问题，促进地方高校扎根所在区域，走内涵式发展道路，落实立德树人根本任务，实现高质量发展，全面支撑区域经济社会现代化，具有一定的理论意义和实践价值，相信每个读者都会从中受益匪浅。

褚宏启

2020 年 12 月 21 日于北京师范大学寓所

# 目 录

序（褚宏启）

**第一章 地方高校转型发展概论** …………………… 1

 第一节 地方高校与地方高校转型发展 …………… 2
 第二节 地方高校转型发展的背景与动因 ………… 6
 第三节 地方高校转型发展的要素与内在机制 …… 11
 第四节 地方高校转型发展的研究设计 …………… 16

**第二章 地方高校学科专业建设转型** ……………… 27

 第一节 学科专业建设的学理分析 ………………… 28
 第二节 地方高校学科专业建设的现状与问题 …… 38
 第三节 地方高校学科专业转型发展的对策建议 … 40

**第三章 地方高校"双师型"教师队伍建设** ……… 45

 第一节 地方高校"双师型"教师队伍建设的
     理论构建 …………………………………… 46
 第二节 地方高校"双师型"教师队伍建设的
     实证研究 …………………………………… 54

　　　　第三节　地方高校"双师型"教师队伍建设的
　　　　　　　　对策建议 …………………………………………… 63

## 第四章　地方高校应用型人才培养 …………………………… 69

　　第一节　地方高校应用型人才培养模式理论构建 …… 70
　　第二节　地方高校应用型人才培养的实证研究 ……… 80
　　第三节　地方高校应用型人才培养的对策建议 ……… 98

## 第五章　地方高校科技成果转化 ……………………………… 105

　　第一节　地方高校科技成果转化的理论构建 ……… 106
　　第二节　地方高校科技成果转化的实证研究 ……… 115
　　第三节　地方高校科技成果转化的对策建议 ……… 129

## 第六章　地方高校转型发展的制度变革 …………………… 133

　　第一节　地方高校转型发展的制度变迁 …………… 134
　　第二节　地方高校转型发展的学科专业制度改革 … 158
　　第三节　地方高校转型发展的人事制度改革 ……… 167
　　第四节　地方高校转型发展的人才培养制度改革 … 175
　　第五节　地方高校转型发展的科研制度改革 ……… 184
　　第六节　地方高校转型发展的管理制度改革 ……… 192

## 附录 …………………………………………………………………… 203

　　附录1　地方高校转型发展现状调查问卷 …………… 203
　　附录2　地方高校转型发展研究访谈提纲 …………… 214

## 后记 …………………………………………………………………… 217

# 图 目 录

图 1-1　地方高校转型发展研究思路图……………21
图 2-1　学科建设、专业建设的要素交集图………37
图 3-1　"双师型"教师队伍建设影响因素初始预设
　　　　模型……………………………………53
图 3-2　"双师型"教师队伍建设分量表一阶四因子
　　　　斜交模型图……………………………57
图 3-3　地方高校转型关键要素对比图……………58
图 3-4　"双师型"教师队伍建设假设模型的检验
　　　　结果图……………………………………62
图 4-1　地方高校应用型人才培养模式逻辑结构图……80
图 4-2　应用型人才培养一阶五因子斜交模型图………84
图 4-3　应用型人才培养路径模型Ⅰ……………………92
图 4-4　应用型人才培养路径模型Ⅱ……………………93
图 4-5　应用型人才培养路径递归模型图………………95
图 4-6　应用型人才培养最终路径模型…………………96
图 5-1　科技成果转化初始预设路径图…………………115
图 5-2　科技成果转化一阶六因子斜交模型……………118

图 5-3　企业科技吸纳能力制约因素图……………… 123

图 5-4　科技成果转化路径模型图………………… 125

图 6-1　地方高校转型发展制度建设的实践逻辑与
　　　　影响因素结构图………………………… 152

图 6-2　地方高校转型发展初始路径图……………… 154

图 6-3　地方高校转型发展路径模型………………… 157

表 目 录

表 1-1　解释经济增长的三阶段范式模型……………………7
表 1-2　地方高校转型发展的路径及要素组合
　　　　方式表………………………………………………15
表 1-3　地方高校转型发展研究内容框架表………………19
表 1-4　地方高校抽样调查基本信息统计表………………24
表 1-5　抽样调查被试的人口学统计变量信息表…………25
表 2-1　学科建设与专业建设的要素对比表………………37
表 3-1　"双师型"教师队伍建设分量表因子分析
　　　　结果摘要表…………………………………………56
表 3-2　"双师型"教师队伍建设分量表验证性因素
　　　　分析结果适配对比表………………………………57
表 3-3　不同学校类型对师资规划的独立样本 $t$ 检验
　　　　结果摘要表…………………………………………59
表 3-4　不同学校类型对教师资格准入的独立样本 $t$
　　　　检验结果摘要表……………………………………59
表 3-5　是否开展校企合作对教师培养培训的独立
　　　　样本 $t$ 检验结果摘要表……………………………60

| 表 3-6 | 是否开展校企合作对教师评价激励的独立样本 $t$ 检验结果摘要表 | 60 |
| --- | --- | --- |
| 表 3-7 | "双师型"教师队伍建设的各个维度间的相关分析 | 61 |
| 表 3-8 | "双师型"教师队伍建设路径模型检验结果 | 61 |
| 表 4-1 | 应用型人才培养探索性因素分析结果摘要表 | 83 |
| 表 4-2 | 应用型人才培养的验证性因素分析结果适配对比表 | 84 |
| 表 4-3 | 地方高校应用型人才培养分量表信度分析结果 | 85 |
| 表 4-4 | 不同类型高校在应用型人才培养各维度上的水平 | 86 |
| 表 4-5 | 不同类型高校在应用型人才培养各维度的组间、组内差异比较 | 87 |
| 表 4-6 | 高校是否开展校企合作在人才培养目标上的独立样本 $t$ 检验结果摘要表 | 88 |
| 表 4-7 | 高校是否开展校企合作在人才培养条件上的独立样本 $t$ 检验结果摘要表 | 88 |
| 表 4-8 | 高校是否开展校企合作在人才培养内容上的独立样本 $t$ 检验结果摘要表 | 89 |
| 表 4-9 | 高校是否开展校企合作在人才培养方式上的独立样本 $t$ 检验结果摘要表 | 90 |
| 表 4-10 | 高校是否开展校企合作在人才培养质量上的独立样本 $t$ 检验结果摘要表 | 90 |

| 表 4-11 | 培养目标、培养条件、培养内容、培养方式和培养质量的相关分析 | 91 |
|---|---|---|
| 表 4-12 | 应用型人才培养路径模型 I 检验结果 | 92 |
| 表 4-13 | 应用型人才培养路径模型 II 检验结果 | 94 |
| 表 4-14 | 应用型人才培养模型 I 和模型 II 适配指标对比表 | 94 |
| 表 4-15 | 应用型人才培养最终模型检验结果 | 96 |
| 表 5-1 | 科技成果转化因子分析结果摘要表 | 116 |
| 表 5-2 | 科技成果转化分量表信度分析 | 117 |
| 表 5-3 | 科技成果转化验证性因素分析结果适配对比表 | 118 |
| 表 5-4 | 科技成果转化能力、制约因素调查表 | 119 |
| 表 5-5 | 科技中介服务平台发展现状调查表 | 120 |
| 表 5-6 | 科技成果转化经费投入现状调查表 | 121 |
| 表 5-7 | 科技成果转化管理体制机制现状调查表 | 122 |
| 表 5-8 | 校企深度合作现状调查表 | 124 |
| 表 5-9 | 科技成果转化各维度间的相关分析 | 124 |
| 表 5-10 | 科技成果转化路径模型检验结果 | 125 |
| 表 6-1 | 地方高校转型发展核心要素相关分析 | 153 |
| 表 6-2 | 学科专业建设、人才培养、科学研究、师资队伍、高校管理对高校办学质量的回归分析结果摘要表 | 155 |
| 表 6-3 | 学科专业建设、科学研究、师资队伍、高校管理对人才培养的回归分析结果摘要表 | 156 |

表 6-4 高校管理对学科专业的回归分析结果
摘要表……………………………………… 156

表 6-5 学科专业建设、高校管理对师资队伍的
回归分析结果摘要表…………………… 156

表 6-6 师资队伍、高校管理对科学研究的回归
分析结果摘要表………………………… 157

表 6-7 地方高校教师职务评审考核指标体系框架… 173

# 第一章　地方高校转型发展概论

　　地方高校转型发展是深化高等教育供给侧结构性改革，推动高校走特色化发展、内涵式发展之路的有效途径。高等教育地方化是当代世界高等教育发展的一大显著趋势，是区域经济发展的产物。经济发展方式转变、产业转型升级倒逼高等教育进行分类改革，要求形成与经济产业结构相匹配的高等教育结构体系，这也是地方高校向应用技术大学转型的动因。本章阐述了地方高校转型发展的基本理论构想与假设，厘清了地方高校转型发展这一概念的内涵，阐述了经济发展与地方高校转型发展的律动关系及地方高校转型发展的根本动因、关键要素与内在机理，为全书提供逻辑铺陈，并在此基础上对全书的研究内容、研究问题、研究思路、研究基本过程进行了介绍。

# 第一节　地方高校与地方高校转型发展

## 一、地方高校概述

### （一）界定地方高校的基本依据

明确地方高校的内涵和边界是开展相关研究的逻辑前提，也是关涉转型主体的关键问题。然而，学界通常将地方高校界定为新建本科院校（新建地方本科院校）、地方本科院校（地方本科高校）、普通本科高校等，缺乏统一的称谓和共识性理解，容易使地方高校转型发展在理论认识和实践上陷入误区。2006年，为做好高等学校设置工作，保证普通本科学校的教育质量，教育部颁布并实施了《普通本科学校设置暂行规定》（以下简称《暂行规定》），为普通本科学校（独立设置的学院和大学）的设置提供了权威法定依据。[①]《暂行规定》要求，在办学规模上，普通本科学校主要实施本科及本科以上教育，在校研究生数不低于全日制在校生总数的5%。在学科设置上，普通本科学校在人文学科（哲学、文学、历史学）、社会学科（经济学、法学、教育学）、理学、工学、农学、医学、管理学等学科门类中，称为学院的应拥有1个以上学科门类作为主要学科，称为大学的应拥有3个以上学科门类作为主要学科。在专业设置上，称为学院的其主要学科门类中应能覆盖该学科门类3个以上的专业；称为大学的其每个主要学科门类中的普通本科专业应能覆盖该学科门类3个以上的一级学科，每个主要学科门类的全日制本科以上在校生均不低于学校全日制本科以上在校生总数的15%，且至少有2个硕士学位授予点，学校的普通本科专业总数至少在20个以上。在师资队伍上，普通本科学校应具有较强的教学、科研力量，专任教师总数一般应使生师比不高于18∶1；兼任教师人数应当不超过本校专任教师总数的1/4。《暂行规定》又分别从学院、大学两种类型对教师队伍规模、学历结构、职称结构、师生比做出了详细规定。在教学与科研方面，普通本科学校应具有较强的教学力量和

---

① 中华人民共和国教育部. 普通本科学校设置暂行规定[EB/OL].（2006-09-28）[2019-09-22]. http://old.moe.gov.cn/publicfiles/business/htmlfiles/moe/s181/201006/88612.html.

较高的教学水平，应具有较高的科学研究水平；在办学条件保障方面，《暂行规定》对普通本科学校的办学经费，土地，建筑面积，仪器设备，图书，实习、实训场所等均提出了相应要求；在学校领导班子组建及素质结构方面，《暂行规定》要求，必须具备《中华人民共和国教育法》《中华人民共和国高等教育法》《民办教育促进法》等有关法律规定的关于高等学校领导的任职条件要求，具有较高政治素质和管理能力、品德高尚、熟悉高等教育、有高等教育副高级以上专业技术职务的专职领导班子；在学校名称上，普通高等学校实行一校一名制。本科层次的普通高等学校称为"××大学"或"××学院"。设置普通学校，应当根据学校的人才培养目标、办学层次、类型、学科门类、教学和科研水平、规模、领导体制、所在地等，确定名实相符的学校名称。校名不冠以"中国""中华""国家"等字样，不以个人姓名命名，不使用省、自治区、直辖市和学校所在城市以外的地域名。综上所述，《暂行规定》作为国家教育行政部门对高等教育进行管理的唯一合法性行政规章，应当成为我们进行地方高校研究的重要参照。本书认为，应以《暂行规定》为基本依据，来把握和界定地方高校的内涵和边界。

（二）地方高校的内涵、外延与属性

基于对《暂行规定》的文本分析，本书认为对地方高校的界定应兼顾行政隶属关系、办学所在地、办学经费来源、办学服务主要面向等方面的因素。地方高校主要是指隶属于各省（自治区、直辖市）政府及其教育行政部门，以地方财政拨款为主，承担为地方行业、产业培养人才、提供服务任务的普通本科学校。①地方高校与部委直属高校相对应，是我国本科层次高等教育事业的构成主体。其主要有三类：一是改革开放前就已存在的、历史相对悠久的地方本科院校；二是20世纪90年代由各部委、行业调整到地方管理的本科高校；三是改革开放以来新建的及由地方专科学校合并、升格的本科高校。②其中，不包括"985工程"高校、"211工程"等隶属中央部委的院校。可见，学界通常所说的新建本科院校（新建地方本科院校）、地方本科院校（地方本科高校）、普通本科高校等都可以被统称为"地方高校"，均为本书所指的研究对象。

地方高校具有以下五个基本特征。第一，地方性。这是地方高校的首要基本

---

① 余锡祥. 地方本科院校职业化转型发展与校办企业转型的核心问题[J]. 中国职业技术教育,2014,(27)：9-13.
② 李明强,吴雯雯. 国外应用技术大学办学经验对我国转型地方高校的启示[J]. 高等教育评论,2015,(1)：170-184.

特征。地方高校除管理权属于地方外，生源主要来自本地，教育经费主要来自地方政府财政和其他各种社会力量的支持。第二，特色性。这既是地方性的体现，又是地方高校实现特色化、跨越式发展的必然选择。[①]地方高校可利用其地缘、产业、区域、资源等优势，并把自身的办学条件和办学现状与社会经济发展需求结合起来，确定可利用和可发展的重点领域，办出自己的特色。第三，实用性。地方高校因所处的特定区域的政治、经济、文化发展状况不同，对人才的规格、类型的要求也不同，地方高校要根据自己所在区域的发展需要，确立应用型导向办学理念，致力于服务地方经济发展。第四，灵活性。这主要表现在办学形式、办学风格的灵活性上，地方高校可根据地方经济需求，灵活地调整和优化学科专业结构。第五，大众性。作为实现高等教育大众化的主力军，面向大众、服务地方区域经济社会发展是地方高校办学的理想境界。

## 二、地方高校转型发展的核心要义

### （一）国家推进地方高校转型发展的总体政策安排

《国务院关于加快发展现代职业教育的决定》《现代职业教育体系建设规划（2014—2020年）》《中共中央 国务院关于深化体制机制改革加快实施创新驱动发展战略的若干意见》《国家新型城镇化规划（2014—2020年）》《中国制造2025》都明确要求引导、推动部分地方普通本科高校向应用型高校转型发展。在此基础上，2015年10月，《教育部 国家发展改革委 财政部关于引导部分地方普通本科高校向应用型转变的指导意见》提出，"转型的主体是学校。按照试点一批、带动一片的要求，确定一批有条件、有意愿的试点高校率先探索应用型（含应用技术大学、学院）发展模式。充分发挥试点高校的示范引领作用，激发高校转型内生动力活力，带动更多地方高校加快转型步伐，推动高等教育改革和现代职业教育体系建设不断取得新进展"。其还提出要"坚持顶层设计、综合改革……增强改革的系统性、整体性和协调性。不断完善促进转型发展的政策体系，推动院校设置、招生计划、拨款制度、学校治理结构、学科专业设置、人才培养模式、师资队伍建设、招生考试制度等重点难点领域的改革。充分发挥评估评价制度的导向作用，以评促建、以评促转，使转型高校的教育目标和质量标准更加对接社会需求、更加符合应用型高校的办学定位"。

---

① 肖玲莉. 地方院校发展定位趋同化现象探析[D]. 华中科技大学硕士学位论文，2008：13-14.

## （二）应用技术大学的本质属性

综合分析上述国家政策要求可以发现，地方高校转型发展的政策目标指向是应用型（应用技术）高校。长期以来，由于地方高校办学实践经验的缺乏，部分地方本科高校的办学理念不成熟，人才培养定位不清晰，容易将应用技术本科和普通本科、高职专科的概念相混淆，进而在转型过程中未能抓住学科专业结构调整、课程体系设置、人才培养模式改革、实践基地建设以及地方行业企业需求的对接等推进转型发展的关键问题，把转型后的应用技术本科教育等同于高等职业技能训练，片面强调专业人才的应用技能和实践技术，忽视了本科教育的基础性、长远性和全面性[①]，进而实行"一刀切"模式，推动地方高校全部转向应用技术大学，最终陷入机械主义、经验主义的误区。其根本原因在于地方政府和高校对转型方向和目标定位缺乏清晰的理解，对应用型（应用技术）高校的本质属性、发展方向缺乏正确的理解和认知。

何为应用技术大学？应用技术大学是我国社会主义现代化建设进程中产业转型升级和产业技术进步的产物，其基于实体经济发展需求，服务于国家技术技能创新积累，立足现代职业教育体系，直接融入区域产业发展，是集职业技术教育、高等教育、继续教育于一体的新的大学类型。[②]

关于应用型大学与应用技术大学的关系，应该说明和强调的是，本书所指的应用技术大学中的"技术"是一般意义、广义上的"技术"，是蕴含"科学、知识、工程、技术、艺术"等应用性科学与技艺含义的统称，是引导地方高校转型发展为一种新的高校类型的称呼，并非把所有地方高校的校名都千篇一律地称作"××应用技术大学"。大学也为广义上的表达，是涵括"学院""大学"等应用型高校的统称，重在强调本科及本科以上的学校办学层次类型。因此，对于应用型大学和应用技术大学，本书将在同一政策话语和同一内涵上使用，为便于表达统一表述为"应用技术大学"。从本质属性来看，应用技术大学具有"高""专""技""人"的特征。[③]第一，所谓的"高"，即其"高等教育属性"，应用技术教育是建立在中等教育基础上的高等教育，主要培养本科及以上层次的人才；第二，所谓的"专"，即其"专业属性"，应用技术大学是指基于学科结构、社会职业分工和行业需求，构建课程体系，面向接受中等教育后群体，培养高层次专门人才

---

① 赵哲，董新伟，李漫红. 地方本科高校转型发展的三种倾向及其规避[J]. 教育发展研究，2015，（7）：23-27，62.

② 应用技术大学（学院）联盟，地方高校转型发展研究中心. 地方本科院校转型发展实践与政策研究报告[R]. 地方高校转型发展研究中心，2013.

③ 董立平. 地方高校转型发展与建设应用技术大学[J]. 教育研究，2014，（8）：67-74.

的学校。第三，所谓的"技"，即其"应用技术属性"，其主要培养应用型人才，主要开展应用型科学研究与社会服务。然而，其并不排斥和忽略对学生学科基础知识、学术素养的训练和培养，也不排斥对基础研究的重视和开展，关键是要在知识教育与技能训练、基础研究与应用研究之间找到契合点和平衡点，强调技术性并不是对技术大学的矮化。第四，所谓的"人"，即其"人文性"，是指应用技术大学要使其培养的人才在专业素养、人文素养、科学素养、职业素养、工匠精神等方面接受全面教育和提升，不单单培养技术人、工具人、机器人，而是要培养"德技双馨"的复合型、高素质、技能型人才。

（三）地方高校转型发展的内涵与要义

综上所述，应用技术大学作为一种综合性的新型办学实体，已经成为地方高校转型发展的战略方向。地方高校转型发展是指推动地方高校向应用技术大学转型的各种要素投入及其组合、相互作用的方式，其实质是依赖什么要素，凭借什么手段，通过什么路径，怎样实现转型发展的目标。[1]因此，在向应用技术大学转变的过程中，地方高校要统筹兼顾高等教育的一致性与多样性、永恒性与发展性、学术性与职业性、人文性与工具性的关系，全面推动地方高校的理念更新、目标升级、模式变革、体系重构，从而为其向应用技术大学转型提供可行路径。以高质量的应用技术型人才培养和应用技术研究服务地方，既是应用技术大学的本质属性、社会职责，更是其实现科学发展的路径。[2]

# 第二节　地方高校转型发展的背景与动因

高等教育发展方式的转变应尊重教育外部关系规律和教育内部关系规律，要有利于教育与经济社会的协调发展。[3]地方高校转型发展亦应在遵循高等教育自身逻辑的同时，遵循经济、社会发展逻辑。经济发展的规律及其阶段性的特征应成为推动地方高校转型发展的外在逻辑、基本遵循、时代要求。地方高校转型发

---

[1] 卢伟，褚宏启. 教育信息化2.0时代地方高校转型发展的三条路径[J]. 教育发展研究，2019，（7）：1-6.
[2] 董立平. 地方高校转型发展与建设应用技术大学[J]. 教育研究，2014，（8）：67-74.
[3] 刘国瑞. 关于高等教育发展方式转变的几个问题[J]. 现代教育管理，2013，（2）：12-17.

展迫切需要顺应知识经济时代和信息化社会的发展要求，明晰问题症结，升级教育目标，厘清发展思路，实现转型发展。

## 一、世界经济现代化发展进程中的高等教育发展

在世界经济现代化的进程中，经济发展形态实现了从农业经济向工业经济、从工业经济向知识经济的两次转变。20世纪40年代至今，发展经济学出现了三次范式转换，即集中化范式、新古典主义范式、新制度经济学派交易成本范式。[①] 三种范式诠释了不同阶段经济发展的关键要素及其关联机制，为解读经济发展规律提供了基本分析工具。集中化范式出现在20世纪40—60年代，该范式强调通过国家的有力管控，使政策正确，纠正市场失效。哈罗德-多马模型是该范式的重要基础。该模型认为，经济发展只有两种生产要素——资本（K：capital）与劳动（L：labour）（表1-1）。经济增长主要是由大规模投资来驱动的，并辅之以充足的劳动力供给和一般性技术支撑，资本密集型、劳动密集型产业成为主导产业，产业竞争力主要来自投资优势。这一时期的经济发展对高级专门人才的需求较弱，大学与产业的关联不紧密，高等教育发展主要采用的是一种精英化模式。例如，英国高等教育长期坚持"重质量、轻数量"的精英发展模式，到20世纪60年代初期，其大学才超过20所。[②] 这与英国在这一时期利用殖民地廉价劳动力作为驱动经济发展要素的经济发展方式直接相关，造成了其科技、经济政策的保守性。

表1-1　解释经济增长的三阶段范式模型

| 经济发展范式 | 所处年代 | 基础模型及要素 |
| --- | --- | --- |
| 范式Ⅰ：集中化范式 | 20世纪40—60年代 | 哈罗德-多马模型：K、L |
| 范式Ⅱ：新古典主义范式 | 20世纪70—80年代 | 索罗-斯旺模型：K、L、TEC、SK<br>内生增长理论：K、L、TEC、SK、NR、ΔSTR |
| 范式Ⅲ：新制度经济学派交易成本范式 | 20世纪90年代 | K、L、TEC、SK、NR<br>↑<br>ΔSTR<br>↑<br>企业家<br>↑<br>制度 |

注：K为资本，L为劳动，TEC为技术，SK为技能，NR为自然资源，ΔSTR为结构。

---

[①] 高波，张志鹏. 发展经济学——要素、路径与战略[M]. 南京：南京大学出版社，2008：29-53.
[②] 卢伟，褚宏启. 高等教育发展方式转变的内在机制与可行路径——一种要素分析的范式[J]. 现代教育管理，2014，(12)：14-20.

20世纪70—80年代的新古典主义范式强调自由市场的力量,使价格正确,认为发展经济学基本上就是标准经济分析在特定经济发展背景下的运用。索罗-斯旺模型是该范式的核心,该模型是在哈罗德-多马模型的基础上通过将第二个要素劳动(L)和第三个独立的变量技术(TEC)引入拓展而成,强调人均产量的长期增长取决于劳动型技术进步的速度,技术进步是外生的。在各国经济相同的技术水平条件下,各国生产率的增长速度将趋于一致。随着经济的发展,内生增长理论将促进经济增长要素聚焦在创新、技术进步、人力资本和国际贸易及制度等方面,并通过引入人力资本(H:human capital)概念把外生的技术进步内化了,即通过教育提升劳动力的职业技能,提高人力资本质量。高技术附加值的资本密集型和技术密集型产业成为具有增长优势的主导性产业,在此过程中,服务业兴起所带来的微观层面的产业结构(ΔSTR)变迁也成为经济增长要素。大学成为提供产业发展所需的高素质人力资本的主阵地,与产业转型升级和绩效提升的关联日益紧密,高等教育进入大众化发展阶段。20世纪80年代,英国开始调整本国保守的科教政策,强调将科学研究同经济、工业发展需要紧密结合。1987年后,其高等教育的入学率从20世纪60年代初的5%左右稳定提高到了15%以上[1],标志着从精英教育向大众化教育转变的完成。

形成于20世纪90年代的新制度经济学派交易成本范式强调制度的重要性,制度作为一种内生变量,不仅决定了人们之间的相互关系,而且建构了政治、经济和社会方面的交易的激励结构,制度变迁决定了经济发展和社会变迁,进而对经济发展的历史进程给出逻辑自洽性解释。该理论的代表人物德国经济学家柯武刚(Wolfgang Kasper)和史漫飞认为,在主要由制度要素确定的激励结构下,经济增长目标主要是通过企业家精神和技术创新来实现的,知识密集型产业成为主导产业,产业竞争力来自新型生产要素的组合效应、技术优势和制度创新偏好。[2]经济发展通过技术、制度优势以及高级专门人才的持续支撑来实现,从而引导高等教育向"大众化"的内涵式发展及普及化阶段迈进。1971年,美国高等教育毛入学率达到50%,成为世界上第一个实现高等教育普及化的国家,为美国实现从工业化国家转变为知识型国家奠定了必要的知识和人力资源基础。[3]

美国高等教育普及化表征了高等教育在进入知识经济时代后作用的提升,即由社会边缘走向社会中心,从附属于经济发展到成为拉动经济发展的关键引擎。

---

[1] United Nations Educational, Scientific and Cultural Organization. Statistical Yearbook [Z]. New York: United Nations Educational Scientific and Cultural Organization, 1998: 17-67.
[2] 柯武刚,史漫飞. 制度经济学——社会秩序与公共政策[M]. 韩朝华译. 北京:商务印书馆,2000:16-24.
[3] 高书国. 美国高等教育普及化模式[J]. 世界教育信息,2006,(9):34-36.

随着第四次科技革命的到来,知识经济在世界范围内迅速兴起和发展。经济形态变革相应地带动了产业结构变革、职业变革、人力资源供给及教育发展方式的转变。传统的资本密集型、劳动密集型产业的昨日辉煌难以为继,以现代信息技术、人工智能技术、大数据、3D打印、量子信息技术等为基础的知识密集型、技术密集型产业呈现出骤然增长的态势。电子商务、网络经济等新型产业大规模兴起,而农业、工业、建筑业等传统产业在信息科技革命的影响下,呈现出智能化、知识化、信息化的发展特征。"互联网+人工智能+机器人"带来的"新型自动化"促进了全社会生产率的大幅跃升,给全球人力资源供给提出了新的挑战,大量工作机会和职业将会被取代。一项关于美国、英国和德国的调查显示,三个国家分别有高达9%、10%和12%的职业可被新型自动化取代。[①]在互联网时代,"零工经济"(gig economy)与"云劳动"(cloud labor)[②]所衍生的新型职业也将取代大量传统职业类型。世界各国高度重视教育信息化战略,纷纷积极应对全球范围内信息科技革命引发的教育变革。2008年,英国教育传播和技术署(Britain Educational Communication and Technology Agency)专门发表了关于教育信息化的发展报告——《利用技术:下一代学习(2008—2014)》,并分两个阶段对全国的教育信息化发展进行了设计。[③]2011年,韩国提出"智慧教育战略"(smart education strategy)[④],旨在以智慧教育提升教育系统的创新驱动力。

纵观世界经济发展范式的演变,经济增长因其所依靠的要素的不同及其组合方式而呈现出发展范式上的差异性,反映了经济增长方式从粗放型(extensive growth)向集约型(intensive growth)转变的基本规律。高等教育发展方式的阶段性差异是对经济增长方式的阶段性要求做出的适应性反应。高等教育发展方式也遵循了从精英教育到大众化教育再到普及化的基本路径,但高等教育发展与经济发展的关系并非简单的线性对应关系,二者是双向多维的非均衡互动关系。[⑤]同时,此种非线性对应关系会因国家制度、经济、社会、文化发展水平的差异,以及高等教育自身效益的滞后性和人才培养的周期性的限制而呈现出非均衡性发展态势,比如,英国长达三个世纪的精英发展方式缓慢转型,美国率先进入高等教育普及化阶段等。二者之间的此种律动规则为我们设计地方高校转型发展战略

---

① Arntz M, Gregory T, Zicrahn U. The Risk of Automation for Jobs in OECD Countries: A Comparative Analysis[J]. OECD Social, Employment, and Migration Working Papers, 2016,(189):1.
② 潘天君,欧阳忠明.人工智能时代的工作与职业培训:发展趋势与应对思考——基于《工作与职业培训的未来》及"云劳动"的解读[J].远程教育杂志,2018,(1):18-26.
③ 陈仕品,张剑平.21世纪初期英美教育信息化战略规划及其启示[J].现代教育技术,2012,(2):10-15.
④ Keris. Adapting Education to the Information Age 2011[EB/OL]. [2018-06-10]. http://english.keris.or.kr/whitepaper/WhitePaper_eng_2011_wpap.pdf.
⑤ 潘懋元.多学科观点的高等教育研究[M].上海:上海教育出版社,2001:211.

提供了重要方法论启示：必须在发展高等教育与发展经济之间保持适度的张力，并使高等教育发展适度超前于经济发展，高等教育不再仅仅是被动地服务于经济社会发展，而是适度超越和引领，高等教育应该在经济社会发展变革的浪潮中勇立潮头。

## 二、我国经济发展对高等教育发展的应然要求

作为后发型国家，我国的经济社会发展具有高度的时空压缩特征，经济发展不平衡、发展方式复杂多样，既有简单依靠高投入和高资源消耗的粗放型经济发展方式，也有与国际接轨的现代集约型经济发展方式。我国经济发展面临的首要任务就是如何发挥迟发展的正面效应，充分发挥好"落后优势"（advantage of backwardness）[①]，既要借鉴先进国家的发展经验，积极应对知识经济、科技发展新趋势，又要通过实施创新驱动发展战略，完成发展战略性新兴产业与改造和升级传统产业的双重任务，以自主性发展、内生发展实现"弯道超车"。党的十九大报告提出，要"加快发展先进制造业，推动互联网、大数据、人工智能和实体经济深度融合，在中高端消费、创新引领、绿色低碳、共享经济、现代供应链、人力资本服务等领域培育新增长点、形成新动能"，"推动新型工业化、信息化、城镇化、农业现代化同步发展，主动参与和推动经济全球化进程"。[②]新"四化"所导致的产业结构升级与调整，现代装备制造业、现代农业、现代服务业等领域新的产业集群发展，对高层次科技和创新型人才、技术技能型人才的需求日趋旺盛；对人才数量、结构、质量均提出了更高要求，进而对高等教育的发展目标、类型结构、专业设置的调整提出相应的要求。对此，推进高等教育供给侧结构性改革，就要通过调整与优化要素配置，在理念、机制、资源、技术等层面推动我国高等教育的改革与创新[③]，最终建立起能够顺应并引领新时代经济社会发展和进步的高等教育体系，推动高等教育发展方式从外延扩张转变为以结构优化和质量提升为主的内涵式发展、特色化发展，实现高等教育发展的第二次飞跃，为建设人力资源强国和创新型国家建设提供人力和智力支撑。

---

① 褚宏启.教育现代化的路径——现代教育导论[M].北京：教育科学出版社，2013：119.
② 新华网.习近平：决胜全面建成小康社会 夺取新时代中国特色社会主义伟大胜利——在中国共产党第十九次全国代表大会上的报告[EB/OL].（2017-10-27）[2019-01-10]. http://www.xinhuanet.com/politics/19cpcnc/2017-10/27/c_1121867529.htm.
③ 金保华，刘晓洁.高等教育供给侧结构性改革的理论逻辑与实践路径[J].教育与经济，2016，（6）：17-22.

### 三、我国地方高校转型发展的根本动因

当今，国际、国内新科技革命引发了经济、社会等领域的深层次变革浪潮，由此对高等教育人力资源供给提出了前所未有的挑战。我国的高等教育结构性矛盾更加突出，同质化办学倾向严重，高校改革的顶层设计不够、改革动力不足、体制束缚太多。另外，人才培养结构和质量不能够满足经济结构调整和产业升级的要求，科技成果转化能力薄弱，出现了高校"毕业生就业难和就业质量低"与"生产服务一线应用型、复合型、创新型人才紧缺"的人才供给悖论。地方高校是矛盾的主要方面，上述问题尤为突出，已经严重制约了我国产业升级和经济发展方式的转变。知识经济时代的经济社会发展对地方高校的优质、多样化人才以及技术日益增长的需要和地方高校人才、技术供给能力不平衡、不充分的发展之间的矛盾，已经成为高校转型发展的根本动因。为此，地方高校要提高对社会经济和技术重大变革趋势的应变能力，积极主动适应、融入、引领所服务区域的新产业、新业态发展，促进新技术向生产生活广泛渗透，形成人才培养和技术创新的新优势，建设高水平的特色鲜明的应用技术大学。

## 第三节 地方高校转型发展的要素与内在机制

### 一、地方高校转型发展的内在逻辑

面对知识经济和信息化社会的挑战，20 世纪 90 年代以来，世界各国均将如何培育人才的核心素养作为本国教育领域的重要议题，并以此作为提升本国教育发展水平和人力资源供给质量的重要突破口。经济合作与发展组织（Organization for Economic Co-operation and Development，OECD）作为世界上最早提出核心素养的国际组织，经过多年的持续研究后，最终构建了"人与工具""人与自己""人与社会"等核心素养框架，具体包括"使用工具互动""在异质群体中工作"

"自主行动"共3类、9种核心素养指标体系。[1]在开展大型跨国研究后,"21世纪素养的评价与教学项目"(Assessment and Teaching of 21st Century Skills)提出了"创造与创新","批判性思维、问题解决能力与决策能力","学会学习、元认知","交流能力","合作能力","信息素养","信息技术素养","公民素养","生活与职业生涯素养"和"个人责任与社会责任"十个层面的核心素养。[2]教育部委托北京师范大学研制的《中国学生发展核心素养》将核心素养分为文化基础、自主发展、社会参与三个方面,综合表现为人文底蕴、科学精神、学会学习、健康生活、责任担当、实践创新六大素养。[3]综合观之,全球范围内的核心素养热潮的本质是知识经济、信息化时代国际教育竞争所带来的教育目标升级运动。为了有效应对这一竞争浪潮,我国高等教育目标尤其是地方高校的教育目标必须进行升级改造。知识经济时代,推进地方高校转型发展的实质是促进地方高校服务区域经济社会发展的人力资源供给能力的提升,其核心标尺就是地方高校培养的人才所具备的核心素养。一旦学生具备了核心素养,就会形成在复杂、多变的环境下以不变应万变的"能力法宝"。

本书认为,地方高校所培养的人才的核心素养应当兼顾知识经济和信息化社会的应然要求与应用技术大学的本质属性来加以厘定。第一,要聚焦知识经济和信息化时代的应然要求,信息素养是其人才核心素养的一个重要构成要素。第二,应遵循应用技术大学的本质属性。应用技术大学具有"高层次""专业性""技术性""人文性"的本质特征。[4]职业精神、创新能力、合作能力、实践能力应成为与应用技术大学的本质属性相对应的核心素养。鉴于此,知识经济和信息化时代,地方高校应把"职业精神、信息素养、创新能力、实践能力、合作能力"五大素养作为其教育目标的核心内容,把培养具有"五大素养"的高层次(本科、专业硕士、博士)应用技术型人才作为其向应用技术大学转型的人才培养新坐标。一旦教育目标实现了转型升级,就会对其他发展要素和环节形成高位引领作用,发展路径也必须随之改变。

综上所述,在知识经济时代和信息化条件下,地方高校转型发展的总体要求可以概括为:以现代信息技术为支撑,"融入"地方高校转型发展全过程,以地

---

[1] OECD. The Definition and Selection of Key Competencies: Executive Summary[EB/OL]. [2019-01-10]. http://www.oecd.org/pisa/35070367.pdf.

[2] Griffin P, McGaw B, Care E. Assessment and Teaching of 21st Century Skills[M]. New York: Springer, 2012: 112.

[3] 人民网.《中国学生发展核心素养》发布[EB/OL]. (2016-09-14)[2019-01-10]. http://edu.people.com.cn/n1/2016/0914/c1053-28714231.html.

[4] 董立平. 地方高校转型发展与建设应用技术大学[J]. 教育研究, 2014, (8): 67-74.

方高校教育目标升级带动其体系结构重构、人才培养模式变革、管理方式转变，最终使得转型发展高校把办学思路转到产教融合、校企合作上来，转到培养应用型、技术技能型的人才上来，转到提高学生的创新创业能力上来，全面提高地方高校服务区域经济社会发展和创新驱动发展的能力，实现以地方高校转型发展助推高等教育结构优化和质量提升。①这也正是知识经济时代地方高校转型发展的内在逻辑。

## 二、地方高校转型发展的构成要素与内生模型

（一）地方高校转型发展的要素厘定

教育发展方式是指推动教育发展的各种要素投入及其组合的方式，其实质是依赖什么要素，借助什么手段，通过什么途径，怎样实现教育发展。②地方高校向应用技术大学转型，同样需要回答发展依赖要素、发展手段、发展路径等三个关键问题。经济发展是由资本（K）、劳动（L）、自然资源（NR：natural resource）、技术（TEC）、技能（SK）、结构（STR）、企业家、制度等多要素共同推动的。本书借鉴经济发展的要素分析的范式方法论，结合高等教育的特殊性，把地方高校转型发展的要素界定为劳动（L）、教育资源（ER：education resource）、课程（CUR：curriculum）、技术（TEC）、教育技能（SK：skill）、教育家（E：educator）、教育结构（STR：structue）和制度（INS：institutions）。"劳动"是指地方高校向应用技术大学转型发展中，在教育管理、教育教学、科学研究、社会服务等环节所投入的体力和智力的总和。"教育资源"主要是指地方高校建设应用技术大学所需和所投入的人力、财力、物力资源。其中，人力资源是指以教师为主体的教育从业人员和以学生为主体的高校人才培养对象；财力资源即地方高校建设应用技术大学所需的货币形式的资本，通俗地讲就是办学经费；物力资源即实体化的办学设施。"课程"是指与地方高校转型发展方向、教育目标和专业人才培养目标相匹配的传授给学生的学科知识体系。"技术"是地方高校以过程形态和结果形态为表征的高校科学研究及其科技成果。"教育技能"是指地方高校教育从业人员所具有的专业知识与能力，如教师的教学技能、教育管理人员的管理技能等，其实质是支撑地方高校转型发展的潜在的教育人力资本。"教育家"是指以地方

---

① 卢伟, 褚宏启. 高等教育发展方式转变的内在机制与可行路径——一种要素分析的范式[J]. 现代教育管理, 2014, (12): 14-20.
② 褚宏启. 论教育发展方式的转变[J]. 教育研究, 2011, (10): 3-10.

教育行政部门管理者、高校校长、专家型教师为代表的深谙高等教育教学规律的管理者群体以及教师群体。"教育结构"即地方高等教育体系结构、地方高校内部学科专业结构。"制度"是指一整套用于激励、约束、规范转型高校建设应用技术大学的管理体制、机制、规则体系，其核心是地方高校转型发展利益相关主体权力及利益的协调及优化配置。

### （二）地方高校转型发展的内生模型

高等教育是一个多要素共同作用的复杂系统，地方高校转型发展靠单一要素或者几个要素均是无法实现的。地方高校转型升级的关键内容、核心机理是其发展要素组合方式的优化，而高校发展要素组合方式的优化要紧密围绕高等教育活动的核心环节展开。美国学者墨菲（J. Murphy）和路易斯（K. Louis）认为，"在教育活动中主要有三个核心层面：在外部关系层面，涉及学校与外部环境的关系；在技术层面（technical level），关注的是学和教的过程（learning-teaching process）；在管理层面，涉及政府、学校对教育教学的领导、管理和组织"[①]。潘懋元等认为，地方高校向应用型转型本身就是实现高等教育内涵式发展的一种有效途径，其本质是提高大学的办学质量，而教学的改革、创新、提高则是质量建设的核心，大学教师的发展是质量建设的基础。这就要求高等教育研究更加重视微观教学方面的研究和教学文化建设，内涵式发展是多维的，学科专业建设、人才队伍建设要以提高人才培养质量为主，地方高校也要开展科学研究，主要是为地方经济社会发展服务等方面的科研工作。[②]上述中外学者关于高校发展核心层面的论述为构建地方高校发展要素优化整合机制提供了方法论启示。第一，结构决定功能，高等教育发展的依附性客观上要求其要处理好自身与外部的关系问题，必须要解决地方高校自身的结构功能定位与整个社会系统结构的协调的问题，即地方高校内外部的结构性问题；第二，师资队伍建设、人才培养、科学研究（服务社会型）是地方高校内涵式发展的核心领域，亦是其核心技术层面；第三，前两个环节目标的实现有赖于地方高校内外部的高效、规范化管理，这就需要关注地方高校管理、治理的相关规范，即高等教育制度层面。基于此，推动地方高校转型发展有三条路径，即结构路径、技术路径、制度路径。[③]我们应以三条路径作为推动地方高校要素优化组合的基本框架性原则和有效整合机制，实现要素组合的优化，

---

① Murphy J, Louis K. Introduction. Framing the project. In Murphy J, Louis K. Handbook Research on Educational Administration（second edition）[C]. San Francisco：Jossey-Bass，1999：227.
② 潘懋元，贺祖斌. 关于地方高校内涵式发展的对话[J]. 高等教育研究，2019，（2）：34-38.
③ 贾继娥，褚宏启. 教育发展方式转变的三条路径[J]. 教育发展研究，2012，（3）：1-6.

促进地方高校向应用技术大学的转变。

结构路径与教育结构要素相对应，其核心是调整地方高校类型定位、学科专业结构布局，这就要求资源、劳动、教育技术等要素必须打通院校类型、学科专业的制度性限制，向应用型学科专业倾斜。教育结构要素为地方高校转型发展要素的有序流动与优化组合进行了基本结构性安排。技术路径与地方高校内涵式发展方式相对应，关涉地方高校师资队伍建设、人才培养、教学研究、科学研究、教育技能、教育资源等要素的逐一优化，更需要相关要素有机整合以产生"乘数效应"。转变地方高校发展方式，实现内涵式发展，要靠懂教育、会经营的教育家办学，依赖于科学研究、信息技术、教师教学技能、课程等要素的优化，关键是要把资源、劳动等要素更多地投入到教学教研、科学研究以及与其直接相关的教育培训之中，进而为地方高校的内涵式发展提供全面、系统的智力、物力、财力资源支持。制度路径与制度要素相对应，关涉地方高校管理方式的转变，其本质就是地方高等教育制度的改革。这些制度是关于其他所有上述相关发展要素的增量变化、质量优化、流动走向、组合方式的规则，通过建立有效的激励与约束机制提高要素配置效率，进而提高地方高校的投入与产出绩效。

推动地方高校转型发展的结构路径、技术路径、制度路径三者既有相对独立性，同时又具有协同性，并行不悖且相互支撑，存在紧密的逻辑关联。结构路径回答了地方高等教育办什么类型的学校、建什么样的学科专业的战略性问题；技术路径则关注地方高校内涵式发展的核心环节，回答如何培养人，培养什么样的人，开展什么样的科研，需要什么样的师资支撑等一系列关键问题，力图通过相关要素的优化组合及教育过程变革，引发教育结果的质变，提高育人质量；制度路径则旨在通过制度要素优化设计与创新，为地方高校结构调整、发展方式变革提供稳定的制度性保障（表1-2）。

表1-2 地方高校转型发展的路径及要素组合方式表

| 基本路径 | 整合的相关要素 |
| --- | --- |
| 结构路径 | 教育体系结构 |
| | 高校类型 |
| | 学科专业类型与结构 |
| 技术路径<br>（内涵式发展） | 师资队伍建设：教育家、劳动 |
| | 教育教学：教育资源、课程、教育技能、教研等 |
| | 服务社会导向的科学研究 |
| 制度路径 | 教育行政制度要素：地方高等教育行政管理体制机制及其相关规范 |
| | 高校管理制度要素：地方高校内部管理体制机制及其相关规范 |
| | 社会治理制度要素：社会相关管理体制机制及其相关规范 |

综上所述，在知识经济和信息化时代，地方高校转型发展的内生模型的核心内涵与内在机理就是通过运用有效的整合机制实现其发展要素组合方式的优化，进而实现以关键内生性要素变革带动地方高校质量变革的整体性目标。

# 第四节　地方高校转型发展的研究设计

## 一、研究内容

推进地方高校转型发展包括五个方面的内容：学科专业建设转型、师资队伍建设转型、人才培养模式转型、科研方式转型、管理制度转型。学科专业转型涉及地方高校的办学定位及类型定位的发展战略、规划等顶层设计问题，属于结构路径的核心要素；师资队伍建设转型、人才培养模式转型、科研方式转型涉及地方高校转型内涵式发展的"核心技术"，属于技术路径的范畴，推进学科专业转型、师资队伍建设转型、人才培养模式转型、科研方式转型均需要相应的管理制度变革来保障和支撑，这就涉及制度路径范畴的问题。推进学科专业转型、师资队伍建设转型、人才培养模式转型、科研方式转型是地方高校实现转型升级的关键内生性要素，而管理制度变革是上述四个要素协同、有序变革的重要保障，以上五个要素均是实现地方高校内涵式发展的保证，是地方高校实现转型发展、内生性发展的关键因素。地方高校转型发展应遵循实践逻辑与学术逻辑相统一的原则，本书根据转型内容厘定研究内容。

（一）学科专业建设转型：应用型学科专业一体化发展

学科专业是地方高校与社会相联系的重要纽带，是地方高校提升应用型人才培养质量、开展高水平应用性研究的前提，也与地方高校的办学类型与发展定位直接相关。地方高校学科专业建设转型的核心是优化学科专业结构，实现应用型学科专业一体化发展。长期以来，地方高校在专业设置上追求大而全的模式，学科专业设置出现了盲目性、从众性，学科专业设置过多地依赖于本校规模经济效益和短期利益，没有很好地结合地方经济建设和发展，当然也就不能很好地服务于地方的经济建设。①这就造成了地方高校学科专业发展水平不高、不均衡，学科专业两层皮现象严重，一体化协同发展不够等突出问题，不利于高水平应用型人才的培养、高水平应用性研究的开展，办学毫无特色，同质化问题突出。因此，地方高校首先应对现有的学科专业进行优化和调整，构建呼应地方产业结构需求的学科专业结构②，学科专业设置要充分考虑地区性经济社会发展的需要，对接行业产业发展，设置应用型学科专业，紧密连接地方主导产业和战略新兴产业，适应社会发展的新需求，针对不同领域建立学科专业集群，促进学科专业一体化协同发展，促使学校学科链、专业链与地方行业产业链的集群对接，不断提升学校学科专业与地方产业的符合度、依存度、共享度。③

### （二）师资队伍建设转型："双师型"教师队伍建设

师资队伍建设是地方高校转型发展的关键因素和重要主体力量。推进地方高校师资队伍建设转型，核心是要建设高素质的"双师型"教师队伍。就教师个体而言，既要有宽广深厚的理论学术功底，又要有丰富娴熟的行业实践经验和技术技能。就师资队伍整体而言，既要有学术型师资，又要有行业教师及学术和实践素养兼备的教师。然而，从当下的现实情况来看，"双师型"教师建设成为地方高校成功向应用型转型的不可忽视的瓶颈和"短板"，集中体现在："双师型"教师的培养、聘用等仍然局限在传统教师管理制度框架之内，存在着注重职称、课题、论文等传统教师评价制度的路径依赖，亟待建立应用型导向的教师考核机制，因存在人事管理、津贴待遇、职称晋升、身份限制等制度性缺陷，地方高校培养和引进"双师型"教师困难重重，"双师型"教师流动出现"肠梗阻"。④因此，推进地方高校师资队伍建设转型，必须致力于高校人力资源开发管理全流程、全要素，基于优势特色学科专业建设的需要，建设一支高素质的"双师型"教师队伍。

### （三）人才培养模式转型：应用型人才培养模式构建

人才培养是地方高校的首要职能，人才培养模式的转型是地方高校转型成功的核心与关键。只有地方高校在人才培养模式方面实现根本转型，才能实现地方高校的实质性转型。推进地方高校人才培养模式转型的核心是构建应用型人才培养模式。目前，地方高校人才培养模式改革滞后，陷入了传统的学术型、精英型

---

① 汪大喹，张翠平，陈小玲. 地方高校转型发展策略研究[J]. 中国成人教育，2015，(15)：48-49.
② 董立平. 地方高校转型发展与建设应用技术大学[J]. 教育研究，2014，(8)：67-74.
③ 李婉，邓泽民. 本科高校转型需要解决的八大问题[J]. 中国职业技术教育，2014，(27)：5-8.
④ 夏美武. 地方本科高校"转型陷阱"及其规避路径[J]. 职教论坛，2016，(7)：11-17.

人才培养模式的窠臼,在教育理念、培养方式方法、培养方案、教学安排、培养师资、评价标准等方面距离应用型人才培养要求还有较大差距,诸多堡垒还没有攻破。①在应用型人才培养方面,有国际经验可以借鉴,如德国实行"双元制",高校和企业是人才培养同一过程中两个互相支撑的单元;澳大利亚高度重视且普遍推行"基于行业的学习"(industry-based learning),企业全方位、实质性地参与人才培养过程。②因此,"产教融合、校企合作"理应是应用型人才培养的根本途径③,并在此基础上重新厘定培养目标、优化课程体系、改进培养方式、整合培养主体、强化实践教学、改进质量评价,重构应用型人才培养模式。

（四）科研方式转型：科技成果转化

根据欧内斯特·博耶（Ernest L. Boyer）对学术概念的界定,学术可以分成"教学学术""应用的学术""综合的学术""发现的学术"。④固然,上述四种学术应成为包括地方高校在内的所有高校学术研究的常态,但地方高校更应注重"教学的学术"和"应用的学术"。⑤因此,地方高校转型为应用技术大学,实现科研方式转型的核心是要为区域经济发展提供精准的应用性的科学研究服务。当前,我国高校科技整体创新能力的真正短板在于,从自主创新转移到先进技术的应用,尚缺乏科技成果转化的能力⑥,尤其是地方高校在科研定位、科研基础、思想意识、协同创新、成果转化等方面依然存在薄弱环节。为此,要推动地方高校着力开展"应用研究",将地方高校的科技成果转化为先进技术、工艺,为区域经济发展提供科技支持,推动区域经济社会发展,并在此基础上把应用研究与基础研究相结合,发挥应用技术大学的资源优势催生产业园区,作为应用型人才培养的新平台。⑦

（五）管理制度转型：管理方式转变

推进地方高校管理制度转型,为地方高校向应用型高校转型提供有力制度保

---

① 夏美武. 地方本科高校"转型陷阱"及其规避路径[J]. 职教论坛, 2016,（7）：11-17.
② 陶秋燕. 澳大利亚应用型大学的课程体系及办学特征分析[J]. 北京联合大学学报（教育教学研究专辑）, 2006,（S1）：23-27.
③ 马庆栋. 应用技术型人才的内涵与地方高校转型发展[J]. 职教论坛, 2015,（4）：35-38.
④ 欧内斯特·L. 博耶. 学术水平反思——教授工作的重点//国家教育发展研究中心. 发达国家教育改革的动向和趋势（第五集）[C]. 北京：人民教育出版社, 1994：101.
⑤ 魏饴. 地方本科高校转型发展：历史演进、职能重构与机理审视[J]. 大学教育科学, 2016,（2）：28-32.
⑥ 赵晶晶. 科研改革是地方高校转型发展重点[J]. 中国高等教育, 2016,（23）：52-54.
⑦ 郭康. 应用技术大学服务区域经济发展的理论探析——兼论地方高校转型应用技术大学[J]. 高教探索, 2016,（6）：25-29.

障,其核心路径是从管理走向治理,而构建新型治理结构是实现地方高校转型的核心环节。当前,地方高校转型发展的内外部管理体制机制亟待理顺和调整,政府推进"管评办分离"与"放管服"改革的力度不够,政府和学校的关系还需进一步理顺;行业企业与地方高校在治理结构中权责不分,行业企业参与地方高校管理的尺度存在争议,亟待建立多元利益主体协调治理制衡机制[①];地方高校内部治理结构及其转型协同机制尚未建立,各方面的政策机制不健全,财政保障机制不到位[②]。鉴于上述问题,须加快推进地方高校转型发展的内外部治理结构优化和调整,通过改革相应的管理体制、机制以及制度,构建政府、高校、社会协同育人、协同治理的新型办学管理格局。

## 二、研究问题

本书旨在回答高校转型转什么、为什么转型、如何转型三大理论和现实命题,进而实现精准把脉高校转型时局、聚焦转型问题、廓清转型趋势、提出转型对策的预期研究目标。具体研究以下几个基本问题。

(一)转什么——高校转型的内容框架厘定

大学的本质属性是学术性与受控性的统一体。[③]大学的发展应当遵循学术逻辑和社会逻辑相结合的发展规律。地方高校应当改变过去过于注重学术逻辑的发展取向,更加注重与区域经济社会发展相联系的社会逻辑。因此,本书把现代大学双重本质属性和内外发展逻辑作为确定地方高校转型内容的基本依据,坚持全面与重点相结合,立足于研究的有限理性,聚焦重点和关键问题,从学科专业建设转型、"双师型"教师队伍建设、应用型人才培养模式构建、科技成果转化、内外部制度变革等五个核心问题确定研究内容框架(表1-3)。

表1-3 地方高校转型发展研究内容框架表

| 基本路径 | 研究内容框架 |
| --- | --- |
| 结构路径 | 教育体系结构 |
| | 高校类型 |
| | 学科专业建设转型 |

---

① 袁潇. 地方高校向应用技术型高校转型中的治理结构[J]. 现代教育管理,2015,(6):12-15.
② 夏美武. 地方本科高校"转型陷阱"及其规避路径[J]. 职教论坛,2016,(7):11-17.
③ 孙绵涛. 关于大学本质观与大学观体系的思考[J]. 教育研究与实验,2011,(1):69-73.

续表

| 基本路径 | 研究内容框架 |
|---|---|
| 技术路径<br>（内涵式发展） | "双师型"教师队伍建设 |
| | 应用型人才培养模式构建 |
| | 科技成果转化 |
| 制度路径 | 转型制度变革：地方高等教育行政管理、高校内部管理、社会管理等相关体制机制及其制度规范变革 |

### （二）为什么转型——地方高校转型的现状与问题

地方高校内涵式发展之困与区域产业结构转型升级之需这对供给—需求之间的矛盾是高校转型的根本动因。本书依据所确定的地方高校转型发展的内容框架体系，通过开发调研工具进行实证调查，明晰地方高校在对接服务区域经济发展和内涵发展维度上存在的问题及其内在机理，并对制约地方高校转型发展的各因素进行深入、系统的分析。

### （三）如何转型——高校转型的对策与路径

地方高校转型发展是一项不能暂停、不可逆的系统性动态工程，不同于修理机器，不宜采用休克疗法，应采取渐进性路径，关键是要找准改革的突破口和确定转型改革内容的优先顺序，即转型改革的对策路径。本书拟从结构路径（学科专业结构体系调整）、技术路径（内涵式发展模式等）、制度路径（内外部管理制度体系）入手，在理论研究和实证研究的基础上提出破解地方高校转型问题的对策。

### （四）基本理论假设

高等教育的依附性及自主性使其与经济发展呈现出非均衡互动性关系，高校在坚持自身办学逻辑的同时，应根据经济发展的阶段性规律和要求进行相应的转变。高校转型的关键内容和核心机理是其要素组合方式的优化。结构路径、技术路径、制度路径为高校转型发展提供了一种有效的整合机制，此种整合机制通过优化组合发展要素来有效破解高校发展问题，成为地方高校转型发展的可行路径选择。

本书基本的理论假设如下：地方高校学科专业改革、人才培养模式改革、科研方式改革应是地方高校转型的关键任务,高校师资队伍建设及其配套制度改革应是高校转型的突破口,管理体制机制改革是根本保障。对于这一假设及其他转型改革的内容要素的基本顺序及其相互关系,有待于通过进一步的理论和实证研究加以论证。

## 三、研究思路

本书按照研究设计、理论研究和实证研究、形成研究对策三个阶段展开。第一个阶段为研究设计,紧扣地方高校转型发展的主题,在基于对理论文献研究和政策研究的基础上,将研究问题聚焦在高校转型发展上,厘定研究问题的边界,选择适切的研究方法。第二阶段为理论研究和实证研究阶段,通过深入研究区域经济发展与高等教育发展关系理论、发展经济学、制度经济学、高校转型发展理论等相关学科理论,建构地方高校转型的内容要素维度,并从理论上论证其相互关系,提出应然的理论假设。同时,根据理论研究所确定的内容维度,开发调查问卷,开展实证调查,并结合典型区域、高校进行个案研究,进一步聚焦现实问题,验证理论假设,分析问题的成因。第三阶段,根据理论研究和实证研究所发现的问题及其成因,有针对性地提出地方高校转型发展之策(图1-1)。

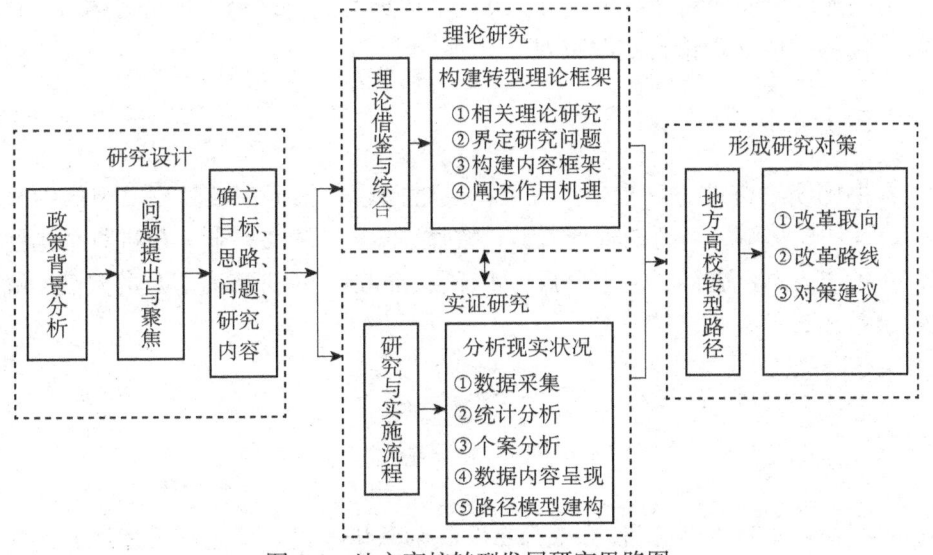

图1-1 地方高校转型发展研究思路图

## 四、研究方法

### （一）文献法

本书对国内外学界关于发展经济学、制度经济学、高校转型发展的相关理论，以及区域经济发展与高等教育发展的关系、高校转型发展战略定位、高校转型发展路径、高校内涵建设研究等方面展开系统的文献分析与研究，对高校转型发展的最新理论观点进行提炼和升华，为本书提供基本的理论框架和应然逻辑框架。

### （二）个案研究法

本书基于方便抽样的原则，以获取有效资料和长期参与式观察研究的时间作为选取样本的优先考虑因素，以最大限度地确保研究的信度和效度。为此，本书选取了辽宁作为区域个案，编码为"L省"，选取了S大学为院校个案，编码为"S校"。根据高校转型发展的内容框架，对其进行结构性的观察，并进行质性研究，采用超越个案的概括、个案中的概括、分析性概括以及扩展个案方法，立足宏观分析微观，通过微观反观宏观，并在实践中凸显理论的功能，兼顾理论特殊性与普遍性的关系问题[①]，从而构建高校转型发展的扎根理论，立足从个案研究走向扩展性个案研究，并在研究成果的呈现方式上打破了个案单独成章节的方式，实现理论论证和实证有机融合，以期形成地方高校转型发展可资借鉴、具有可推广性的一般性理论与实践范式。

### （三）访谈法

本书围绕推进地方高校转型发展的关键问题，根据高校转型发展的内容框架，设计访谈提纲，对高校管理人员、教师、学生、相关行业人员进行结构性访谈，并对访谈内容进行了文本分析，印证研究问题，验证研究工具的效度，解析制约因素和寻求破解之策。

### （四）问卷调查法

**1. 问卷研制**

本书根据学科专业建设、"双师型"教师队伍建设、应用型人才培养模式、

---

[①] 卢晖临，李雪．如何走出个案——从个案研究到扩展个案研究[J]．中国社会科学，2007，(1)：118-130．

科技成果转化、内外部制度变革等地方高校转型发展的核心内容框架，进行问卷开发和设计，研制了"地方高校转型发展现状调查问卷"。问卷的设计经过了三个阶段：第一阶段，笔者围绕地方高校转型发展的上述核心问题及其内容，整理了大量关于学科专业、"双师型"教师队伍建设、应用型人才培养模式、科技成果转化、内外部制度变革等相关学术文献，系统梳理了已有研究成果和相关调查工具、量表，并进行归纳和总结；第二阶段，在问卷设计的过程中，多次对问卷的内容进行讨论和推敲，面向高校教师、行业企业人员、管理人员开展集体焦点访谈，探讨问卷的结构及支撑各维度的具体题项，编制出初步的调查问卷；第三阶段，根据预调查结果和被调查者的反馈意见，对初步编制的问卷进行预试测，并征求相关专家的建议。修改问卷中的部分测量题项等，完成了调查问卷的修订，最终确定问卷内容。

2. 问卷结构及内容

"地方高校转型发展现状调查问卷"分为六个部分：第一部分为基本情况，主要包括年龄、工龄、职务，以及所在学校的类型、学校定位、学校发展阶段、在校生规模及校企合作数量等人口统计学变量和高校基本信息两个层面的数据；第二部分为学科专业建设分量表，主要由学科专业定位、学科专业结构布局、学科专业建设核心要素3个维度、16个题项构成；第三部分为"双师型"教师队伍建设分量表，主要由师资规划、资格准入、培养培训、评价激励4个维度、21个题项构成；第四部分为地方高校应用型人才培养分量表，主要由培养目标、培养内容、培养条件、培养方式、培养质量5个维度、24个题项构成；第五部分为科技成果转化分量表，主要由制度保障、科技中介服务、经费投入、高校科技成果供给、企业科技吸纳、成果转化绩效6个维度、25个题项构成；第六部分为管理治理分量表，主要由教育行政、学校管理、社会合作、保障制度4个维度、46个题项构成；第七部分从办学战略、人才培养、科学研究（科技成果转化）、社会服务、综合得分5个维度，请被试对其所在高校进行定量打分。

3. 抽样调查情况

本书按照随机整群抽样的原则，选取L省30所地方高校，并随机抽取各高校职能部门负责人（处长/副处长）、院长/副院长、一线教师等作为施测对象。本次调研在实测阶段共发放问卷1060份，回收问卷1008份，问卷回收率为95.1%；对于回收的问卷，根据填答情况进行了逐一的检查、筛选，剔除了答案比较单一的、填答不规范、填答不全的无效问卷后，有效问卷为959份，有效率为95.1%。

对回收的有效问卷采用 Excel 2010 进行数据录入，使用 SPSS21.0 和 AMOS21.0 对数据进行统计分析和结构方程模型检验。

（1）被调查高校样本基本情况

从被调查高校样本的基本情况来看，调查主要是围绕学校层次类型、高校类型定位、是否为转型学校、专业是否为转型试点专业、所从事的学科专业与企业开展过校企合作的数量、学校类型、在校生规模等方面展开的，具体分布情况如表1-4所示。

表 1-4　地方高校抽样调查基本信息统计表

| 题目 | 类别 | 被调查者（人） | 占比（%） |
| --- | --- | --- | --- |
| 学校层次类型 | 省属本科院校 | 595 | 62.0 |
| | 市属本科院校 | 187 | 19.5 |
| | 民办本科院校 | 177 | 18.5 |
| 高校类型定位 | 科研型 | 83 | 8.7 |
| | 教学科研并重型 | 584 | 60.9 |
| | 教学型 | 198 | 20.6 |
| | 其他 | 94 | 9.8 |
| 是否为转型学校 | 是 | 292 | 30.4 |
| | 不是 | 667 | 69.6 |
| 专业是否为转型试点专业 | 是 | 387 | 40.4 |
| | 不是 | 572 | 59.6 |
| 所从事的学科专业与企业开展过校企合作的数量 | 1~3家 | 307 | 32.0 |
| | 4~6家 | 214 | 22.3 |
| | 7~9家 | 104 | 10.8 |
| | 10家及以上 | 334 | 34.8 |
| 学校类型 | 综合类 | 277 | 28.9 |
| | 理工类 | 236 | 24.6 |
| | 农林类 | 81 | 8.4 |
| | 师范类 | 17 | 1.8 |
| | 医药类 | 192 | 20.0 |
| | 政法类 | 27 | 2.8 |
| | 财经类 | 30 | 3.1 |
| | 民族语言类 | 1 | 0.1 |
| | 艺术体育类 | 98 | 10.2 |
| 在校生规模 | 0.5万~1万人 | 319 | 33.3 |
| | 1.1万~1.5万人 | 263 | 27.4 |

续表

| 题目 | 类别 | 被调查者（人） | 占比（%） |
|---|---|---|---|
| 在校生规模 | 1.6万～2万人 | 192 | 20.0 |
| | 2.1万～2.5万人 | 114 | 11.9 |
| | 2.6万～3万人 | 71 | 7.4 |

（2）被调查者基本情况

从被调查者的基本情况来看，调查主要是从被调查者的职务、性别、年龄、教龄、学历、职称、年工资收入、有无海外留学经历、有无与企业开展项目合作研发的经历、所在学科建设层次等人口统计学变量来展开的，具体情况如表1-5所示。

**表1-5　抽样调查被试的人口学统计变量信息表**

| 题目 | 选项 | 被调查者（人） | 所占比例（%） |
|---|---|---|---|
| 职务 | 学校职能部门负责人（处长/副处长） | 259 | 27.0 |
| | 院长/副院长 | 269 | 28.1 |
| | 一线教师 | 431 | 44.9 |
| 性别 | 男 | 555 | 57.9 |
| | 女 | 404 | 42.1 |
| 年龄 | 30～39岁 | 348 | 36.3 |
| | 40～49岁 | 353 | 36.8 |
| | 50～59岁 | 251 | 26.2 |
| | 60岁及以上 | 7 | 0.7 |
| 教龄 | 5年以下 | 87 | 9.1 |
| | 6～10年 | 172 | 17.9 |
| | 11～15年 | 188 | 19.6 |
| | 16～20年 | 122 | 12.7 |
| | 20年以上 | 390 | 40.7 |
| 学历 | 博士学位 | 340 | 35.5 |
| | 硕士学位 | 494 | 51.5 |
| | 学士学位 | 125 | 13.0 |
| 职称 | 初级职称 | 63 | 6.6 |
| | 中级职称 | 260 | 27.1 |
| | 副高级职称 | 322 | 33.6 |
| | 正高级职称 | 314 | 32.7 |
| 年工资收入 | 5万～9万元 | 484 | 50.5 |
| | 9万～15万元（不含9万元） | 409 | 42.6 |

续表

| 题目 | 选项 | 被调查者（人） | 所占比例（%） |
| --- | --- | --- | --- |
| 年工资收入 | 15万～20万元（不含15万元） | 46 | 4.8 |
|  | 20万元以上 | 20 | 2.1 |
| 有无海外留学经历 | 有 | 213 | 22.2 |
|  | 没有 | 746 | 77.8 |
| 有无与企业开展项目合作研发的经历 | 有 | 357 | 37.2 |
|  | 没有 | 602 | 62.8 |
| 所在学科建设层次 | 国家级重点学科 | 74 | 7.7 |
|  | 省级重点学科 | 290 | 30.2 |
|  | 校级重点学科 | 213 | 22.2 |
|  | 其他 | 382 | 39.8 |

注：因四舍五入，个别数据之和不等于100，下同

# 第二章　地方高校学科专业建设转型

　　学科专业建设是关涉地方高校内涵式发展、核心竞争力打造的综合性系统工程。一所高校的学科专业结构以及主干、优势特色学科专业建设水平直接决定了其类型定位和层次定位。长期以来，地方高校的学科、专业建设始终处于非均衡、非协同发展的状态，通常会陷入"重点学科建设"的路径依赖，重学科、轻专业建设，以获批博士、硕士学位授予单位和博士、硕士学位授权点为"核心"目标；一些新建本科院校往往不能正确认识和处理二者的关系，学科意识淡薄，专业建设基础也比较薄弱。在办学资源有限的条件下，地方高校学科专业不能有效地实现协同发展。这也是制约其转型和实现内涵式发展的结构性、根本性瓶颈问题。因此，厘清二者的内涵及其内在关联，实现二者协同一体发展，实现资源集聚和精品集成，则成为地方高校推进学科专业建设转型的首要战略议题。

## 第一节　学科专业建设的学理分析

### 一、学科专业建设的本质观

教育本质观会影响教育实践观，最终影响教育质量观。[①]因此，对学科专业内涵及其本质做出清晰的界定，是从事学科专业研究与建设的基本逻辑前提。

（一）对学科专业建设的几种看法与误区

学科专业建设对高校发展的重要性不言而喻。但对学科、专业二者的内涵、属性、建设边界及其相互关系在学理和实践上的认识还是不够清晰，理论界和实践界还没有对此达成高度的共识。通常，在具体办学实践中，地方高校关于学科、专业有以下几种看法或误区。

第一种看法认为，学科、专业建设其实是一回事，区别不大，无论是学科评估还是专业综合评价，关键是要看指标要素如何组合、相关成果如何摆布，有成果，实现最优化组合，自然会取得良好的建设成效。

第二种看法认为，学科建设对于地方普通高校是一项高不可及的"高大上"工作，抓好专业建设才是地方高校的本分。

第三种观点认为，学科建设的核心任务就是博士、硕士学位点建设，专业建设就是课程规划组合，关键是要抓好课程建设。

之所以在办学实践中存在上述不同看法、认识误区，究其根源在于其对学科专业的内涵、属性、建设边界、内在关联缺乏清晰、全面、系统的认识，即学科专业本质观出现了偏差。

（二）学科建设的内涵、要素、任务及属性

在大学产生初期以及此后相当长的一段时间里，学科和专业是重合的，到了

---

[①] 孙绵涛. 教育管理学[M]. 北京：人民教育出版社，2006：356-357.

现代才逐步分离。学科的划分与知识分类相关联，是劳动分工理论在知识生产领域的体现。美国学者伯顿·R. 克拉克（Burton R. Clark）于1994年在《高等教育系统——学术组织的跨国研究》一书中提出：学科是一种连接化学家与化学家、心理学家与心理学家、历史学家与历史学家的专门化组成方式。它按学科，即通过知识领域实现专门化。[1]在《高等教育新论——多学科的研究》一书中，他进一步提出，学科包含知识和组织两种形态：一是作为一门知识的"学科"；二是围绕这些"学科"而建立起来的组织与制度规范。[2]综合国内学界的观点，学科是知识形态和组织形态的统一体，是主体为了教育或发展的需要，通过自身认知结构与客体结构的互动而形成的一种既有利于知识的传授，又有利于知识创新的组织体系及其在此基础上引申出的相应的制度规范。[3]

从知识形态来看，学科是一种学术的分类，指一定的科学领域或一门科学的分支，是由有一定逻辑联系的知识范畴所组成的相对独立的知识体系；从组织形态来看，学科就是学术的组织，是一定科学领域的学者依赖于一定的行为规范和物质基础，围绕知识进行创造、应用、传承与传播活动所组成的组织系统。知识形态是学科的本源，组织形态是学科的表现形式。[4]

与此相对应，我们可将学科建设的内涵分解为结构性要素和功能性要素两部分。结构性要素包括汇聚学科队伍、凝练学科方向、搭建学科平台；功能性要素包括科学研究、人才培养和社会服务。与建设要素相对应的学科建设的主要任务在于培育学术梯队，提炼学科方向，打造学术高地，催生高水平的科研成果，通过博士和硕士学位点建设，培养高层次的研究型人才。学科与学科建设以知识创新、知识传播为核心使命，其本质属性为学术性。

（三）专业建设的内涵、要素、任务及属性

专业的划分与职业分类有关，是社会各行业对大学人才培养需求的体现。在西方，专业的概念是主修（major）或课程计划（program）。联合国教育、科学及文化组织所编的《国际教育标准分类》中对应出现的是"课程计划"。学科是某一领域的科学研究、知识创新发展到一定高度和成熟度的产物，具有相对稳定性。与学科的相对稳定性有别，专业会随着国家政策、社会人才需求的变化而发

---

[1] 伯顿·R. 克拉克. 高等教育系统——学术组织的跨国研究[M]. 王承绪，徐辉，殷企平等译. 杭州：杭州教育出版社，1994：24.
[2] 伯顿·R. 克拉克. 高等教育新论——多学科的研究[M]. 王承绪，徐辉，郑继伟等译. 杭州：浙江教育出版社，2001：129.
[3] 孙绵涛，朱晓黎. 关于学科本质的再认识[J]. 教育研究，2007，(12)：31-35.
[4] 张炳生，王树立. 学科、专业一体化建设研究[J]. 中国高教研究，2012，(12)：43-45.

生相应的调整和变化，具有易变性，存在国别差异性。

纵观我国高校专业教育史，其先后经历了三个不同发展阶段，由此形成了三种典型的专业观。[①]

第一阶段为面向行业的专业教育。这种专业教育形成于20世纪50年代的"院系调整"，源于"苏联模式"。面向行业的专业教育强调高等教育计划与国民经济建设计划紧密相连，按照产业部门、行业来组织教育教学，以培养大批高度专门化的专业人才。此阶段的专业主要指高等学校根据科学分工或生产部门的分工把学业分成的门类。专业的职业性属性在此阶段居于主导地位。

第二阶段为面向学科的专业教育。为纠正第一个阶段面向行业的专业教育之偏，针对第一阶段专业教育因过于强调专业对口而带来的大学生知识面窄、适应性和创造性不足的弊端，20世纪80年代后，我国高校进行了多次教学改革，总体思路是"厚基础、宽口径"，均指向学科基础和多学科知识。此阶段，专业设置的逻辑从按照行业设置走向按照学科设置，其结果是中国大学的专业种类从1000多种下降到200多种，此时的"专业"实为"三级学科"，每一个专业都有一个科学的知识体系。这个阶段的专业教育就是面向学科的专业教育。由此可见，此阶段专业的学科属性、学术性居于主导地位。

第三阶段为面向职场的专业教育。进入21世纪以来，随着国家创新驱动发展战略的深度实施，地方高校向应用型转型并建立与工业4.0时代相适应的专业教育模式，已成为高校教学改革的新方向。在工业4.0时代背景下，工业发展样态发生了深刻变化，工业4.0呈现出以科研和创新为主体的发展样态。与此相适应，高等教育要促进"大众创业、万众创新"，创业教育的兴起呼唤一种面向职场的专业教育。成果导向专业教育（outcome based education，OBE，亦称能力导向教育、目标导向教育或需求导向教育）[②]作为一种先进的教育理念开始融入专业建设中，新工科、新文科、新商科建设渐入佳境。此阶段的专业兼具学科属性、职业属性，同时强调专业所培养的人才应具有创新能力、实践适应性等核心素养。

以上对我国专业教育发展历史与对专业内涵及其属性的论述表明，对我国的专业这一概念的理解和界定固然有遵循国际专业共识性逻辑的一面，但不能简单地用西方的课程界定方式加以理解，我国高校专业有其特殊的生成、发展历程，应坚持历史与逻辑相统一的原则来进行客观审视。本书将我国的专业建设历程及

---

① 周光礼. "双一流"建设中的学术突破——论大学学科、专业、课程一体化建设[J]. 教育研究，2016，37（5）：72-76.

② 李志义. 解析工程教育专业认证的成果导向理念[J]. 中国高等教育，2014，（17）：7-10.

其特质归纳为以下三点：第一，起初高校的专业是我国向苏联高等教育系统学习的产物，是一个实施人才培养的实体性组织；第二，专业与从事特定的社会职业相对应；第三，每一个专业都有一个科学的知识体系，因而必须以一定的学科为依托。综上所述，本书认为专业是依据特定社会职业分工的需要，以相关学科为依托构建相应的课程体系，并分门别类地进行人才培养的基本单位。

与学科建设相对应，我们也可以将专业建设的内涵分解为结构性要素和功能性要素两部分：结构性要素主要包括优化师资队伍、构建课程计划、建设实验（实践）基地；功能性要素主要包括人才培养、教学研究和社会服务。[①]与此相对应，专业建设的主要任务是依托一定的学科深化专业内涵，围绕人才培养目标，通过加强师资队伍建设、课程和教材建设、实习实践基地建设，改进教学手段和教学方式方法等，为社会培养高素质的本科专门人才。

由此可见，专业处于学科及其分类与特定社会职业需求的交叉点上，具有职业性和学术性的双重特性。从学术性看，专业以特定学科为主要依托，主要承担学科的人才培养职能。从职业性看，专业建设应以满足社会经济发展对高层次专门人才的需求为己任。

## 二、学科与专业建设的差异和关联

### （一）学科与专业的差异与认识误区澄清

从根本属性来看，学术性是学科和学科建设的本质，它体现了高校的本体性；教育性则是专业和专业建设的本质，它体现了高校人才培养的工具性特征。在明确了学科、专业的本质的基础上，对学科和专业建设的内涵进行界定，并进行结构性和功能性两维分类，廓清了二者的内涵边界、建设边界，明确了二者的差异。这就为我们澄清前面提及的三种误区，推进学科专业及一体化建设提供了本体论、认识论、方法论参照。

学科与专业区别不大的认识，其实质是混淆了学科与专业的本质区别。学科与专业是两个具有不同本质属性的相对独立的领域，学科专业评价不等于学科建设，仅是学科专业建设的重要环节，学科专业的一体化不等于学科专业的一样化。

有些地方高校认为应抓专业建设，学科建设次之，其实学科建设和专业建设

---

① 张炳生，王树立. 学科、专业一体化建设研究[J]. 中国高教研究，2012，(12)：43-45.

共同涵括了高校的人才培养、科学研究、社会服务等不同层面的职能，学科、专业建设均是地方高校内涵式发展的应有之义，学科建设注重科研创新和高层次人才培养，专业建设侧重人才培养。从功能的角度来看，对于高校三大职能的发挥来说，二者缺一不可，不能厚此薄彼。

有些地方高校认为学科建设的核心任务就是博士、硕士学位点建设，专业就是课程规划组合。推进博士、硕士学位点申请和建设涉及学科建设高层次人才培养，是学科功能性要素的重要组成部分，但不是学科建设的全部，构建课程计划、抓好课程建设是专业建设中的重要结构性要素，但也不是专业建设的全部。学科、专业等单一的关键要素不是学科和专业建设的全部要素。此种认识是典型的以部分代替整体的错误认知方式，从而陷入了以偏概全的误区。

（二）学科与专业四个方面的交集

在明确学科、专业差异的基础上，还要进一步找到二者的交集、相互关联的要素，从而为地方高校推进学科专业一体化建设、走特色化发展和资源集聚型发展道路提供学理支撑和方法论启迪。

1. 教师团队建设是地方高校学科与专业建设的同一任务

地方高校师资队伍涵括了学科和专业师资队伍。教师既是学科建设的承担者，又是专业建设的实施者，是学科、专业建设的共同体，两者存在同一性。因此，地方高校建设一支高素质的师资队伍，不仅是专业建设的基础性要求，同时也为学科建设提供了团队支撑。另外，地方高校通过开展学科建设，不仅可以培养和汇聚一支高水平的学术创新团队，同时也为优化专业师资队伍结构，培育教学优质师资提供了可行路径，二者形成了一种互惠、互动的关系。在对 S 校 X 学院负责人的访谈中，这一点得到了进一步印证。

**访谈者：** 作为学院院长，您觉得学科团队和专业教师团队建设二者是否存在一致性？

**X 学院院长：** 我觉得不矛盾，二者是一致的，甚至可以说是同一的。从学前教育学科团队近 5 年的发展历程看，我们团队根据学前教育专业的课程性质，确定了"儿童发展"等系列主干课程体系，进行重点持续建设，并将"儿童发展"课程建成了"国家级精品资源共享课"；按课程内容和性质凝练学科方向，并由此组建学科队伍，重点打造科研创新团队，建成了"L 省高等学校高水平创新团队"；学科及特色方向是由相互关联的系列课程来支撑和形成的，这样的队伍又自然构成了课程教学团队，我们把"学前教育专业理论教研室教学团队"建成了"省级教学团队"。可以说，学前教育学科专业团队的一体化建设产生了优质资源的溢出效应和集聚效应。我们团队已经斩获了国家级金课、教学名师、国家一流本科专业建设点等荣誉，上述成果将助力学前教育学二级学科建成全国一流的二级特色学科方向。

### 2. 凝练学科方向是地方高校学科与专业建设的同一性要求

凝练学科方向既是学科选择研究领域的过程，也是培育相关专业特色的过程；凝练学科方向既是汇聚学科队伍、积累创新性学术成果的过程，又是形成优良学风的过程，这些均为专业人才培养和专业特色的形成打下了坚实基础。在对案例 S 校学科建设部门负责人进行访谈时，这一点得到了进一步印证。

**访谈者**：您认为学科特色方向凝练对专业建设有何促进作用？

**S 校学科建设部门负责人**：我想二者应是互惠互利、互相支撑的。自 2013 年以来，学校实施了"二级特色学科建设工程"，具体做法是在学校二级特色学科遴选上，向重点专业倾斜。例如，教育经济与管理、高等教育、学前教育、教育技术作为本校二级特色学科方向，支撑教育学、教育技术、学前教育、小学教育等相关专业建设，上述 4 个专业均在 2018 年获评为 L 省一流本科教育示范专业，教育学、学前教育于 2019 年获批国家一流本科专业建设点。相应地，我们学校的现当代文学、法律史、思想政治教育、社会学、外国语言学及应用语言学、计算数学、动物学等 18 个二级学科均对相关专业建设产生了支撑作用。截至目前，学校有省一流学科 1 个，国家级特色专业 4 个，省一流本科示范专业 21 个，8 个专业获批国家一流本科专业建设点，位居省内高校前列。我们学校已经在一定层面上形成了特色学科建设与一流专业建设良性互动发展的局面。

### 3. 平台建设是地方高校学科与专业建设的同一支撑要素

从广义上讲，平台建设在高校内部通常表现为实验室、工程技术研究中心、中试基地、教科研基地、实习实训中心、实践教学基地等多种形态。上述平台既是高校学科平台，也是专业建设和人才培养平台，两者相辅相成，在管理和使用上可以有学科、使用类型的差异，不应有学科、专业的边界，应该实现资源互通、共享，形成平台对学科、专业建设共同支撑的合力，提高其使用效能。在对案例 S 校科研管理部门负责人进行访谈时，这一点得到了进一步印证。

**访谈者**：您认为实验室、教科研基地是否有必要共建共享？贵校有何具体措施?

**S校科研管理部门负责人：**我认为实验室、科研基地及各类平台可以有管理职能上的划分，但不可以有教学、科研使用上的边界。地方高校本身的优质科研资源不足，更应该进行管理体制机制改革创新，实现在学科专业建设上的共建共享。

**访谈者：**有没有具体例子和成效？贵校有何实招？

**S校科研管理部门负责人：**有的，例如，我校的化学工程与技术学科的"能源与环境催化工程技术研究中心"作为本省重大科技平台，既是高水平的学科平台，是开展石油化工产业的前瞻性重大科学问题和重大共性关键技术的高水平研究基地和实验平台，也是化学相关专业建设的重点实验室，产出了系列高水平学术成果，为专业建设提供了强有力的支撑，使提升人才培养的层次与质量成为可能。化学专业正在冲击国家一流本科示范专业。又如，我校的马克思主义学院作为省级示范马克思主义学院，除了自身推进学科专业课程思想政治与思想政治课程一体化建设之外，也为全校其他学科专业推进课程思想政治建设、立德树人起到了良好的示范作用。再如，依托我校相关学科成立的 L 省学前教育发展校企联盟、旅游业发展校企联盟、大数据产业发展校企联盟，为相关学科专业深度开展产学研合作提供了新的途径，为促进产教融合、协同育人，为学科专业平台一体化建设等均开拓了新的领域。

### 4. 课程是专业与学科的重要交汇点

课程来源于学科，是从学科知识中选择一部分"最有价值的知识"组成的教学内容。①专业是由若干门课程组成的，专业建设要以学科发展的内在逻辑和人才培养的规格来确定课程体系、结构和教学内容。专业课程的设置和研制有其特有的方法论，教师研制课程、实施课程、编写教材的过程也是学科开展学术研究的过程。同时，学科学术研究的成果可以用来开发新的课程，更新教学内容，设置学科前沿性的讲座，不断提升专业建设的质量和层次。在对案例 S 校教务部门负责人进行访谈时，这一点得到了进一步印证。

**访谈者：**贵校在编制专业人才培养方案上，如何打通学科知识与专业课程设置？

**S校教务部门负责人：**我们一直在努力，通过不断完善专业人才培养方案，从专业顶层设计上解决这一关键问题。比如，今年，我们从英语、汉语言文学、

---

① 周光礼."双一流"建设中的学术突破——论大学学科、专业、课程一体化建设[J]. 教育研究，2016, 37（5）：72-76.

旅游管理、计算机科学与技术、音乐学、表演、物理学等参评国家一流本科专业建设点的 20 个专业做起，在人才培养方案设计上均遵循了 OBE 理念，设计课程矩阵和课程拓扑图。根据课程矩阵思想，考察各门课程与目标体系在学科知识、学科能力上的相关性。通过（设计）课程矩阵，厘清了课程所蕴含的学科知识体系及其关联度，厘清了面向职业岗位需要的培养目标、规格的贡献度，从课程设计上打通了学科专业。

## （三）学科与专业三对关联要素

### 1. 人才培养与科学研究的关联

我们探讨的人才培养与科学研究的关联也就是通常我们讲的教学与科研的关系，二者是互促互进的关系，概括地讲就是科教融合。具体而言，可以从以下三个层面进行考察。

首先，从科研作为一种培养方式来看，认知科学的大量研究已经证明，认知经历的多样性与学生创造能力呈正相关。[①]传统讲授式教学方式给学生提供的仅为记忆—模仿的单一的认知经历。培养创新型、具有实践能力的人才，必须转变传统的教学方式，引入科教融合机制，将科学研究与教学融为一体，以高水平科研支撑创新人才培养，建立科研有效反哺教学的机制，将科学研究作为一种有效的人才培养方式，将最新科研成果转化教学内容，使学生的认知方式、认知内容更具多样性。项目式学习就是一种典型的基于问题的研究性学习方式，以研讨（seminar）形式开展，师生共同探讨问题解决之道。正如威廉·冯·洪堡（Wilhelm von Humboldt）所指出的，项目式学习是一种问题导向的教学，其精髓在于激活人的主体性和真正价值，当学生自己发现问题，并通过努力找到了问题解决的办法后，此时有效学习便达成了，科研也悄然发生了。[②]在对案例 S 校研究生管理部门负责人进行访谈时，这一点也得到了印证。

**访谈者**：您怎样看待教学和科研的关系，科研以什么方式能达到育人功能？

**S 校研究生管理部门负责人**：我认为教学和科研是相得益彰的。学生参与导师的科研项目就可以作为一种有效育人机制引入教学之中。从国际上来看，如丹麦的奥尔堡大学大面积推行项目式教学，一半的课程是以科研项目代替，非常成功。从国内来看，兰州大学、国际关系学院等国内高校与奥尔堡大学合作，引进

---

① 周光礼. "双一流"建设中的学术突破——论大学学科、专业、课程一体化建设[J]. 教育研究，2016, 37（5）：72-76.

② 威廉·冯·洪堡. 论国家的作用[M]. 林荣远，冯兴元译. 北京：中国社会科学出版社，1998：28-40.

了其教学模式。再如，我们学校与美国密苏里大学联合的美国密苏里大学圣路易斯分校"课程实践研究"项目就是一种项目式培养形式，研究生院已经积累了相应的培养经验，并开始试点、应用和推广。

其次，从一个基层学术组织来看，通常情况下，一个基层学术组织的学术研究能力较强，其学科对应的专业人才培养质量较高。本书的案例 S 校 J 学院本科生就发表了核心论文，其学术研究能力由此可见一斑。另外，S 校 G 研究所形成了硕、博一体基于项目参与式的特色培养模式，每月召开一次沙龙，每年举办一次学术年会等，这反映了其学科科研方式已经转化为一种有效的育人模式。

最后，从教师个体、团队教学与科研的关系层面而言，教学、科研作为高校教师专业成长的一体两翼，已经成为教师专业发展的根本动力。[①]本书的案例 S 校教育学科 X 教授的职业技术教育团队多年来潜心科研、潜心育人，2018 年 X 教授入选中国教育学者 TOP50，该团队将科研优势转化为教学优势，获得了国家教学成果二等奖。

### 2. 科学研究与教学研究的关联

欧内斯特·博耶认为，大学教师的学术活动意味着参与研究，同时还意味着寻求学科间的联系，在理论、实践之间搭建桥梁，并把知识有效地传授给学生，在此基础上提出了既有区别又相互联系的四种学术研究：发现的学术、综合的学术、应用的学术和教学的学术。[②]教研就属于应用的学术、教学的学术，即研究如何打通理论与实践，如何有效地将学科知识传授给学生等基本教学问题。教研包含于科研之中，教研作为教学的学术是科研的一种形态。大学教师立足于学科的知识创新、知识发现研究属于科学研究，而立足于某一学科知识传播方式的研究——学科教研，也是科学研究，其成果也是学术成果。在高等师范院校，尤其是教师教育相关学科专业的科研与教研具有内在的一致性甚至是同一性。例如，案例 S 校中 X 学院 Y 教授的文章《课堂教学中正确绘制思维导图刍议》，既是教研论文，又是其作为语文课程教学论方向教师的科研成果。[③]

### 3. 本科生培养与研究生培养的关联

本科生培养为研究生培养提供了良好的生源支撑，研究生培养方式对本科生

---

① 蔡笑岳. 教师专业发展与教育科研[M]. 广州：暨南大学出版社，2007：42.
② 欧内斯特·博耶. 学术水平反思——教授工作的重点领域//国家教育发展研究中心. 发达国家教育改革的动向和趋势（第五集）[C]. 北京：人民教育出版社，1994：101.
③ 杨艳蕾. 课堂教学中正确绘制思维导图刍议[J]. 教育科学，2015，31（4）：32-35.

创新培养模式具有引领、辐射和带动作用。高校理工学科的研究生以实验为主的培养方式，人文社会科学以参与教师课题研究、田野考察等为主研究型培养方式，均对在本科生层面开展自主学习、合作学习、探究学习具有示范和辐射效应。天津大学、南开大学、沈阳农业大学等高校均建立了本、硕、博直通车模式，北京师范大学在管理体制上进行改革，合并教务处和研究生处，成立培养部，从管理体系、培养体系上彻底打通本、硕、博培养。本书案例 S 校 M 学院实行"4+2"模式，积极培育本专业本科生攻读本院研究生，为研究生储备优质生源。同时，S 校教师获得 2018 年全国首届教育专业学位案例教学大赛特等奖，在全国处于领先水平。截至 2020 年 11 月，有 7 篇入选全国案例库，这些也为相关学科专业开展案例教学提供了有益的经验。学科建设与专业建设的要素关系，如表 2-1、图 2-1 所示。

表 2-1　学科建设与专业建设的要素对比表

| 项目 | 结构性要素 | | | 功能性要素 | | |
| --- | --- | --- | --- | --- | --- | --- |
| 学科建设 | 汇聚学科队伍 | 凝练学科方向 | 搭建学科平台 | 科学研究 | 人才培养 | 社会服务 |
| 专业建设 | 优化师资队伍 | 构建课程计划 | 建设实验（实践）基地 | 教学研究 | 人才培养 | 社会服务 |

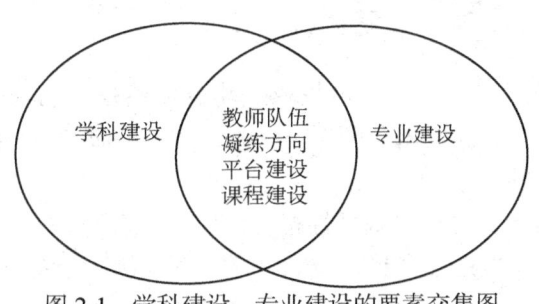

图 2-1　学科建设、专业建设的要素交集图

## 三、学科专业一体化的建设理路析出

综上所述，高校学科专业一体化，即在学科、专业建设过程中，立足学校全局，将专业建设的人才培养方案、课程教材建设、专业实验室与实践基地建设、师资队伍建设等系统工程与学科建设工程相融合、一体规划、协同发展，并通过相应的政策、制度创新，形成学科建设与专业建设的互动机制，由二者的双线并进转变为单线促融[1]，促进学科建设的优势资源有效地为本科专业建设服务，通

---

[1] 张小芳. 本科院校学科专业一体化建设理路[J]. 高教发展与评估，2016，32（2）：58-64.

过学科建设提升专业建设水平，提升学科育人功能，最终实现学科、专业建设水平的双提升。

## 第二节 地方高校学科专业建设的现状与问题

诚然，在2000—2020年，我国高校包括地方高校的学科专业建设取得了长足的发展和进步，本节对此不再赘述，而是聚焦地方高校学科专业建设尤其是二者一体化、协同发展中的问题，重点集中加以呈现。

### 一、学科与专业水平不高、发展不均衡

（一）学科建设对专业建设的高位引领不够

博士学位授予单位和博士学位授权点建设依然是制约很多地方高校实现内涵式发展、提升办学层次的瓶颈问题。一流大学、一流学科、博士学位授予单位和博士学位授权点的数量、结构和质量是考察一个地区、一所高校的学科建设对专业建设高位引领能力的重要基础性指标。从现实情况来看，地方高校在全国"双一流"学科建设布局中处于劣势地位。以辽宁省为例，除大连理工大学、东北大学两所教育部直属高校外，仅有辽宁大学一所高校的学科——应用经济学入选。同时，2020年，在辽宁省33所省"双一流"高校中，博士学位授予单位高校有18所，依然有15所高校没有博士学位授权点。从辽宁地方高校学科交叉融合的创新能力来看，优势特色学科群、优势学科对专业的辐射面比较小，学科交叉融合、集成创新的程度不高，对区域战略性新兴产业缺乏有力的支撑。地方高校的学科交叉和集成能力薄弱制约了新工科、新文科等新兴学科专业的建设进程。

（二）学科与专业发展不协同

从整体上看，地方高校的学科建设与专业建设发展整体建设水平不高、发展不均衡。从某一具体的学科专业来看，在地方高校存在学科好、专业弱，专业好、

学科弱的不均衡、不协调、不可持续等问题。学科、专业的强弱对比是相对的，如从长远来看，如果学科建设水平上不去，专业"强"也是有限度的。从具体的地方高校来看，学科专业建设一体化程度不高，学科专业"两层皮"的现象还依然存在。通过对 2019 年辽宁省"双一流"高校的 110 个省一流学科与辽宁省首批一流示范本科专业进行对应分析后发现，全省共有 19 所省"双一流"高校的 27 个省一流学科没有省一流示范本科专业与之相对应。

## 二、学科专业的管理建设主体间的协同度不高

从不同层面的学科专业管理体制来看，学科建设和专业建设的管理机构都是分开设置的。这一问题主要体现在学科建设与专业建设的管理主体上，主要有以下四个层面的学科专业管理建设主体：在教育部层面，学科、专业分别由学位管理与研究生教育司、学位与研究生教育发展中心和高等教育司分别管理，省级教育行政部门亦对应设置；在地方高校层面，学科、专业分别由学科建设部门、研究生部门和教务部门分别管理；在高校学院层面，学科、专业往往由分管副院长分别负责，具体事宜由学科组和系、教研室分别对口管理；在具体学科、专业层面，具体学科、专业则由学科带头人和专业带头人等不同的人员负责。在上述四个层面，各学科专业建设管理部门、主体相互独立，在学科建设与专业建设中各司其职。然而，在实际建设过程中，由于各相关部门、主体在不同时间、不同场合、不同角度分别进行学科建设与专业建设的论证、规划、建设和考核评估，从而造成了各自为政、彼此协调不够的问题；在具体学科、专业建设中，学科、专业带头人往往各带一支队伍，分兵作战，难以形成学科与专业建设的合力。此种管理建设体制既浪费了资源，又从管理上人为地制造了壁垒，增加了建设和管理环节的制度交易性成本。

## 三、学科科研反哺人才培养的机制不健全

地方高校以科研促教学多停留在理念层面，在实际办学过程中不同程度地存在着重学科建设、轻专业建设的问题。地方高校学科建设把重点放在重点学科建设及与之相关的具有高显示度的科学研究指标上，而对学科育人功能的关照不够，最终陷入了学科整体建设水平难以根本提高的"重点学科建设路径陷阱"①，

---

① 孔建益，杨军. 地方高校学科建设策略：差异化发展与错位竞争[J]. 中国高教研究，2008，(2)：69-71.

从而导致学科建设和专业建设的关系失衡，教学、科研不能互补互促，科研反哺人才培养的能力不强。其集中体现在以下五个方面：其一，从人才培养的入口来看，地方高校学科对优质本科生源的吸引力不足。研究生生源质量与地方高校学科建设水平和学术影响力直接相关。与重点院校的重点学科相比，地方高校在研究生招生方面处于弱势地位，往往难以拥有优质的生源，生源大部分来自调剂录取以及地方高校的学生。其二，从人才培养内容来看，地方高校学科科研的成果未能及时、有效地应用于开发新的课程，更新教学内容，设置学科前沿性的课程，其学术成果偏重论文和学术专著，对教材建设的重视和倾斜不够，且地方高校主持和参与编写的国家规划教材较少。其三，从教学方式来看，科学研究还没有成为教学的一种有效形式，本科生在教师科研项目中的参与率低，学科教师的课程规划和设计能力不强，现代信息技术与课程建设的深度融合不够，具有自主、探究、合作特质的项目式、案例教学等研究生教学方式对本科专业人才教学方式的辐射不够，对其潜能挖掘不够。其四，与重点高校相比，地方高校的国家级、省部级重点学科、专业平台数量偏少，且在学科科研与专业教研、人才培养方面的共享度不高。其五，地方高校科研与教学、教研的一体化管理评价机制有待建立，在地方高校内部，科研和教研的管理分属于两个不同职能部门，对教师教学与科研一体化评价的机制尚不健全。

## 第三节　地方高校学科专业转型发展的对策建议

总体而言，推进地方高校学科专业建设的转型发展，就是要转变地方高校的传统学科专业建设观，从两者相对分割、失衡的发展局面转向高位协同一体化发展。这就需要地方高校加强顶层设计，并以推进学科、专业、课程一体化为核心，通过相应的制度变革加以切实推进。

### 一、统筹规划学科专业建设

统筹规划是关键，地方高校要坚守地方性、应用型、高水平、特色化的发展定位，立足于学科专业这一内涵式发展的核心要素，做好规划设计，在入围与突围、错位发展与优势发展之间寻找突破口，寻求最佳结合点，形成比较优势和特色，确保学校健康、绿色、可持续发展。具体而言，地方高校就是要在国家统筹推进一流大学和一流学科建设、一流本科专业建设（"双万计划"）的大政策背景下，加强战略规划，在学科专业上应坚持入围与突围、错位发展的战略，积极作为，超前规划，抢占先机，用好国家促进高等教育内涵式发展的各项政策红利。地方高校在一流大学和一流学科建设中既要入围又要突围，对于自身传统优势特色学科，要积极争取一定数量的学科进入国家一流大学和一流学科行列，进入省域或区域一流大学和一流学科前列；在国家推进"双万计划"的背景下，地方高校对于自身的优势特色专业，要积极争取一定数量的专业入选。对于非优势学科、专业，要找到自身学科专业的生长点，摆脱重点学科专业建设的路径依赖，切实转向地方区域产业需求逻辑，实施错位、差异化发展，实现突围。地方高校既要避免与一流大学的一流学科专业建设的同型、同质化发展倾向，坚守应用技术型的发展定位，发挥自身的比较竞争优势，挖掘地方区位优势，行业、产业特色与比较优势，科学合理地评估自身学科的专业实力、技术水准、人才培养规格，明确自身在区位行业、产业链空间的位置，又要避开一流大学学科专业对接服务的产业链的高端，转而重点面向产业链中低端技术水平的研发、生产制造环节抑或中高端技术水平的销售服务环节，并在初次定位中不断提高应用技术研究能力和创新资源集聚能力，向全行业、产业链的"空白"地带拓展和延伸，实现与高水平大学错位发展，提高自身的比较优势与竞争能力。[①]

## 二、统筹推进学科专业、课程一体化建设

统筹推进学科专业一体化，旨在强调学科专业的共性与关联要素的协同一体化建设，就是要减少重复建设，降低建设成本，提高办学效益，进而转变传统的粗放型学科专业发展方式，建立有利于资源集聚和精品集成的集约型、节约型学科专业发展方式，实现学科专业的结构布局优化、高位协同与优质发展、内涵式发展。推进地方高校转型发展，走内涵式的高质量的发展道路的核心是处理好教学与科研的关系，关键是要推进学科专业课程一体化建设。

### （一）统筹推进学科整体建设与提质增能

地方高校要坚持全面与重点相结合，一级学科与二级特色学科建设联动的思

---

① 黄彬，刘盾，谢春晓．"双一流"背景下地方高校学科建设：逻辑转向与路径选择[J]．黑龙江高教研究，2019，37（8）：1-5．

路,统筹推进学科建设,实现学科建设的提质增能,提升其对专业的辐射和带动作用。具体应从以下四个层面展开:一是坚持所有学科同等重要的原则,坚持用新增资源支持优先发展的一流学科、重点学科,且保证遵循不降低对现有其他学科的支持力度的原则,建立年度和建设周期学科绩效考核机制,加强全体学科建设和学科全要素建设;二是加强博士学位授予单位、博士和硕士学位授权点建设,积累高层次人才培养的经验;三是要坚持从一级学科来规划,从二级学科来建设,打造学科特色的思路,重点面向国家级特色专业、国家一流专业建设点、省一流专业,进行遴选和布局二级特色学科,以一流的二级特色学科支撑一流专业,并把专业建设成效纳入二级特色学科绩效考核的范畴;四是聚焦地方行业产业重大需求,打造优势特色学科群,面向战略性新兴产业,依托优势特色学科,鼓励学科交叉与融合,支撑新工科、新文科建设,提升学科专业的行业适应性能力。

### (二)统筹推进学科专业一体化建设

地方高校要坚持开放协同战略,加强与行业、产业的互动,以理念变革促进人才培养目标的升级,以目标升级带动育人模式的转变,推进学科专业一体化。具体应从以下三个层面展开:一是要重构专业教育理念,就是要在强调学术逻辑的同时,还要强化行业、职业对学科专业人才培养的需要,要确立 OBE 理念,以行业、职业需求为导向,实施转型创新战略,实现人才培养模式的翻转;二是引入和实施科教融合机制,将科学研究与专业人才培养有机融为一体,以高水平科研支撑创新型、应用型人才培养,进而促进学科与专业的互促互融;三是引入和实施产教融合机制,加强与行业企业的合作互动,校企合作研发、合作育人,提高专业人才培养与行业企业的人才培养规格、素质结构的匹配度。

### (三)统筹推进课程体系重构与课程提质升级

推进地方高校转型发展,实现一流学科、一流专业的"技术核心突破",必须要坚持立德树人原则,突出人才培养的核心地位,着力培养具有爱国情怀、职业精神、创新精神和实践能力的复合型人才。因此,地方高校应致力于课程体系的优化、教学手段变革(教师媒介素养)提升两个关键着力点协同发力:一要重构课程体系。按照"优势特色学科—应用技术—专业集群—课程体系"的层次系统和互嵌逻辑,以学科建设为知识创新和技术应用的龙头,将学科知识与应用性情景中的产业领域相对应,改造传统专业,建设新工科、新文科等新兴学科专业,并对学科性知识进行教育学意义上的编码、改造、设计,形成相应的课程矩阵和教学内容，形成理论、实践一体化的"知识操作"体系。①二是打造"互联网+"背景下的课程升级版，提升课程建设的层次和水平，加强"互联网+精品课程"建设，促进现代信息技术与课程建设的深度融合，提升教师的媒介素养，提升教师的课程开发能力，打造线上线下相融合的各级各类"金课"。

### 三、统筹推进学科专业管理体制机制改革

政府的学科专业管理体制改革要与高校内部学科专业管理体制改革联动，相向而行，从制度设计和管理环节上彻底解决"委托—代理"和信息不对称等管理症结。

在政府层面，应在中央和省级政府层面成立学科专业指导委员会，加强对一流大学、一流学科、一流专业的整体规划设计，统筹推进学科专业的协同建设，加强信息沟通、完善协同决策机制，改变过去国家、省（自治区、直辖市）相关教育行政部门独立管理的局面，在政府层面建立对学科专业一体化管理、一体化建设、一体化评价的机制。

在地方高校内部，一要充分发挥学校学术委员会的作用，提高学术委员会对学校学科专业发展规划、结构布局等重大事务的决策权，统筹推进学科专业一体化发展，改变学科专业分头管理的局面；二要强化学校对人力资源、人才资源的统筹配置，科学核岗、定编，将一线教师编制按照专业课程所属学科核算到学科所在的学院；三是学校学科建设部门、教务部门、人事部门要协同推进学科专业带头人一体化建设，建立学科带头人承担专业建设任务的机制，在条件允许的学科专业，学科专业带头人为1人（由院长或资深教授担任），实行学科骨干、学科带头人带头为本科生上课的制度；四要通过深化综合改革，建立健全相应的科研管理体制、教学运行机制、课程开发机制、资源保障共享机制的综合改革，形成一体化的"知识管理"体系；五要建立学科专业一体化的评价与激励机制，即要树立大学术观，建立促进学科、专业一体化建设的评价与激励机制，科研与教研一体化评价、一样对待，教学奖项与科研奖项同等对待，在岗位聘任、职称评定、工资晋升等方面对教师进行教学、科研（教研）的双重评价，引导教师主动参与学科与专业建设，同时学校要制定学院层面的学科、专业建设绩效评价与考核体系，调动学院进行学科、专业一体化建设的主动性和积极性。

---

① 黄彬，刘盾，谢春晓. "双一流"背景下地方高校学科建设：逻辑转向与路径选择[J]. 黑龙江高教研究，2019，37（8）：1-5.

# 第三章 地方高校"双师型"教师队伍建设

　　地方高校转型发展的关键在教师,只有师资队伍建设转型,才能实现地方高校的根本转型。本章以厘定"双师型"教师的内涵为研究的逻辑起点,在对人力资源管理理论、教师专业化理论、技术技能知识构成理论和技术技能获得过程理论等相关文献进行梳理的基础上,构建应然理论假设,并力图通过结构方程模型(structural equation modeling,SEM)验证假设,探讨影响"双师型"教师队伍建设的师资规划、准入资格、培养培训、评价激励等核心变量间的效应关系及其内在作用机制,以期为完善地方高校"双师型"教师队伍政策、提升"双师型"教师队伍建设水平提供启示。

## 第一节 地方高校"双师型"教师队伍建设的理论构建

### 一、"双师型"教师的内涵

关于"双师型"教师概念的界定,见仁见智。一是"双职称"说,即"双师型"教师要达到两个条件:既要是讲师或者教授,又要成为工程师或者高级工程师。二是"双素质"说,即"双师型"教师不仅要具备教师的专业知识和能力,同时也需要具备工程师、技师等相关从业者的职业素养和能力。①三是"双证"说,即"双师型"教师要具有专业技术职务任职资格证书或者相关的职业资格等级证书。四是"双层次"说,即"双师型"教师既要从理论上对学生进行专业知识的传授,同时也能够对学生进行技能上的相关指导,塑造学生正确的人生观、价值观,培养学生良好的职业道德品行。②五是"一证一职"说,即"双师型"教师既要具有教师职称,也要具有其他职业资格证书。

综上所述,地方高校教师队伍建设的转型,既需要传统理论型教师在个体层面增加行业实践体验和提升职业素养,即实现教师个体具有"双素质""双能",又需要行业一线的"行家里手"加入到地方高校教师队伍中,实现教师群体层面的结构优化,即实现地方高校教师队伍中既有理论讲授型教师、行业型技师,又有兼具理论和行业经验的复合型教师,从而为推进地方高校的转型发展提供结构优化、素质优良的高水平师资队伍。

对于"双师型"教师,本书将从个体指向和群体指向两个层面来综合界定。③从个体指向来看,"双师型"教师是指具有教师和工程师资格,具备高超的教学能力和行业实践技能,兼具"双师"素质的教师个体;从群体指向

---

① 唐林伟,周明星. 职业院校"双师型"教师研究综述[J]. 河南职业技术师范学院学报(职业教育版),2005,(4):30-33.
② 易兰华. 高职"双师素质"教师认定标准研究[J]. 成人教育,2008,(12):22-23.
③ 李欣旖,闫志利. 个体与群体:双师型教师队伍建设的二维指向[J]. 职教论坛,2018,(8):64-70.

来看,"双师型"教师是指由传授专业理论知识的教师、具有传授实践操作能力的教师(工程师)以及同时兼备理论与实践双素质的教师组合在一起所形成的教师共同体,三类教师充分发挥各自的优势,共同完成应用型人才培养任务。

## 二、"双师型"教师队伍建设的理论基础

### (一)人力资源管理理论

人力资源管理概念最初萌芽于1954年,由美国著名的管理学家彼得·德鲁克(Peter F. Drucker)提出。德鲁克认为,人力资源是企业众多资源中的核心所在。管理层人员开展管理设计前,要充分考量职员的社会需求乃至精神需求,从而通过给企业职员提供具有挑战性和多元化的任务目标,挖掘职员的潜在能力和热情,实现人尽其才。人力资源开发是利用近现代科学技术和理论,通过保障其他资源与人力资源的交互作用,对人力资源进行有效的组织或调配,达到人力、物力实现最佳利用的整体效应,达成企业战略目标。人力资源管理本质上是强调以人的主观意识为转移的人力资源管理的整合。有学者认为,人力资源管理是指在经济学与人本思想的指导下,通过招聘、甄选、培训等管理形式,对组织内外的相关人力资源进行有效运用,满足组织当前及未来发展的需要,保证组织目标实现与成员发展的最大化的一系列活动的总称。就具体过程而言,它是指预测组织人力资源需求并做出人力需求计划,招聘人员并进行有效组织,考核绩效支付报酬并进行有效激励,结合组织与个人需要进行有效开发,以便实现最优组织绩效的过程。也有学者认为,人力资源管理是通过对众多的管理实践活动进行深入的分析、探讨、总结,并在此基础之上形成的科学理论,反过来,理论又直接为管理实践活动提供指导并且接受实践的检验。[①]人力资源强调人类作为社会主体,它集成了体力和智力两大部分。从广义来理解,人力资源是一个囊括人力及其他相关能力的系统性概念。从狭义来理解,人力资源则是企业为达成其终极目标延伸而成的员工总体的集合,对于不同企业而言,其概念有不同的界定标准。人力资源的特异性主要体现在以下五个层面:开发环节的持续性与能动性、生成过程的时段性、开发的流动性、使用过程的时效性及闲置过程的消耗性。人力资源所固有的特异性是由其根本属性决定的。在人类社会的发展历程中,人类是具备主观能动性的

---

① 刘娜欣. 人力资源管理[M]. 北京:北京理工大学出版社,2018:4.

主体，在不同工作情境和要求下，人力资源的能动性和创造性有所不同。

人力资源管理是对人力进行系统整合和拓宽的有机体，对其的研究涉及心理学、管理学、经济学等多个学科。人力资源除了涵盖人类的脑力、知识、思维等，还包括人的潜能的综合开发、利用与整合。人力资源管理可分为人才辨别、人才选拔或录用、人才调整及人才使用四大环节。人力资源管理的职能包括人力资源规划、人员甄选、人员晋升、人员激励、劳资管理、薪酬绩效评估等；人力资源管理方向包括人力的训练与调整两大方向。

综上所述，人力资源管理是集人力资源规划、招聘与配置、培训与开发、绩效管理、薪酬福利管理、劳动关系管理等于一体的有机的动态过程。这对地方高校的人力资源开发与管理有重要启示。地方高校"双师型"教师队伍建设可以从上述人力资源管理流程入手，从师资队伍规划、师资聘任、培训培养、评价激励等环节加以系统推进，并从人力资源开发与管理的全要素、全链条进行整体设计与建设，进而提高地方高校师资队伍建设的成效。

### （二）教师专业化理论

凯尔·桑德斯（Kyle Sanders）指出，专业化职业是指需要专业技术人员完成的专业性较强的职业，该职业要求从业人员上岗前须经过专业化的教育和培训。专业化的终极目标是为社会某一行业或领域提供所需的专门性服务。教师专业化主要包括教师职业的专业化和教师个体的专业化两个层面。教师职业的专业化指的是一种认识、一个奋斗过程，是一种职业资格等级提升，也是一个终身学习、自觉自为的动态发展过程。[①]也就是说，教师在上岗前需要经过一系列的专门知识、技能、素养的培训与学习，考核通过后方能持证上岗。教师个体的专业化主要指教师在整个职业生涯中，依托专业组织，通过接受终身专业训练，习得教育专业知识和技能，实现专业自主发展，彰显职业道德，逐步提高自身的素质，成为一名优秀的教育专业工作者的专业化成长过程。这也是教师个体从"普通人"变成"教育者""教育家"的专业发展过程。正如英国教育社会学家莱西（C. Lacey）所说，教师专业化是指教师个体成为教学专业人员并且在教学中越来越娴熟的转变过程。[②]

教师个体的专业化是一个需要教师个体持续不断地汲取新知识、新资讯，培

---

① 转引自：刘海宏. 教师专业化理论视角下的应用型院校"双师型"教师队伍建设[J]. 教育与职业，2019，（2）：70-72.

② 转引自：邓金. 培格曼最新国际教师百科全书[M]. 教育与科普研究所编译. 北京：学苑出版社，1989：553.

养新技能的专业化过程。一名专业的教师应该具备三方面的专业素质：第一，经受长时间的专业学习与训练后内化而形成的教学能力和专业知识、技能；第二，自觉遵守教师道德规范，具有崇高的职业操守；第三，具备系统的专业理论知识，并在教学过程中有清晰的教学目标和知识体系框架。

教师专业化发展的理论对推动地方高校转型发展，加强"双师型"教师队伍建设的重要启示在于，"双师型"教师作为有别于普通、常规高校教师的一种新型教师，应依据教师专业化发展理论，统筹推进"双师型"教师职业的专业化和教师个体的专业化发展，制定科学的"双师型"教师资格认定标准，构建有效的"双师型"教师评价机制以及建立多元的"双师型"教师激励机制。唯有如此，地方高校才能推进"双师型"教师的专业化发展，这也是破解"双师型"教师队伍建设难题的关键所在。

（三）技术技能知识构成理论

技术技能知识是科学技术知识在科学领域的具体表现。完整的技术技能知识（也称完整的职业教育知识）包括显性知识（explicit knowledge，也称明晰知识、外显知识、明言知识）和默会知识（tacit knowledge，也称意会知识、缄默知识、隐性知识）。[1]默会知识最早是由迈克尔·波兰尼（Michael Polanyi）在其专著《个人知识：朝向后批判哲学》中提出的。波兰尼之所以提出默会知识，是对传统的实证主义将知识看成是对完全客观的、静态的观点的一种挑战。因为自近代科学革命以来，人们用客观主义的科学观、知识观来看待知识，认为知识都是明确的，是可以表达的。他说："人类有两种知识，通常的知识一般用书面文字、地图或数学公式来表述，这仅是知识的一种形式。另一种知识则是无法系统表述的，如我们有关自己行为的某种知识。前一种知识称为显性知识，后一种知识称为默会知识。"[2]

显性知识能够用语言和文字来表达，以授课和书籍等方式传递；默会知识具有不可表达和不可言传的性质，学生只能通过自身的揣摩或观察模仿等途径获取。默会知识传承则是教育的重点和难点，其成功与否决定了教育质量及其成败。[3]柯林斯（Collins）将默会知识分为关系型默会知识（relational tacit knowledge，RTK）、身体型默会知识（somatic tacit knowledge，STK）、集体型默会知识

---

[1] 李欣旖，闫志利. 个体与群体：双师型教师队伍建设的二维指向[J]. 职教论坛，2018，（8）：64-70.
[2] Polanyi M. Study of Man[M]. Chicago：The University of Chicago Press，1958：12.
[3] 王增鹏，洪伟. 科学社会学视野下的默会知识转移——科林斯默会知识转移理论解析[J]. 科学学研究，2014，（5）：641-649.

（collective tacit knowledge，CTK）三类。关系型默会知识是指教师不知道如何用言语表达，或根本就没有意识到的知识；身体型默会知识是行动中的知识或内在于行动中的知识，唯有通过身体动作才能得以显现；集体型默会知识植根于某一群体，不能通过语言或文字传递，在不同情境下也会发生变化。知识的载体不仅是书面语言或符号，也存在于内行实践者共同体之中，个体知识必须通过与相关共同体接触才能获得。[①]

这对地方高校"双师型"教师队伍建设具有重要启示。地方高校传统理论型教师只能较好地传授显性知识，但如前所述，由于默会知识具有不可表达和不可言传的性质，学生只能在实践中通过自身的揣摩或观察模仿等途径获取，这是传统理论教授型教师在知识结构和能力结构上还不具备的。这就要求教师个体既能传授显性知识，也能传授默会知识，具有教师和工程师的双素质。教师队伍群体应由具有显性知识传递特长的教师和具有默会知识传递特长的企业技术人员组成。

### （四）技术技能获得过程理论

20世纪80年代，休伯特·德雷弗斯（Hubert Dreyfus）等基于学习者身体的变化状况，将技术技能获得的过程分为新手（novice）、高级初学者（advanced beginner）、胜任（competence）、精通（proficiency）、专长（expertise）、驾驭（mastery）和实践智慧（practice wisdom）七个阶段[②]，前三个阶段可在教师的指导下完成，后四个阶段则必须通过学徒制的形式经过反复训练后才能完成。辛普森（Simpson）将动作技能教学目标分成知觉、定势、教师指导下的反应、机械动作、复杂的外显行为、适应和创造创新七个等级。知觉是动作的必要条件，包括感觉刺激、线索选择和感觉转化；定势分为心理定势、生理定势和情绪定势三个层次，是学生获得技术技能的预备；学生在教师指导下的反应包括模仿和试误两个方面，决定了技术技能获得的必然过程；机械动作则是学生的习得反应，是学生不自觉地对环境的应对；复杂的外显行为包括学生消除技术技能的不确定性以及自主操作等，具备了实施复杂技术动作的条件；适应是指学生的动作技能已经能够适应当时的情境；创造创新是指学生能够根据技术技能的要求创

---

[①] 赵喜凤，柯文. 我国高铁技术的"大跃进"——"默会知识"维度的思考[J]. 自然辩证法研究，2012，（10）：42-47.

[②] 成素梅，姚艳勤. 德雷福斯的技能获得模型及其哲学意义[J]. 学术月刊，2013，（12）：64-70.

造新的动作模式。①可见,技术技能获得过程是传递与吸收并存的过程。

技术技能获得过程理论表明,学习者的技术技能获得是一个渐进的自然过程,任何学习者都不可能越过某一个阶段而达到另外一个阶段。要保证学习者熟练地掌握某一技术技能,形成学习者的专长和实践智慧,必须通过校企合作、产教融合的方式,并为之配备相应的行业教师(师傅)。这对于地方高校"双师型"教师队伍建设的重要启示在于:一方面,对传统理论教师队伍进行再培训、再提升,即对传统理论型教师进行拓展训练,鼓励其到行业企业参加实训,积累技术技能培训经验;另一方面,地方高校需要引入具有一线行业经验的实践型教师走进课堂,进行实际或模拟示范训练,确保学生能够在相关专业知识技能方面得到精准训练与有效习得。

## 三、理论建构与研究假设

### (一)师资规划与"双师型"师资质量的关系

宋典等的研究表明,企业战略人力资源管理会在企业内部营造向上的氛围,激励雇员承担更多的风险和积极主动地开拓市场、研发新技术,激发企业的内生动力,使企业具备长期竞争优势。②李雪峰等的研究表明,战略规划管理对企业或者相关机构的人力资源绩效有显著影响。③大学的人力资源规划管理中亦可以引入战略管理的方式方法和运行机制。乔治·凯勒(George Keller)指出,美国高等教育进入了一个革命时期,学校所需要的技术、教师的特性以及外部控制与约束不断增强,学校管理的自由放任时代结束了,学校规划的时代已经到来,大学应当构建一种更富有生机且对变革更具适应性的人力资源战略管理方式。④汪平等认为,人才资源的规划与开发将对高校的生存与发展产生决定性的影响,高校人事管理和师资规划应与学校发展战略有机结合。⑤基于上述分析,本书提出

---

① A.J.哈罗,E.J.辛普森.教育目标分类学(第三分册 动作技能领域)[M].施良方,唐晓杰译.上海:华东师范大学出版社,1989:19.
② 宋典,袁勇志,彭纪生.战略人力资源管理、公司创业与企业绩效关系的实证研究[J].科学学与科学技术管理,2009,(12):134-139.
③ 李雪峰,蒋春燕.战略人力资源管理与企业绩效:不正当竞争与政府支持的调节作用[J].管理世界,2011,(8):182-183.
④ 乔治·凯勒.大学战略与规划:美国高等教育管理革命[M].别敦荣主译.青岛:中国海洋大学出版社,2005:26-27.
⑤ 汪平,彭省临.高校人事管理应转入战略性管理新阶段[J].现代大学教育,2002,(4):79-81.

第一组假设。

H1：师资规划对"双师型"师资质量有显著正向影响效应。

（二）评价激励与"双师型"师资质量的关系

评价激励是影响高校教师建设质量的重要因素。科恩（Cohen）和贝利（Bailey）认为，团队绩效的评价应该从任务绩效、成员满意度和成员行为三个层面展开，并证实了评价三因素与团队绩效有显著的正向效应关系。[①]唐莉从人员结构、进入质量、高层次人才等三个维度分析了高校教师的绩效评价，并证明了评价对教师队伍建设质量有显著的正向影响。[②]周彬等的研究表明，当教师的需求与学校给予的激励机制相吻合时，将会产生正向的激励功能，调动教师的工作积极性。[③]吴崇等的研究证明，恰当的激励机制会提高教师的教学工作满意度，激励机制与高校教师队伍建设存在正相关关系，并有显著的激励效应。[④]基于此，本书提出第二组假设。

H2：评价激励对"双师型"师资质量有显著正向影响效应。

（三）培养培训在师资规划、资格准入、评价激励与"双师型"师资质量之间的中介作用

地方高校"双师型"师资质量属于管理学团队绩效、组织绩效的研究范畴，二者是一般和个别的关系。在管理学和组织行为学相关研究领域，对组织或团队的愿景规划、资格准入、评价激励等属于"领导行为"的范畴，而团队成员接受培养或培训通常表达为"组织学习"。斯莱特（S. F. Slater）和纳尔佛（J. C. Narver）的早期相关研究就得出了领导行为与组织学习结合才能有效地提升组织绩效的结论。[⑤]相关研究进一步发现，组织学习是领导行为对组织绩效产生影响的中介变量，即领导行为（愿景规划、评价、激励等）通过影响组织学习，进而对组织绩效产生正向影响。[⑥]赵鹏娟等基于教师等92个团队、687个样本

---

[①] 转引自：Warmer J T, Saull P. An analysie of work group diversity and performance [J]. Administrative Science Quarterly, 2006,（1）: 33-53.

[②] 唐莉. 基于战略的高校教师绩效评价体系实证研究[J]. 教育学术月刊, 2012,（6）: 55-57.

[③] 周彬, 吴志宏, 谢旭红. 教师需要与教师激励的现状及相关研究[J]. 教育理论与实践, 2000,（9）: 31-37.

[④] 吴崇, 林范丽, 沈小青. 转型时期地方高校教师激励影响因素的实证研究[J]. 教育学术月刊, 2016,（10）: 55-60.

[⑤] Slater S F, Narver J C. Market orientation and the learning organization[J]. Journal of Marketing, 1995,（3）: 63-74.

[⑥] Franco M, Almeida J. Organizational learning and leader-ship styles in healthcare organizations: An exploratory case study[J]. Leadership & Organization Development Journal, 2001, 32（8）, 782-806.

的实证研究进一步发现，知识型员工共享领导，通过团队学习能力的中介效应影响团队绩效，团队进取（激励）、权责共享、团队期望（愿景）、团队合作、团队学习能力和团队绩效两两之间呈显著相关。[1]邢周凌等构建了高校人力资源管理六因子模型，证明了员工的配置、激励机制、职业安全、员工参与、绩效管理、人力资源规划等6个因子间存在显著的两两相关关系。[2]张秀萍等的研究发现，若团队愿景（规划）能使个人的目标与团队目标保持一致，则能有效激发成员进行科研合作活动的动力，持续地学习、创新，并愿意为团队绩效的完成做出额外的贡献甚至牺牲个人利益。[3]基于上述分析，本书提出第三组研究假设。

H3a：师资规划对教师培养培训具有显著正向影响效应。

H3b：评价激励对教师培养培训具有显著正向影响效应。

H3c：资格准入对教师培养培训具有显著正向影响效应。

H3d：培养培训对师资质量具有显著正向影响效应。

H3e：师资规划、资格准入、评价激励两两之间呈显著相关关系。

上述三组假设共同组合形成了本研究的预设模型（hypothetical model）（图3-1）。在这个预设模型中，师资规划、资格准入、培养培训、评价激励为自变量，师资质量为因变量。本研究将在研究工具设计、数据收集的基础上，通过结构方程模型来验证这一模型是否成立。

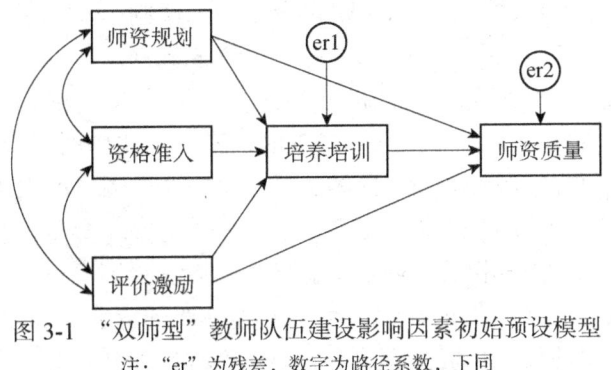

图3-1 "双师型"教师队伍建设影响因素初始预设模型

注："er"为残差，数字为路径系数，下同

---

[1] 赵鹏娟，赵国祥. 知识型员工共享领导对团队绩效的影响：团队学习能力的中介效应[J]. 心理与行为研究，2013，(3)：374-379.

[2] 邢周凌，周绍森. 高校最佳人力资源管理实践实证研究——以中部六省高校为例[J]. 高教探索，2009，(2)：59-65.

[3] 张秀萍，刘培莉. 大学科研创新团队建设的制约因素及对策[J]. 武汉理工大学学报(社会科学版)，2006，(6)：910-915.

## 第二节 地方高校"双师型"教师队伍建设的实证研究

### 一、调查问卷设计与验证

（一）调查问卷设计

1. 人口统计学变量

本部分问卷的人口统计学变量与总问卷相同（详见第一章）。

2. "双师型"教师队伍建设分量表

"双师型"教师队伍建设是高校教师队伍建设和高校人力资源开发与管理的重要组成部分，且与管理学中的人力资源开发和管理有交集和共性，其原理具有共性。鉴于此，"双师型"教师队伍建设分量表的研制，在基于理论文献研究的基础上，参考了舒勒（R. S. Schuler）的人力资源规划、雇员配置、绩效评价、薪酬和员工培训等人力资源管理评价五要素量表[1]，同时参照了孙立云研制的27个类目，涵盖职业安全、内部晋升、员工的选择、长期培训、清晰的工作思路、以结果为中心的评估、激励奖酬、具体的工作机制8个因素的人力资源管理评价量表[2]，综合借鉴了邢周凌提出的涵盖教职员工与配置、参与机制、弹性工作时间、开展科学培训、内部提升、职业道路的安全性、投诉渠道、绩效管理和战略人力资源管理规划9个层面的高校人力资源管理评价量表。[3]最终，本研究构建了由师资规划、培养培训、资格准入和评价激励等4个维度构成的"双师型"教师队伍建设分量表。该量表采用利克特四点计分法，1~4分别表示"非常不符合"至"非常符合"。师资质量为师资规划、培养培训、资格准入和评价激励等

---

[1] Schuler R S. Fostering and facilitating entrepreneurship in organizations: Implications for organization structure and human resource management practices[J]. Human Resource Management, 1986, (4): 607-629.

[2] Sun L Y, Aryee S, Law K S. High-Performance human resource practices, citizenship behavior, and organizational performance: A relational perspective[J]. Academy of Management Journal, 2007, 50: 558-577.

[3] 邢周凌. 高校人力资源管理对组织绩效的影响[D]. 南昌大学博士学位论文，2009: 48.

4个维度加总的合成变量。

（二）调查抽样情况

本次调查采用问卷的形式，该问卷是本书总问卷"地方高校转型发展现状调查问卷"的一个部分，即"双师型"教师队伍建设分量表，与总问卷一并按照随机整群抽样的原则，进行了抽样调查，数据回收、统计、处理的情况同第一章。

（三）量表的信、效度检验

1. 分量表的探索性因素分析及信度

采用探索性因素分析方法探讨问卷的结构效度，采用内部一致性系数 Cronbach's α 来检验量表的信度。KMO 测量系数检验得出样本充分性 MSA（Multisample 分析）的值为 0.851；Bartlett's 球形检验结果表明，显著性系数 $p=0.000<0.001$，说明地方高校"双师型"教师队伍建设分量表的数据非常适合进行探索性因素分析。因素分析的结果表明，因素 1 的 5 个题项主要测量地方高校师资结构规划、师资引入来源规划、师资学科专业规划、现有师资提升规划以及师资对应用型人才培养的支撑情况，故以理论建构中的"师资规划"命名；因素 2 的 3 个题项主要测量政府支持高校人才引进、"双师型"教师准入标准、实践型教师的资格准入等方面的情况，故以理论建构中的"资格准入"命名；因素 3 的 5 个题项主要测量高校对现有教师行业培训、校企合作培训师资、有行业背景的专兼职教师队伍等情况，故以理论建构中的"培养培训"命名；因素 4 的 3 个题项主要测量高校对"双师型"教师的评价方式、评价政策措施以及激励等情况，故以理论建构中的"评价激励"命名。采用主成分分析法提取因子，并按照正交方差最大法进行因子旋转，从"双师型"队伍建设分量表测试题项中共提取出了 4 个公共因子。抽取的 4 个因素的特征根值和贡献率都比较均衡，累积因素解释率为 63.526%。结果表明，这次基于 959 个调查样本和 16 个题项问卷进行的"双师型"教师队伍建设情况的调查分析，与前面理论建构中的结构维度具有高度的一致性。各个因子以及总量表的内部一致性 Cronbach's α 系数均在 0.60 以上，说明本次研究编制的量表具有良好的内部一致性信度。为使统计时更加便捷和美观，对确定的题项以 S 为代表重新进行编码，方便后续进行统计分析（表 3-1）。

表 3-1 "双师型"教师队伍建设分量表因子分析结果摘要表

| 潜在变量 | 观测变量 | 因子负荷值 | Cronbach's α | KMO 值 |
|---|---|---|---|---|
| 师资规划 | S1 | 0.805 | 0.812 | 0.851 |
| | S4 | 0.807 | | |
| | S5 | 0.731 | | |
| | S7 | 0.641 | | |
| 资格准入 | S3 | 0.701 | 0.637 | |
| | S2 | 0.766 | | |
| | S9 | 0.743 | | |
| | S6 | 0.600 | | |
| 培养培训 | S15 | 0.813 | 0.855 | |
| | S10 | 0.782 | | |
| | S16 | 0.751 | | |
| | S17 | 0.752 | | |
| | S18 | 0.742 | | |
| 评价激励 | S12 | 0.898 | 0.802 | |
| | S13 | 0.881 | | |
| | S14 | 0.741 | | |

注:"S"是"双师型"教师队伍简称

**2. 分量表的验证性因素分析与模型检验**

(1) 验证性因素分析

探索性因素分析所要达成的是建立量表或问卷的建构效度,而验证性因素分析则是要检验结构效度的适切性与真实性。同时,验证性因素分析作为 SEM 的一种次模型,是进行整合性结构方程模型分析的一个前置步骤或基础性框架。[①]因此,有必要在探索性因素分析的基础上进行验证性因素分析。本研究运用多因素斜交模型对测量结果进行一阶验证性因素分析,以验证在探索性因素分析中得到的因素模型是否与实际的数据适配。

(2) "双师型"教师队伍建设斜交模型验证

"双师型"教师队伍建设分量表的一阶四因子结构方程模型的分析结果如下:$\chi^2/df$=3.178,渐进残差均方和平方根 RMSEA=0.048,绝对拟合指标 GFI=0.991,AGFI=0.988;相对拟合指标 NFI=0.983,TLI=0.955,IFI=0.963,CFI=0.963(表 3-2)。各个测量指标对应的潜在变量的因素负荷量(factor

---

① 吴明隆. 结构方程模型——AMOS 的操作与应用[M]. 重庆:重庆大学出版社,2010:212-213.

loading,FL)结果为 0.540~0.930,均大于 0.5(图 3-2),表示测量指标能够较好地反映培养培训、评价激励、师资规划、资格准入 4 个潜在变量的特质。上述分析结果表明,验证性因素分析的计算结果支持前述探索性因素分析的结果,量表的拟合度较好,潜在变量的各测试题项均项具有良好的收敛效度。

表 3-2 "双师型"教师队伍建设分量表验证性因素分析结果适配对比表

| 拟合指标 | $\chi^2/df$ | RMSEA | GFI | AGFI | NFI | TLI | IFI | CFI |
| --- | --- | --- | --- | --- | --- | --- | --- | --- |
| 结果拟合标准 | <5 | <0.08(良好) | >0.90 | >0.90 | >0.90 | >0.90 | >0.90 | >0.90 |
| 模型结果数据 | 3.178 | 0.048 | 0.991 | 0.988 | 0.983 | 0.955 | 0.963 | 0.963 |
| 模型适配判断 | 是 | 良好 | 是 | 是 | 是 | 是 | 是 | 是 |

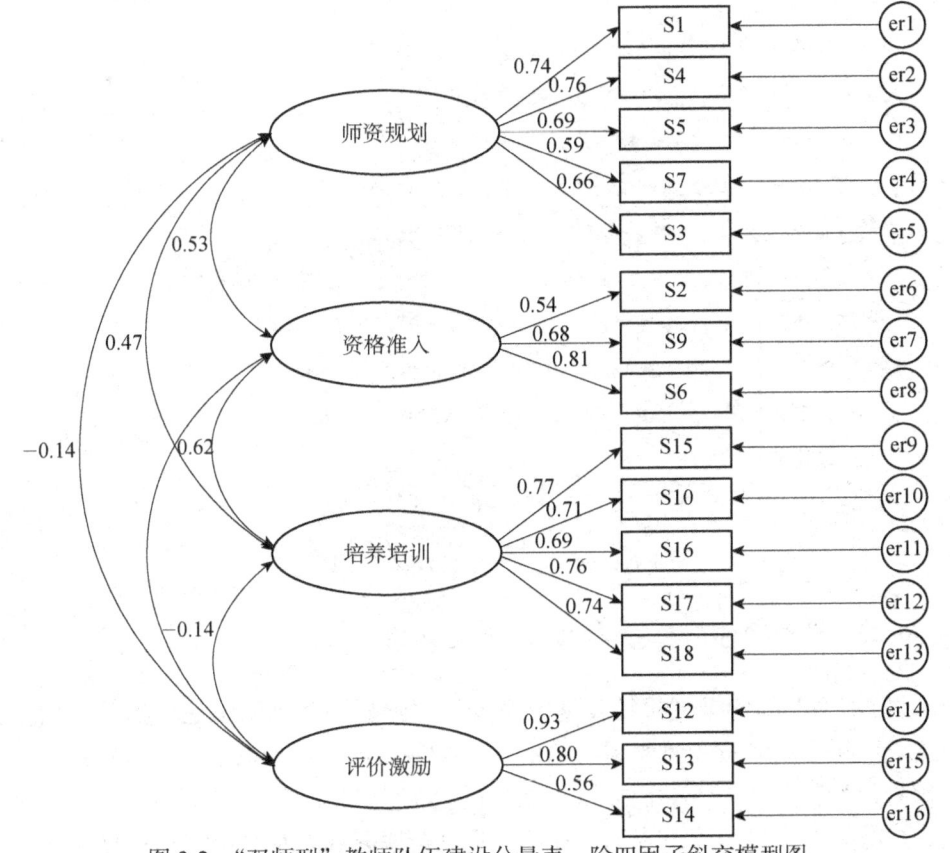

图 3-2 "双师型"教师队伍建设分量表一阶四因子斜交模型图

## 二、"双师型"教师队伍建设的现状分析

### （一）地方高校对"双师型"教师队伍建设重视程度分析

地方高校转型发展是一项涉及多要素的系统工程，师资队伍转型又是关键和重点，是地方高校转型发展的突破口。在问卷调查中，这方面得到了进一步印证。当问及被调查者对办学经费、社会服务、科学研究、管理治理、学科专业建设、人才培养、课程体系建设、师资队伍建设、办学目标定位等9个相关要素在推进地方高校转型发展的重要程度的看法时，有73.5%的人认为师资队伍建设是当前地方高校转型的最重要方面，位居相关要素首位（图3-3）。

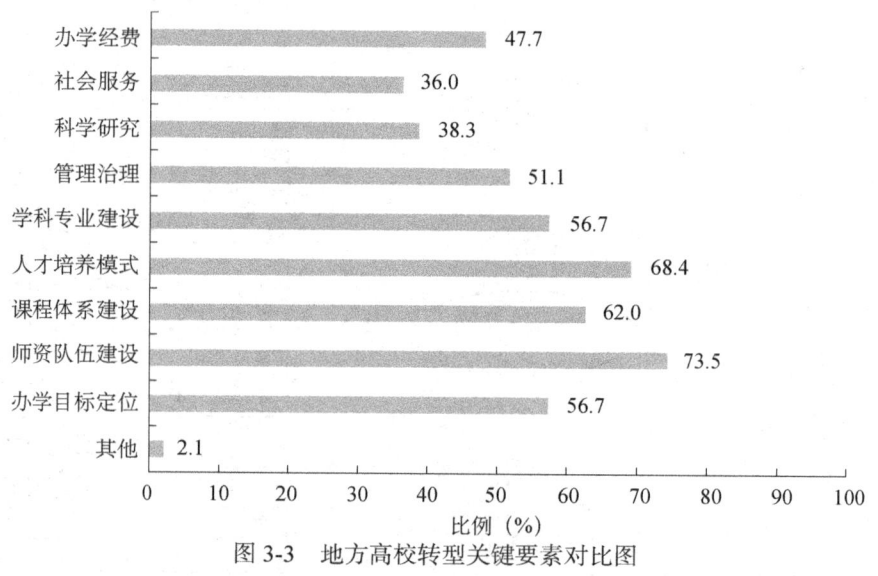

图3-3 地方高校转型关键要素对比图

### （二）"双师型"师资规划的现状分析

"双师型"师资规划是统领地方高校"双师型"教师队伍建设的重要战略管理工具。从不同学校类型来看，均值计算结果表明，转型试点高校"双师型"师资规划的均值为17.226，而非试点高校的均值为17.135。独立样本 $t$ 检验结果表明，转型试点高校与非试点高校在"双师型"师资规划水平上不存在显著的差异（$p$=0.618>0.05）。这表明，地方高校在推进转型发展的过程中，对"双师型"教师队伍规划的重视不够，转型试点与否在师资规划上体现不出显著性差异。但结

合均值来看，转型试点高校师资规划的均值略高于非转型试点高校，可以初步判断，地方高校在"双师型"师资规划方面正处于起步阶段，初见成效，但仍需进一步强化（表3-3）。

表3-3 不同学校类型对师资规划的独立样本 $t$ 检验结果摘要表

| 维度 | 学校类型 | 人次 | 均值 | 标准差 | $t$ |
|---|---|---|---|---|---|
| 师资规划 | 转型试点高校 | 292 | 17.226 | 2.600 | 0.499 |
| | 非试点高校 | 667 | 17.135 | 2.603 | |

### （三）"双师型"教师资格准入的现状分析

"双师型"教师资格准入制度是影响地方高校"双师型"教师队伍建设质量的重要环节。从不同学校类型来看，均值计算结果表明，转型试点高校教师资格准入的均值为9.477，而非试点高校的均值为9.451。独立样本 $t$ 检验结果表明，转型试点高校教师资格准入与非试点高校在"双师型"资格准入水平上不存在显著的差异（$p=0.830>0.05$）。这表明，地方高校在推进转型发展的过程中，对"双师型"教师队伍资格准入的关注不够，仍然对传统高校教师准入制度存在路径依赖，地方高校转型试点与否在教师资格准入上体现不出显著性差异。但结合均值来看，转型试点高校教师资格准入的均值略高于非试点高校，可以初步判断，地方高校在"双师型"教师资格准入制度建设上正处于探索阶段，初见成效，但仍需进一步加强（表3-4）。

表3-4 不同学校类型对教师资格准入的独立样本 $t$ 检验结果摘要表

| 维度 | 学校类型 | 人次 | 均值 | 标准差 | $t$ |
|---|---|---|---|---|---|
| 教师资格准入 | 转型试点高校 | 292 | 9.477 | 1.644 | 0.215 |
| | 非试点高校 | 667 | 9.451 | 1.639 | |

### （四）"双师型"教师培养培训的现状分析

校企深度合作是"双师型"教师培养的核心路径。从是否开展校企合作来看，均值计算结果表明，开展校企合作的高校教师培养培训均值为17.801，而未开展校企合作的高校教师培养培训均值为17.359。独立样本 $t$ 检验结果表明，开展校企合作与未开展校企合作在"双师型"教师培养培训水平上存在显著性差异（$p=0.004<0.01$）。这表明，地方高校通过开展校企合作培养"双师型"教师的效果要比未开展校企合作培养教师的效果好，从而为地方高校通过强化校企合作联

合培养"双师型"教师提供了有力证据（表3-5）。

表3-5 是否开展校企合作对教师培养培训的独立样本 $t$ 检验结果摘要表

| 维度 | 是否开展校企合作 | 人次 | 均值 | 标准差 | $t$ |
|---|---|---|---|---|---|
| 教师培养培训 | 开展 | 357 | 17.801 | 2.248 | 2.850 |
| | 未开展 | 602 | 17.359 | 2.367 | |

（五）"双师型"教师评价激励的现状分析

注重"双师型"教师的差异化、分层、分类评价与激励，是"双师型"教师队伍建设的重要标尺和风向标。从是否开展校企合作来看，均值计算结果表明，开展校企合作的高校教师评价激励均值为6.596，而未开展校企合作的高校教师评价激励的均值为6.671。独立样本 $t$ 检验结果表明，开展校企合作与未开展校企合作在"双师型"教师评价激励水平上不存在显著性差异（$p=0.650>0.05$）。这表明，地方高校在推进转型发展的过程中，对"双师型"教师评价激励与普通教师实施差异化评价的关注不够，对是否具有校企合作经历和行业经历的考察不够，仍然存在传统高校教师重学术评价的路径依赖倾向，参与校企合作与否在教师评价激励机制上没有显著性差异。由此，可以初步判断，地方高校在"双师型"教师评价激励制度建设上仍需加大建设和改革力度，需要大力实施差异化、多元化的激励评价制度（表3-6）。

表3-6 是否开展校企合作对教师评价激励的独立样本 $t$ 检验结果摘要表

| 维度 | 是否开展校企合作 | 人次 | 均值 | 标准差 | $t$ |
|---|---|---|---|---|---|
| 教师评价激励 | 开展 | 203 | 6.596 | 2.091 | 0.453 |
| | 未开展 | 756 | 6.671 | 2.079 | |

## 三、"双师型"教师队伍建设结构方程模型验证

（一）相关分析

对"双师型"教师队伍建设的各个维度变量进行相关分析（表3-7），从总体上看，在地方高校"双师型"教师队伍建设中，师资规划、资格准入、培养培训、评价激励均呈现两两显著相关关系。

表 3-7　"双师型"教师队伍建设的各个维度间的相关分析

| 维度 | 师资规划 | 资格准入 | 培养培训 | 评价激励 |
|---|---|---|---|---|
| 师资规划 | 0.385** | | | |
| 资格准入 | 0.497** | 0.464** | | |
| 培养培训 | −0.106** | −0.165** | −0.132** | |
| 评价激励 | 0.744** | 0.639** | 0.856** | 0.144** |

\*$p<0.05$，\*\*$p<0.01$，\*\*\*$p<0.001$，下同

**1. 模型验证**

上述探索性因素分析、信度分析、验证性因素分析、相关分析的结果均表明，本次研究所设计的量表结构与实际数据的拟合度较好，适合对假设模型做进一步的结构方程模型检验。利用 AMOS21.0 进行数据拟合并检验结构方程模型，以极大似然法（maximum likelihood，ML）作为模型的估计方法，对模型中各因子间的关系进行验证，得到主要的拟合优度评价指标。[①]其中，$\chi^2=2552.542$，GFI=0.728，AGFI=0.532，NFI=0.532，IFI=0.532，CFI=0.532。同时，利用结构方程模型分析软件 AMOS21.0 对自变量、中介变量、因变量之间的假设路径的路径系数（estimate）、标准路径系数（$\beta$）、标准误（S.E.）、检验统计量的临界比值（C.R.）、路径系数的显著性水平（$p$）进行检验（表 3-8、图 3-4），结果表明 5 个直接效果的路径系数均达到显著水平。

表 3-8　"双师型"教师队伍建设路径模型检验结果

| 分析方法 | 作用路径 | | | 估计值 | $\beta$ | S.E. | C.R. | $p$ | 路径 |
|---|---|---|---|---|---|---|---|---|---|
| 回归加权 | 培养培训 | <--- | 师资规划 | 0.562 | 0.372 | 0.043 | 13.041 | *** | par_1 |
| | 培养培训 | <--- | 资格准入 | 0.661 | 0.320 | 0.061 | 10.894 | *** | par_2 |
| | 培养培训 | <--- | 评价激励 | 0.077 | 0.030 | 0.050 | 1.524 | 0.127 | par_3 |
| | 师资质量 | <--- | 师资规划 | 0.139 | 0.010 | 0.023 | 6.028 | *** | par_4 |
| | 师资质量 | <--- | 培养培训 | 1.066 | 0.900 | 0.015 | 69.380 | *** | par_5 |
| | 师资质量 | <--- | 评价激励 | 1.098 | 0.300 | 0.025 | 43.412 | *** | par_6 |
| 协方差 | 资格准入 | <--> | 师资规划 | 1.860 | 0.385 | 0.167 | 11.111 | *** | par_7 |
| | 评价激励 | <--> | 师资规划 | 0.575 | 0.106 | 0.176 | 3.272 | *** | par_8 |
| | 资格准入 | <--> | 评价激励 | 0.637 | 0.165 | 0.127 | 5.030 | *** | par_9 |

SEM 模型是以标准路径系数（$\beta$）来表示潜在变量之间的数量关系的。在结构方程模型中，标准路径系数值表明了一个变量对另一个变量影响效应的大小。本次研究假设模型检验结果如下。

---

① 吴明隆. 结构方程模型——AMOS 的操作与应用[M]. 2010. 重庆：重庆大学出版社：212-213.

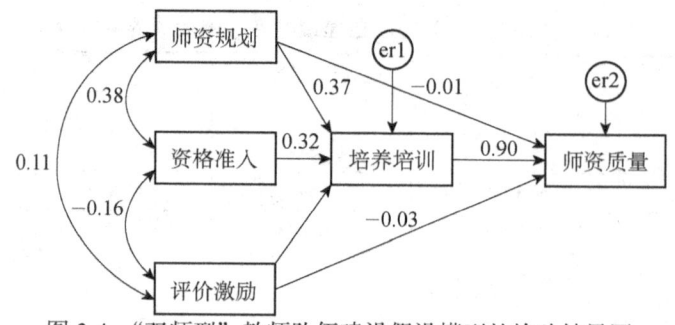

图 3-4 "双师型"教师队伍建设假设模型的检验结果图

1）师资规划到培养培训的标准路径系数 $\beta=0.372$，检验统计量的 $C.R.=13.041$，路径系数的显著性水平 $p=0.000<0.001$。这表明，师资规划对教师培养培训具有正向影响效应，且达到非常显著水平。因此，假设 H3a 得到证实。

2）资格准入到培养培训的标准路径系数 $\beta=0.320$，检验统计量的 $C.R.=10.894$，路径系数的显著性水平 $p=0.000<0.001$。这表明，资格准入对教师培养培训具有正向影响效应，且达到非常显著水平。因此，假设 H3c 得到证实。

3）评价激励到培养培训的标准路径系数 $\beta=0.030$，检验统计量的 $C.R.=1.524$，路径系数的显著性水平 $p=0.127>0.001$。因此，假设 H3b 未得到验证，不成立。

4）师资规划到师资质量的标准路径系数 $\beta=0.010$，检验统计量的 $C.R.=6.028$，路径系数的显著性水平 $p=0.000<0.001$。因此，证实了假设 H1 成立。

5）培养培训到师资质量的标准路径系数 $\beta=0.900$，检验统计量的 $C.R.=69.380$，路径系数的显著性水平 $p=0.000<0.001$。因此，证实了假设 H3d 成立。

6）评价激励到师资质量的标准路径系数 $\beta=0.300$，检验统计量的 $C.R.=43.412$，路径系数的显著性水平 $p=0.000<0.001$。因此，证实了假设 H2 成立。

7）协方差统计分析结果表明，师资规划与资格准入的协方差为 1.860，协方差的估计标准误为 0.167，$C.R.=11.111$，两者间的相关达到 0.001 的显著水平；评价激励与师资规划的协方差为 0.575；评价激励与资格准入的协方差为 0.637，协方差的估计标准误为 0.127，$C.R.=5.030$，两者间的相关达到 0.001 的显著水平。因此，假设 H3e 得到证实。

（二）研究讨论

1. 师资规划、资格准入、培养培训、评价激励对"双师型"教师队伍建设的影响

我们通过结构方程模型的验证分析发现，师资规划、资格准入、培养培

训、评价激励与"双师型"师资质量两两之间存在显著的相关关系,并对"双师型"师资质量产生了显著的影响。因此,推进"双师型"教师队伍建设,应综合从师资规划、资格准入、培养培训、评价激励四个方面综合施策,方能取得建设成效。进一步研究发现,在培养培训对"双师型"教师队伍建设质量产生正向影响效应的路径中,包含校企合作培养和地方高校自主常规性培养两种方式共同作用。所以,建设"双师型"教师队伍,校企合作培养"双师型"教师,对于提升"双师型"教师队伍的质量和改善"双师型"教师队伍的结构尤为重要。

2. 培养培训作为中介变量的作用

本次研究通过结构方程模型的验证分析发现,将师资规划、资格准入和评价激励对培养培训影响的路径系数按照绝对值大小排列依次是师资规划、资格准入、评价激励,同时,师资规划、资格准入与"双师型"师资质量呈显著正相关。师资规划通过培养培训影响教师质量;资格准入通过影响教师培养培训进而影响师资质量,这都说明培养培训在师资规划、资格准入与"双师型"教师队伍建设之间起到了中介作用。培养培训到师资质量的标准路径系数高达0.9,师资培养培训对师资质量具有正向影响效应,且达到非常显著的水平。这表明,开展教师培养培训工作力度越大,对于提升"双师型"教师队伍建设质量的效果就越明显,这就说明了地方高校推进"双师型"教师队伍建设,提高师资整体质量,培养培训是核心环节,教师培养培训内容、方式、方法、手段和技术的改革创新、转型升级应是地方高校进行师资队伍建设的关键着力点。

# 第三节 地方高校"双师型"教师队伍建设的对策建议

## 一、加强"双师型"教师队伍建设整体规划

地方高校转型的方向就是建设应用技术大学。地方高校转型发展并不是把单

项要素及其改革措施进行简单相加,更不是简单地更改校名,而是一场以师资队伍建设和人事制度改革为突破口的全面的系统性变革。这就迫切需要地方高校对师资队伍建设规划进行整体设计,这也是优化师资结构、提升师资水平的前提,具体应从以下两个方面加以改进。

一是要持续推动地方高校办学理念的变革。地方高校要对传统的办学思路和基本理念进行调整,重新审视教育发展观,摒弃高校发展长期以来追求的规模"高大上"以及对职业教育的排斥倾向,要对转型发展的重要性和必要性有全面、准确的理解。①地方高校要依托政府指导和市场机制调节功能,基于地方经济社会发展的办学需求,落实人才强校战略,对学校的人才类型、结构、质量、培养目标进行科学及全面的规划,增强学校整体以及教师自身转型发展的内生动力,通过规划更有效地引导教师个体的职业素养和行业实践能力的提升,以及"双师型"教师队伍结构优化和整体建设水平的提升。

二是基于应用型定位,反向设计师资建设规划。地方高校在制定师资规划时,要强化对学校办学定位和应用型人才培养目标的理解和普遍性认同,紧密联系地方高校及转型教师的实际情况,在资格准入、培养培训、激励评价等教师人力资源开发的关键环节,做好精准、有效的制度设计。具体而言,地方高校首先应制定适合本校"双师型"教师建设的长期目标和短期目标,再按内容、时段划分为分项任务,分配到每个学科、专业,最终落实到每一位教师。同时,在规划层面,要聚焦教师培养培训这个关键环节,坚持教师岗前培训和在职培养相结合,脱产进修和在职学习相结合,长期培训和短期培训相结合,学历培训和提高培训相结合。总之,地方高校应从全校层面制定一个以培训为重点的"双师型"教师队伍发展规划,有计划、有组织地加以实施。

## 二、完善"双师型"教师队伍建设准入机制

"双师型"教师资格准入机制是影响地方高校"双师型"教师队伍建设质量的关键环节。完善地方高校"双师型"教师队伍准入机制,应着重从以下两个方面加以改进。

一是要优化准入资格标准,拓宽师资引入的多元化渠道。地方高校培养高素质应用型人才的目标定位对地方高校师资队伍建设形成了一种结果导向的倒逼

---

① 肖华. 应用型本科高校立德树人探索[M]. 苏州:苏州大学出版社,2014:11.

机制。以德国为例,职业技术教师在德国是一种终身职业。在德国,具有"双师型"教师资格的专业教师有严格的行业从业标准,其专业化水平极高。职业技术教师应系统地接受过高等教育,并且从事教育工作五年以上,获得国家认定的职业资格证书,能够熟练运用教育学、心理学等学科的相关知识、技能,才能被确定为终身的职业教师。德国职业学校的教师可以划分为理论课教师、普通教育课教师和专业实践课教师等。前两类教师要在国家认证的大学接受教育并顺利通过国家考试。但是专业实践课教师需要通过国家的考试之后,再进行2~3年的实践,也就是去相关行业企业进行实习,还有一定数量的教师通常需要通过第二次国家考试后才能正式上岗成为职业学校的专业实践课教师。[①]德国职业技术教师准入制度值得我国地方高校借鉴。为有效达成应用型人才培养的目标,地方高校在师资选拔和聘用上应着力破除唯学历、唯职称的倾向,坚持以解决实际问题为中心,以行业对人才培养的需求为导向,兼顾学术能力与行业实践能力,依托学术规范与行业技术规范,融通专业标准与职业资格标准,打破呆板、单一的学术标准,制定科学的教师人才选择标准,面向高校、行业企业广泛选才。

二是要对师资结构标准进行优化。首先,要优化学历标准。因为具有较高的素质和较强实践操作能力的教师对应用型人才培养具有很大的促进作用,这些素质和能力具体可以涵盖专业理论素质、科学文化素质、科研能力等。"双师型"教师必须经过严格的、高层次的学术训练,这就从客观上在准入机制方面对教师的学历提出了相应的高要求。其次,要对师资类型标准进行优化。"双师型"教师是把理论和实践教学融为一体,教师不仅要具有较高的理论水平,同时也要具有娴熟的教学能力、实践能力,须对"双师型"教师队伍的类型、素质结构进行改进,即在地方高校教师队伍中,既要有理论教师,又要有行业导师和"双能型"教师,并保持三种类型之间的结构性、动态均衡。最后,要对师资的年龄结构标准进行优化。应用型人才培养客观上需要建设一支具有一定的创造能力、创造激情的中青年教师专业团队,这个团队不仅要有工作的热情、开放的思维,而且更要对科研创新充满激情。因此,地方高校应保持青年教师人才在整个"双师型"教师队伍中的合理比例和结构,并加大引进高素质的青年人才,确保地方高校人才队伍建设后继有人。

---

① 杨莎莎. 国外"双师型"师资培养模式比较及对我国的启示[J]. 成人教育,2007,(6):95-96.

### 三、加强"双师型"教师职业技能培训

加强"双师型"教师职业技能培训，是提升地方高校教师的职业素质，促进教师专业化发展的核心环节，具体有以下三种路径。

一是与相关企业合作，采取委托培养的模式。所谓委托培养的模式，即地方高校可以在寒暑假期间让专业教师、学生进入相关行业、企业，通过进入现场使他们及时掌握行业的前沿信息，了解行业的现状与发展趋势，更好地将自己的理论知识与行业实践相结合，提高自身的职业技能和素质。同时，有计划地将教师以科技特派员的身份分批次安排到一些相关的合作企业中去实习和挂职锻炼，使其参与到企业关键核心技术项目的合作研发中，提高教师的技术研发能力。在"走出去"的同时，坚持"引进来"，地方高校要聘请相关行业中有着丰富经验和高水平的学术研究能力的专家与技术人员对学校教师进行技能培训，在机制设计上打破学校与企业之间的师资培训、交流壁垒，培养兼具理论与实践技能的专业化教师团队。

二是建立地方高校"双师型"教师跨校综合性通用实训平台。首先，实训平台建设应坚持高标准、高起点设计，兼顾行业、企业的共性关键技术建设水平和地方高校"双师型"素质结构要求统筹进行开发设计，将其打造成为行业、企业、地方高校之间进行新技术研发和"双师型"教师培训培养的高端共享、交流、研训平台。其次，推进管理模式多样化，按照共建共享原则，改变以往仅仅依靠政府拨款的单一化形式，推进社会、政府、企业、学校投资主体的多元化，构建共建、共享资源的创新型模式，开辟一条校企合作、多渠道融资的新路子，为地方高校"双师型"教师培养培训提供持续的经费支持。最后，依托平台构建"产、学、研"相结合的工作体系，实现多元利益主体的互利共赢。企业以提升行业、企业生产能力和经济社会效益为目标，推进新技术、新工艺的推广和应用。高校应充分依托平台对师生进行培养和实训，利用实训平台的先进设施设备，推进应用项目、科技成果、生产技术、科技咨询的开发、研究和转化，并以此来促进地方高校教师的专业发展和育人效能的提升，形成一种"产、学、研"一体化的良性循环模式，构建发展、合作的利益共同体。

三是要建立和完善青年教师的培养机制。新入职的青年教师处于教师专业化发展的初期阶段，也是其转型发展、专业化发展的关键期。因此，引导青年教师结合学校办学定位，对未来的职业生涯进行科学规划，以便使其早定位、早起步、

早见效，加快推进自身的转型发展。首先，要完善青年教师岗前专业培训机制，增加青年教师的外出研修与行业锻炼经历，定期选派专业的优秀中青年教师前往高水平大学和行业、企业进行学习、交流、培训。在常规教师队伍建设过程中，地方高校可以通过多举办教学公开课、知识技能竞赛、学术沙龙等活动，提高教师的教学、科研能力。

## 四、优化"双师型"教师评价激励机制

鉴于"双师型"教师素质结构、能力结构的特殊性，构建差异化、分层、分类的评价与激励机制，应是"双师型"教师队伍建设的核心价值导向。为此，优化地方高校"双师型"教师评价激励机制，应着重从以下两个方面进行。

一是要建立行业贡献导向的教师发展评价机制，促进教师的专业发展。要从根本上解决地方高校"双师型"教师发展的问题，构建发展性"双师型"教师评价体系是关键。首先，要对教师进行分类管理、分类评价，制定"双师型"教师的职业和相关资格认定评价标准，明确"双师型"教师数量比例和任职要求，启动相关的资格认定和评价工作。在职称评聘、评优评先等方面，要向有行业经验的教师倾斜，向"双师型""双能型"教师倾斜，将教师对行业、企业的贡献作为其职务评审的首要标准。学校可规定教师在评定职称和晋升职务时须有在相关行业企业1~2年的实践经验，还可定期将专业教师选派到对口行业的培训基地进行专门的学习和培训，并对获得相关专业技能证书的教师进行认定和奖励，以此来激励教师不断关注行业实践，掌握相关技能，提高职业能力。[①]唯有如此，才能引导教师主动向"双师型"方向发展，从而发挥评价的激励、导向功能，最终不断壮大"双师型"教师队伍。

二是要建立教师评价与激励相结合的工作机制，激发教师的主动性、创造性。激励主要是指激发人的动机，使得人们能够按照相应的要求前进，并且最终能够达到目标的心理活动过程。[②]通观教育领域，评价与激励密不可分，只有进行准确、有效的评价才能形成正向的激励，反之亦然。激发教师的动机，并调动教师的工作积极性同样非常重要。地方高校在培养应用型人才的过程中，更要注重调动教师的积极性。在实际工作中，地方高校要结合自身的应用型的办学定位，科学地设计教学型、科研型、教学型、教学+科研型等各种不同类型的教师评价体

---

① 徐学兰. 地方应用型本科院校"双师型"教师培养问题探究[J]. 教育探索，2012，(12)：102-103.
② 苏东水. 管理心理学[M]. 上海：复旦大学出版社，1987：225.

系，建立适应应用型人才培养模式的变革和服务地方行业产业发展需要的教师学术评价机制，并对教师开展有针对性的分类评价，将教师的教学水平、科研水平、行业贡献等作为评价的重要指标，并将其与薪资分配、奖惩、职务晋升、进修等激励性措施相配套，最终形成全校都争当"双师型"教师、争做"双师型"好教师的良好氛围。①

---

① 朱来斌. 地方本科高校转型视阈下"双师双能型"师资队伍构建路径探析[J]. 学术探索，2016，(12)：149-152.

# 第四章 地方高校应用型人才培养

　　高素质的"双师型"教师队伍为地方高校应用型人才培养提供了人才支撑。地方高校培养一大批高素质的应用型人才,则能够化解经济结构调整、产业升级带来的人才供需矛盾,是地方高校转型发展的当务之急、治本之策。本章在对地方高校转型发展的应用型人才培养的文献进行研究的基础上,对地方高校应用型人才培养模式进行了理论构建,提出了相关假设,并力图通过 SEM 验证假设,探讨影响应用型人才培养质量的培养目标、培养内容、培养条件、培养方式等核心变量间的效应关系及其内在作用机制,并据此提出加强地方高校应用型人才培养的对策建议。

## 第一节 地方高校应用型人才培养模式理论构建

### 一、应用型人才培养模式的内涵

#### （一）相关概念的界定

1. 人才

人才一般指在某方面具有才能或本事的人。人们对人才的理解各不相同，主要有两个方面：一是侧重于德才并举；二是指"具有一定的专业知识或专门技能，进行创造性劳动并对社会作出贡献的人，是人力资源中能力和素质较高的劳动者"①。以上的两种理解对人才界定具有一定的合理性，但也存在局限性。本研究认为，所谓人才是指在社会实践中具有一定道德、文化、知识水平，拥有一定的技术和能力，并在某一领域、行业对社会做出一定贡献的人。

2. 应用型

人才有着极其丰富的内涵，从不同角度出发对人才的理解也不尽相同。对于不同层次的人才，在知识、能力和素质等方面的要求和标准也不相同。首先，从整体上而言，应用型人才要区别于学术型人才；其次，无论何种专业，都要求学生系统地掌握本学科和专业的基础理论和基本知识，有能力从事本专业的实际工作和研究工作，具有本科及以上学历；最后，从类型上对"应用型"的界定，"应用型"从横向上对人才功能进行了规定，"本科及本科以上"从纵向上对人才层次定位进行了规定。

3. 应用型人才

根据应用型人才的内在属性，其特点集中体现在：第一，应用型人才的根本属

---

① 中共中央，国务院. 国家中长期人才发展规划纲要(2010—2020年)[EB/OL].(2010-06-06)[2020-06-03]. http://www.gov.cn/jrzg/2010-06/06/content_1621777.htm.

性为职业性，不同于学术型人才主要为从事科学研究做准备，应用型人才主要是面向职业的，主要是为职业生涯做准备的，因此职业性是应用型人才的根本属性。第二，从人才的内在属性看，应用型人才培养还必须满足社会发展的需要，能满足企业的专门知识和技能发展的需求，因此应用型人才的内在属性具有专业性。第三，应用型人才的职业性和专业性要以道德水准和知识基础为根基。基础性是应用型人才的发展属性，即应用型人才的职业性和专业性要以市场发展和职业需求为导向。①这三者之间相互联系、相互依存。综上所述，本研究以"属+种差"的方式对其进行概念的界定，即"应用型人才"是指具有一定的道德水准、基础理论知识、能力和素质及职业所需的专门知识和实践技能，为职业生涯做准备的，并在某一领域或行业对社会做出一定贡献的人才。从这个意义上来讲，应用型人才也就意味着在各类人才中具备一定的理论素养与应用型思维、精湛的专业能力和研究意识，同时能够很好地将理论与具体情境结合，达到解决实际问题的目的。②

### （二）人才培养质量

人才培养质量是一个相对的概念，从不同学科视角审视就会有不同的旨趣。从经济学投入和产出的角度看，质量实质上讲的是效益，如果是以低投入而实现高产出的，则是高质量的。从管理学的视角看，人才培养质量首先要看是否符合人才培养目标、规格和标准，即考察所培养的人才与先前设定的培养标尺的符合度、达成度；其次是人才的适用性，也就是"教育产品"在使用中满足需要的程度；最后是环境因素的适应性，地点、时间、政策等环境因素发生变化了，对人才培养质量也会提出新的要求。《教育大辞典（第一卷）》将人才培养质量界定为：对人才培养水平高低和效果优劣的评价。教学内容、教学方法和教学组织形式及教学过程等因素的合理程度，以及教师素养和师生教学活动的参与度都是影响人才培养质量的主要因素。③由此可见，人才培养质量是以人才培养活动过程为主线，以教师的教学素养、师生教学活动的参与度、教学方法、教学内容等为影响因素，旨在衡量所培养的人才水平的高低和效果优劣的一种价值尺度。

### （三）人才培养模式

《现代汉语词典（第7版）》将"模式"的界定为："某种事物的标准形式或

---

① 邵波. 论应用型本科人才[J]. 中国大学教学，2014，（5）：30-33.
② 董泽芳. 高校人才培养模式的概念界定与要素解析[J]. 大学教育科学，2012，（3）：30-36.
③ 教育大辞典编纂委员会. 教育大辞典（第一卷）[M]. 上海：上海教育出版社，1990：24.

使人可以照着做的标准样式。"①从词义学上讲,"模式"即解决问题的范式、范例。模式后来作为一个软科学概念,是指在一定的思想指导下建立起来的由若干要素构成的,具有形态构造和实践指导功能及可仿效性、复制性等特征的某种活动的理论模型与操作式样。模式既不属于内容范畴与形式范畴,也不属于目的范畴与结果范畴,而是属于一种过程范畴。因此,人才培养模式"是一种对于培养过程的设计,一种对于培养过程的建构,一种对于培养过程的管理,它是关于人才培养过程动态的总体性表述"。②人才培养模式是在一定教育思想、教育理论的指导下,为实现预设的人才培养目标而形成的标准化程序及其组织运行方式。③《关于深化教学改革,培养适应21世纪需要的高质量人才的意见》指出,人才培养模式是学校为学生构建知识、能力、素质结构,以及实现这种结构的方式。④应用型人才培养模式作为教育理论、教育实践一体化的操作体系,其构成要素包括培养目标、培养方式、专业设置和课程设置等内容。

综上所述,本研究对人才培养模式的界定为:人才培养的标准形式(样式)或使人们可以照着做的人才培养标准样式⑤,是指培养主体为了实现特定的人才培养目标,在一定的教育理念的指导和一定的培养制度的保障下设计的,由若干要素构成的具有系统性、目的性、中介性、开放性、多样性与可仿效性等特征的有关人才培养过程的理论模型与操作样式。应用型人才培养模式应是以直接满足经济和社会发展需要为目标,以培养学生的社会职业能力为主要内容,以教学与生产实践相结合为主要途径和手段的人才培养模式,是学校和用人单位共同确定的培养目标、教学内容、培养方式和保障机制的有机统一体。

## 二、应用型人才培养的理论基础

知识经济的兴起已经对经济增长方式、教育发展趋势等产生了深刻的影响。正是由于知识经济的驱动力已经不仅是资本驱动,而更多的是知识驱动、创新驱动,因此当今经济领域的竞争已经不仅仅是传统的资本、能源、产品质量的竞争,更是知识、信息技术和创新型人才的竞争。知识经济的这一特征必然会对高等教

---

① 中国社会科学院语言研究所词典编辑室. 现代汉语词典(第7版)[M]. 北京:商务印书馆,2016:919.
② 龚怡祖. 略论大学人才培养模式[J]. 高等教育研究,1998,(1):86-87.
③ 董泽芳. 高校人才培养模式的概念界定与要素解析[J]. 大学教育科学,2012,(3):30-36.
④ 教育部. 关于深化教学改革,培养适应21世纪需要的高质量人才的意见[EB/OL].(1998-04-10)[2019-09-02]. http://www.moe.gov.cn/srcsite/A08/s7056/199804/t19980410_162625.html.
⑤ 陈向军,索凯峰. 经管类应用型本科人才培养模式探讨[J]. 教育与教学研究,2009,(12):53-55.

育的人才培养的理念与模式产生深远的影响①,"应用型"人才正是在这种背景下应运而生,培养"应用型"人才应成为地方高等教育的核心旨趣。

(一)应用型人才培养的价值论基础

价值论是关于价值的性质、构成和评价的哲学理论,从主体需要和客体满足主体的需要及如何满足主体需要的角度,考察和评价各种事物、行为对个人和社会的意义。从精英阶段到大众化阶段,高等教育从社会边缘走向社会中心,更多的利益相关者涉足其中,满足多元利益相关者的基本价值诉求则成为高等教育的新使命。高等教育质量问题本质上是高等教育的价值问题,而高等教育质量问题归根到底是人才培养质量的问题,因此人才培养质量的问题归根到底是人才价值的问题。高等教育从精英阶段进入大众化阶段,从认识论向价值论哲学范式转变时,人才培养质量观也开始由关注高深学问转向以实践理性为主导,关注相关利益主体的多元化价值诉求,突出高等教育的公共价值。约翰·S.布鲁贝克(John·S. Brubache)把高等教育哲学界定为政治论的高等教育哲学,强调高等教育要以学以致用为目的,为国家的教育和社会服务②,追求教育经世致用,努力为国家和社会服务,受教育不再是上层阶级人才的特权,更强调的是知识的应用性和知识运用于实践的作用。20世纪下半叶,随着高等教育大众化阶段的来临,高等教育在国家发展、社会进步和个人成长中发挥着越来越重要的作用。高等教育传统的内在价值在于知识的探索和高等教育价值的内在化,以满足利益相关者的需要。③这就要求高校要关注社会、行业、产业的需求,关注公共利益,关注学生的兴趣、教师的专业化发展、高校的发展力、政府的竞争力、社会的贡献力等多元利益诉求。

(二)应用型人才培养的结构功能论基础

20世纪中期,结构功能主义的代表人物塔尔科特·帕森斯(Talcott Parsons)、罗伯特·金·默顿(Robert King Merton)和伯顿·R.克拉克等早期的社会学家就对结构功能理论进行了较为系统的研究,并在一定程度上回应了社会系统处于均衡状态的问题。社会功能论强调社会结构、功能,突出社会结构及各组成部分

---

① 张淵军,王占仁.作为理念和模式的创新创业教育[N].光明日报,2013-03-14(第11版).
② 约翰·S.布鲁贝克.高等教育哲学[M].王承绪,郑继伟,张维平等译.杭州:浙江教育出版社,2001:13-14.
③ 史秋衡,王爱萍.高等教育质量观:从认识论向价值论转变[J].厦门大学学报(哲学社会科学版),2010,(2):72-78.

之间功能的整合、均衡与稳定发展,注重整体结构所发挥的功能。①运用此理论从整体和相互关联的角度去审视地方高校应用型人才的培养,具有重要的理论意义和方法论价值。人才培养、社会服务和科学研究是高等教育的三大功能,核心功能为人才培养。当前,我国社会、经济产业结构正处于大变革、大调整时期,迫切需要高素质、专门的应用型人才。然而,当前我国所培养的应用型人才难以适应经济产业结构变革的需要,最主要的矛盾是我国高等教育的人才培养结构与经济结构产生错位。支撑我国产业结构转型升级的高素质应用型人才的缺乏成为制约我国经济发展方式转变、人才强国战略和创新驱动发展战略深度实施的瓶颈。

### (三)应用型人才培养的人力资本理论基础

20世纪50年代,美国经济学家西奥多·舒尔茨(Theodore W. Schultz)致力于人力资本理论研究,加里·斯坦利·贝克尔(Gary Stanley Becker)、爱德华·丹尼森(Edward F. Denison)对人力资本理论的形成和发展也起到了很大的作用。人力资本理论认为,人力资本是指人自身所具有的各种知识、技能的存量总和,经济增长主要靠人力资本的改变,即人力在知识、能力和素质上的改变来实现。贝克尔通过对正规学校教育在人力资本中的作用进行深入的理论和实践分析后指出,教育能够增加人类的知识和技能,并在劳动市场中得到认可,为个人生活带来更多收益。人力资本理论将教育作为经济发展的重要决定因素,认为可以通过学校教育进行正规培训,培养符合社会经济结构所需的人才,也有助于个人对未来的职业做相应的准备。同时,人力资本理论也受到了争议,一方面源自理论本身的局限性,另一方面来自对教育功能的重新审视。在现实社会中,即便是受过正规学校教育的人也可能会无法找到与之相适应的工作,反而造成了人力资源的浪费。基于此,地方高校若不能依据经济结构变化及时调整相应的人才供给结构,而只是盲目地扩大人才培养规模,这不仅浪费人力资源,也不利于社会经济的发展。

### (四)应用型人才培养的制度理论基础

#### 1. 制度变迁理论

20世纪中后期,制度变迁理论颇为繁盛。许多国家注重运用此理论来解决

---

① 王道治,沈煜峰. 人·关系·文化——教育社会学略观[M]. 长沙:湖南教育出版社,1988:159-162.

国家发展中的现实问题。制度变迁理论具有十分丰富的内涵,以其较强的理论包容性和解释力成为一套成熟的理论体系。制度分析方法也因此成为社会科学领域的主流研究范式之一。运用制度理论分析框架来探讨人才培养与制度的关系,可以为提高应用型人才培养质量提供新的路径。从制度变迁理论与人才培养的关系来看,我国高等教育人才培养制度变迁是以政府为主导的制度变迁。以政府为主导的制度变迁的优势在于执行力较强,提高了高等教育活动的效率;缺点就在于它更加强调高等教育的工具性和政治性,在执行过程中需要庞大的政治、行政结构来维护和运行,高校人才培养的创新性、权变性和自主性缺乏,从而导致人才培养模式的呆板。随着高等教育的大众化的深入推进,高校、政府、企业和学生等各利益主体对人才培养质量提出了不同的利益诉求。我国公立高校一家独大的单一的、一元化、同质化的教育制度供给滞后于经济社会发展对人才培养的新需求,成为人才培养模式变革的制度障碍,最终影响了高校人才培养质量的提升。

### 2. 路径依赖理论

从历史演进的角度看,我国的高等教育制度和人才培养制度等存在不同程度的路径依赖。我国人才选拔标准的单一化现状在一定程度上影响了地方高校的生源,因为学生更倾向学术型大学,而地方高校在选拔人才时只能处于一种被动接收状态。路径依赖还影响了我国地方高校培养人才的目标定位,使得人才培养模式均处于趋同化的状态,培养出来的人才千篇一律。从高校人才培养的正式制度来看,路径依赖突出表现在对人才培养、教学管理制度以及政府、企业组织管理模式的路径依赖上。从非正式制度来看,路径依赖主要体现在对传统人才培养观念和保守的文化传统的依赖。这些路径依赖固化了地方高校的人才培养模式,导致人才培养制度的僵化,阻碍了人才培养制度的创新,降低了人才培养活动的效率,阻碍了人才培养制度功能的发挥,从而影响了地方高校应用型人才培养质量的提高。

### 3. 信息不对称理论

信息不对称理论起始于20世纪60年代,是指信息仅被部分参与者所拥有。在市场经济活动中,信息掌握不全面的参与人会处于劣势地位,而信息掌握程度高的参与人处于优势地位。[1]高校与政府、企业之间亦存在信息不对称情况,在人才培养过程中也存在不确定性。佳林·库普曼斯(Tjalling C. Koopmans)认为,

---

[1] 刘琦,唐小林,杨招军. 信息不对称下的企业动态投资研究[J]. 管理工程学报,2019,(4):159-166.

不确定性主要有原发性不确定性和继发性不确定性。其中，继发性不确定性主要是指双方中某一方凭借自己的职位或权利获得另一方不了解或不知道的有用信息所带来的不确定性，或是由于缺乏信息来源渠道带来的不确定性。[①]在高校人才培养过程中，不确定性在一定程度上会影响人才培养质量。在宏观层面，表现为政府与学校、学校与企业和学校与学校之间的信息不对称；在微观层面，表现为高校教师与企业导师、学生与教师、学生与学生之间的信息不对称，增加了教学过程中的不确定性和复杂性。合理地进行制度安排，明确人才培养活动中的权益分配机制，降低人才培养过程中的不确定性，减少了人才培养活动中资源重复性的流动，同时也降低了人才培养过程中学校与企业、学校与地区、地区与企业之间的"交易成本"。

## 三、理论构建与研究假设

对地方高校应用型人才培养质量影响因素及其形成机理进行研究，有助于从整体上系统地认识和把握高校人才培养活动的全过程，从而更为有效地为地方高校提高应用型人才培养质量服务。本书在横向上着重从人才培养目标、人才培养内容、人才培养条件、人才培养方式、人才培养质量方面构建和分析地方高校应用型人才培养模式；在纵向上着重分析地方高校应用型人才培养活动及其模式的形成过程。

（一）地方高校应用型人才培养模式的构成要素

1. 人才培养目标

培养目标是应用型人才培养的前提，是培养应用型人才的基本依据。明确应用型人才培养目标，是地方高校开展一切人才培养活动的逻辑起点，也是设置培养内容、选择培养方式和提供培养条件的依据。设置科学的人才培养目标，应遵循以人为本、社会化、职业化等三个基本原则。以人为本的原则，即满足个人需求，注重满足学生个性发展和自主发展的原则。社会化原则，即高等教育的基本职能之一是培养社会和市场所需要的人才，不能脱离社会和市场的需求。职业化原则，即所培养的学生应掌握某一职业所需要的基本知识和技能。上述三个原则之间的联系紧密，并不是孤立存在的。人才培养目标的达成，有赖于三者之间实

---

① 转引自：奥利弗·E. 威廉姆森. 资本主义经济制度[M]. 段毅才，王伟译. 北京：商务印书馆，2002：85.

现均衡。人才培养目标是结合国家教育方针、高校、企业用人单位和多个利益相关者的要求综合确定的。应用型人才培养目标一般包括知识、能力和素质三个要素。在知识结构中,强调应用型人才培养所传授的知识应以应用为主线,知识构成要以行业或职业所需要的实践能力为确定依据。在能力结构方面,注重对学生的综合职业能力的培养,既要关注将专业知识转化为专业技能,又要注重提升学生解决现实问题的专业实践能力,注重职业技能的习得。在素质结构方面,注重对学生的职业道德素质的培养。[①]经过人才培养环节,结构化、系统化的培养目标逐步分解、转化为课程目标和具体的教学目标,有利于学校有针对性地开展应用型人才培养活动。

### 2. 人才培养内容

在本书中,人才培养内容主要指是教师所教授的教学内容。教学内容是按一定程序、逻辑组织的系统化知识、技能的总和。课程是实现应用型人才培养目标的重要媒介。应用型人才培养的课程主要是依据行业企业对人才规格要求,按照一定的逻辑规律编排成的知识体系。课程是人才培养活动顺利进行的载体,地方高校课程体系应以培养目标为指导,坚持市场需求导向,聚焦地方区域经济发展对人才的需求,以此进行课程和教学内容的设计。同时,要根据社会职业来设计课程,提高人才培养与学生未来职业的匹配度。另外,课程内容的确定要突出课程设计先进理念和学术内涵,培养学生的创新意识、创新思维、创新素质。[②]因此,地方高校在课程设计尤其是专业核心课程的设计方面,应以市场、行业、职业需求为导向,注重提高学生的创新创业能力。在应用型人才培养的专业课程设置中,需要构建以专业方向和职业能力为导向的专业课程内容体系。在实践课程教学过程中,要把培养目标转化为具体教学目标分解到各实践教学环节中,并循序渐进地加以落实,使学生充分发挥其自主性和创造性,培养学生的探索和创新能力,提高学生的实践能力和职业素养。

### 3. 人才培养条件

人才培养条件是指地方高校在培养应用型人才的过程中所拥有或能够支配,并借此实现培养目标和提高人才培养质量的各种资源要素的组合。然而,资源具有可选择性和稀缺性的特点,所以是否能够有效利用和挖掘区域资源或条件,成

---

① 路利云,董慧. 地方院校构建应用型本科人才培养目标的实证分析[J]. 中国成人教育,2016,(15):64-66.
② 李波. 按培养模式重构地方高校课程体系[J]. 教育研究,2011,(8):59-63.

为地方高校能否有效培养应用型人才的重要物质基础。地方高校的人、财、物、制度、信息等资源只有与人才培养活动相匹配，才能真正发挥其应有价值。其中，人力资源是高校发展的第一资源。地方高校是否拥有优质的"双师型"教师队伍和良好的师资结构，成为决定其应用型人才培养能否取得实效的重要因素。财力、物力资源是人才培养活动的基础性资源，如果没有财力、物力的支持，人才培养活动是无法进行的。财力资源指的是地方高校在人才培养活动过程中可用于教育支配的资金或经费。物力资源指的是人才培养活动的教室、仪器设备、图书资料、实训基地等。制度资源作为一种内生性资源，对人才培养质量会产生直接影响。[①] 教学管理制度是与人才培养关系最密切，也是最关键的核心制度，有效的教学管理制度对人才培养质量具有直接的积极作用。信息是一种重要的资源，也是各种资源和事物联系的载体。

### 4. 人才培养方式

人才培养方式是人才培养的核心因素，指为实现培养目标，依据一定的培养条件及设置的教学内容，所采取的教学程序、方式、方法的有机组合，包括教学方式和学习方式，即教师教的方式和学生学的方式。基于应用型人才培养在知识、能力和素质上的目标要求，教师针对不同课程类型和内容选择合适的教学方法，并以此为媒介把知识和实践结合起来，在向学生讲授专业基本理论的同时，更应鼓励其亲自参与科学研究和实践操作过程，促进学生自主学习、独立思考，培养学生的创新能力。对于实践教学内容，宜采用合作式教学方式，如项目式教学、问题导向的教学、自主学习方式；对于理论课程讲授，主要采用讲授式的教学方式。

### 5. 人才培养质量

在本书中，人才培养质量是指衡量高校应用型人才培养活动中的过程要素和人才培养活动所产生的结果的总的评价标准。其中，过程要素主要是指培养目标、培养内容、培养方式和培养条件，培养质量则是对人才培养活动过程要素所产生的结果进行的总体性评价。本书通过对人才培养实施质量和产出导向的评价，探讨高校应用型人才培养的过程要素与结果要素之间的关系，即探讨培养目标、培养内容、培养条件和培养方式对培养质量的影响机理，从而全面、系统、动态地考察地方高校应用型人才培养的全过程。提高培养质量是地方高校应用型人才培

---

[①] 郭欣. 教育制度对大学人才培养质量的影响研究——基于制度理论[D]. 大连理工大学博士学位论文, 2012, (10): 38-39.

养活动的最终目标，培养质量既是结果性指标也是过程性指标，主要是因为其不断引导培养内容、培养条件和培养方式的调节和优化，引导高校重新定位人才培养目标，改善人才培养条件，修订课程教学内容及计划，选择更优的教学方式，实现应用型人才培养模式的不断优化和整合，形成了一个完整的闭环。

（二）地方高校应用型人才培养模式构成要素的逻辑分析与理论假设

1. 逻辑分析

我们在探讨和界定地方高校应用型人才培养目标、培养内容、培养条件、培养方式和培养质量的边界与差异的同时，还要从整体上考察五要素之间相互依存的关系。培养目标解决的是培养什么人才的问题；培养内容是实现培养目标的载体，即回答凭借什么培养人才的问题；人才培养目标的实现需要一定的条件做保障，即人才培养条件；通过何种方式实现人才培养目标，即人才培养方式；所培养的人才要达到何种标准，即人才培养质量。人才培养目标发生改变，其他要素也会随之产生相应的变化，进而形成不同的人才培养模式。培养目标决定了培养内容和培养方式的选择。培养条件和培养内容服务于人才培养目标的达成。培养条件保障度和共享程度决定了选择何种人才培养方式，最终会影响人才培养质量。反之，培养质量也会反作用于培养内容、培养条件和培养方式，通过评价反馈机制对培养内容、培养条件、培养方式进行相应的调整。其中，培养方式作为人才培养过程中最活跃的要素，其通过培养质量反馈信息，发挥着对培养内容和培养条件进行调节和优化的中介作用。五个要素环环相扣、逻辑严密，构成了应用型人才培养模式的有机整体（图4-1）。

2. 理论假设

基于上述对应用型人才培养模式各要素内涵和外延的界定及其相互间作用机理的阐述与分析，本次研究提出以下假设。

H1：应用型人才培养模式由培养目标、培养内容、培养条件、培养方式和培养质量5个维度构成。

H2：不同类型高校在应用型人才培养各维度存在显著性差异。

H3：是否参与校企合作在应用型人才培养及各维度存在显著性差异。

H4：应用型人才培养模式各维度之间存在显著的相关关系。

H5：培养条件对培养质量有显著影响。

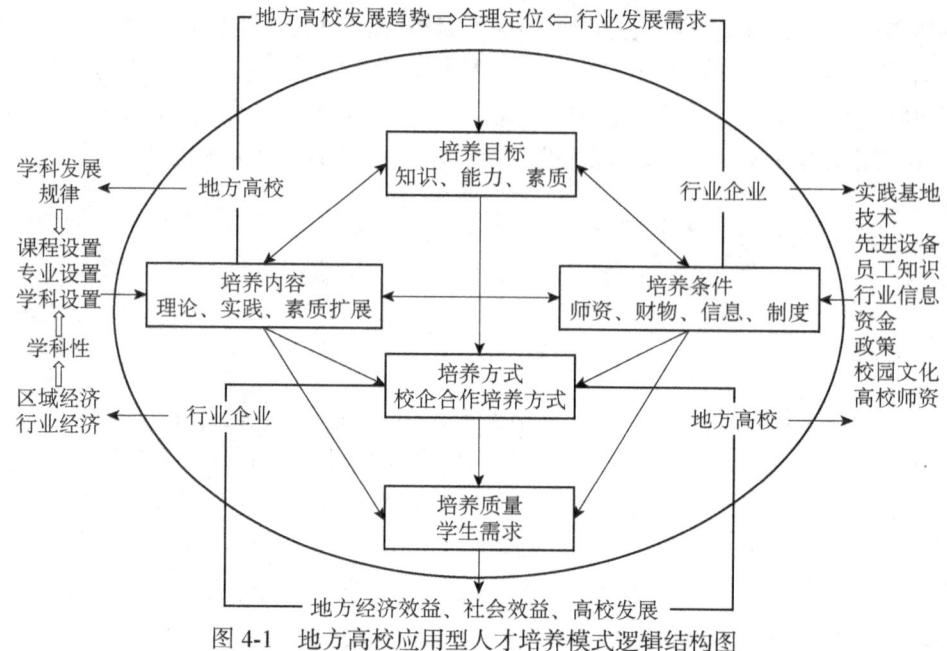

图 4-1 地方高校应用型人才培养模式逻辑结构图

H6：培养方式对培养质量有显著影响。
H7：培养目标对培养质量有显著影响。
H8：培养内容对培养质量有显著影响。
H9：培养目标对培养方式有显著影响。
H10：培养内容对培养方式有显著影响。
H11：培养条件对培养方式有显著影响。
H12：培养条件、培养目标和培养内容两两之间呈现出显著相关。
H13：以培养方式为中介变量，培养目标、培养内容和培养条件对培养质量有显著影响。

## 第二节 地方高校应用型人才培养的实证研究

校企合作是培养应用型人才的重要途径。在本书中所构建的理论，其中最为重要的环节乃是人才培养的方式，它也是人才培养活动的核心环节。因此，本研究以地方高校是否参与校企合作为参照对象，并且比较不同本科高校间在培养目标、培养内容、培养条件、培养方式和培养质量等维度指标间的差异，对地方高校应用型人才特征进行分析，在此基础上构建地方高校应用型人才培养的结构方程模型。

## 一、调查问卷设计与验证

### （一）调查问卷设计

培养目标在整个人才培养活动过程中起导向作用，对具体课程内容和教育教学活动也具有引导性作用。按照布鲁姆（Bloom）的教育目标分类学，教育目标有总体目标、教育目标和教学目标三种具体水平。本次研究研制的地方高校应用型人才培养分量表的设计突出了知识、能力和素质三个共性特征[1]，并遵循了布鲁姆的教育目标分类原则，结合朱广华等[2]和李小娟[3]的人才培养绩效指标体系等研究成果，来编制人才培养目标的测量题项。本研究借鉴了普勒瓦（Plewa）的校企合作条件关键因素量表，并结合贾勇宏的高等教育质量外部条件指标，从常规性条件和异质性条件两个维度设计人才培养条件的测量题项。培养内容与教学内容、课程、目标和教学方法密不可分，应用型人才培养内容应以教学内容和课程体系为核心。[4]本次研究关于培养内容的题项的编制，借鉴了德里克·张（Derek Cheung）[5]和黄政杰[6]的课程取向量表。在人才培养过程中，教师的教学方式会直接影响人才培养的质量。在加强基础理论知识学习的基础上，重视师生互动教学方法，积极推进启发式、讨论式教学，重视培养学生获取新知识的能力、分析和解决问题的能力，对于提高人才培养质量至关重要。[7]参照约翰逊（B.

---

[1] 潘懋元. 应用型人才培养的理论与实践[M]. 厦门：厦门大学出版社, 2011：38.
[2] 朱广华, 陈万明, 蔡瑞林等. 企业研究生工作站人才培养绩效影响因素及其演进机制[J]. 高等教育研究, 2014, (6)：59-67.
[3] 李小娟. 高职院校人才培养绩效评价研究——基于参与主体视角的调查分析[J]. 中国高教研究, 2015, (9)：106-110.
[4] 王青林. 关于创新应用型本科人才培养模式的若干思考[J]. 中国大学教学, 2013, (6)：20-23.
[5] Cheung D. Measuring teachers' meta-orientations to curriculum: Application of hierarchical confirmatory factor analysis[J]. The Journal of Experimental Education, 2010, (68)：149-165.
[6] 黄政杰. 课程设计[M]. 台北：东华书局, 1999：56.
[7] 卢国良. 提高高等教育人才培养质量再认识[J]. 现代大学教育, 2010, (5)：81-86.

Johnson)[①]和斯克鲁格斯(T. E. Scruggs)、马斯特罗皮耶里(M. A. Mastropieri)与穆达菲(K. A. Mcduffie)[②]的合作教学量表，笔者编制了培养方式的测量题项。人才培养水平高低最终要落实在培养对象的产出质量上，借鉴帕拉苏拉曼(Parasuraman)和沃尔什(Walsh)等所提出的教育质量维度，笔者编制了人才培养质量的测量题项。

（二）调查问卷分析

本次研究采用问卷调查的形式，所使用的问卷是总问卷"地方高校转型发展现状调查问卷"的一部分，即地方高校应用型人才培养分量表，与总问卷一并按照随机整群抽样的原则，进行了抽样调查，数据回收、统计、处理的过程参见第一章。

（三）量表的信、效度检验

1. 效度分析

（1）探索性因素分析

通常，对于问卷的效度，采用结构效度进行检验，一般采用探索性因素分析的方法。本研究主要运用了探索性因素的分析方法，检验量表的效度。探索性因素分析结果中的 KMO=0.925，$p$=0.000，均达到显著性水平。按照特征值大于 1 的标准提取因子，通过方差最大法进行因子旋转，共提取了 5 个因子（表4-1），总解释率为 65.606%。因子分析结果表明，因子 1 的 3 个题项主要测量地方高校人才培养目标对应用型人才培养质量的支撑情况，故以理论建构中的"培养目标"命名；因子 2 的 3 个题项主要测量地方高校人才培养内容对应用型人才培养质量以及培养方式的影响，故以理论建构中的"培养内容"命名；因子 3 的 4 个题项主要测量高校采用何种人才培养方式，对人才培养质量产生何种影响等，故以理论建构中的"培养方式"命名；因子 4 的 4 个题项主要测量地方高校对人才培养所进行的资源保障情况，故以理论建构中的"培养条件"命名；因子 5 的 3 个题项主要测量高校目前的应用型人才培养质量如何，通过何种途径改善等，故以理论构建中的"培养质量"命名。结果表明，这次基于 959 个调查样本和 17 个题

---

[①] Johnson B. Teacher collaboration: Good for some, not so good for others[J]. Educational Studies, 2003, (4): 337-350.

[②] Scruggs T E, Mastropieri M A, Mcduffie K A. Co-teaching in inclusive classrooms: A metasynthesis of qualitative research[J]. Exceptional Children, 2007, (7): 392-416.

项的问卷样本进行的应用型人才培养情况的调查分析，与前面理论建构的结构维度具有高度一致性。

表 4-1　应用型人才培养探索性因素分析结果摘要表

| 潜在变量 | 观测变量 | 因子负荷值 | Cronbach'α | KMO |
|---|---|---|---|---|
| 培养目标 | R1 | 0.618 | 0.860 | 0.925 |
|  | R2 | 0.790 |  |  |
|  | R3 | 0.789 |  |  |
| 培养内容 | R4 | 0.743 | 0.771 |  |
|  | R5 | 0.804 |  |  |
|  | R6 | 0.720 |  |  |
| 培养方式 | R7 | 0.616 | 0.783 |  |
|  | R8 | 0.718 |  |  |
|  | R9 | 0.697 |  |  |
|  | R10 | 0.795 |  |  |
| 培养条件 | R11 | 0.667 | 0.820 |  |
|  | R12 | 0.772 |  |  |
|  | R13 | 0.701 |  |  |
|  | R14 | 0.670 |  |  |
| 培养质量 | R15 | 0.715 | 0.837 |  |
|  | R16 | 0.740 |  |  |
|  | R17 | 0.643 |  |  |

（2）验证性因素分析

探索性因素分析可以检验量表的建构效度，而验证性因素分析则是要检验结构效度的真实性。验证性因素分析作为结构方程模型的一种次模型，是进行整合性结构方程模型分析的基础性框架或前置步骤。[①]本次研究运用多因素斜交模型对测量结果进行一阶验证性因素分析。从地方高校应用型人才培养分量表的验证性因素分析的运算结果（图 4-2）与模型拟合参数结果（表 4-2）可以看出，模型各项拟合指标$\chi^2/df$、RMSEA、GFI、AGFI、NFI、TLI、CFI 均达到拟合标准，这表明本研究中地方高校应用型人才培养分量表的验证性因子模型与数据的匹配状况较好，因此对量表的验证性因素分析结果能够非常客观地反映人才培养量表的收敛效度。

---

① 吴明隆. 结构方程模型——AMOS 的操作与应用[M]. 重庆：重庆大学出版社，2009：212-213.

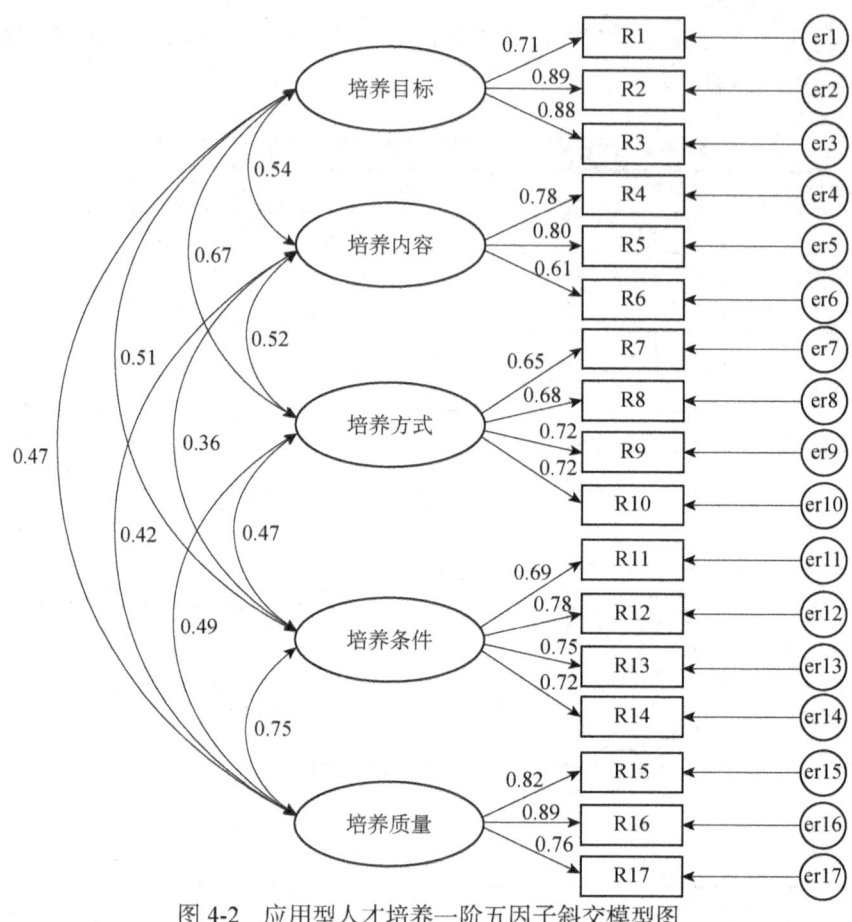

图 4-2　应用型人才培养一阶五因子斜交模型图

表 4-2　应用型人才培养的验证性因素分析结果适配对比表

| 拟合指标 | $\chi^2/df$ | RMSEA | GFI | AGFI | NFI | TLI | IFI | CFI |
|---|---|---|---|---|---|---|---|---|
| 结果拟合标准 | <5 | <0.08（良好） | >0.90 | >0.90 | >0.90 | >0.90 | >0.90 | >0.90 |
| 模型结果数据 | 4.277 | 0.058 | 0.947 | 0.923 | 0.943 | 0.943 | 0.956 | 0.956 |
| 模型适配判断 | 是 | 良好 | 是 | 是 | 是 | 是 | 是 | 是 |

**2. 信度分析**

利用 SPSS21.0 软件对量表进行信度分析，采用的信度检验方法是内部一致性信度（Cronbach's α）。按照国际通行惯例，好的量表信度测验结果至少在 0.700 才具有使用的价值。[①] 统计分析结果表明，各分量表及总量表的 Cronbach's α 系

---

① Camines E G, Zeller R A. Reliability and Validity Assessment[M]. London: Sage Publication, 1979: 121-132.

数均在 0.700 以上,说明地方高校应用型人才培养分量表具有较高的一致性和稳定性。由此可以判断,该量表所测量出的信度结果是令人信服的,量表的总体信度值为 0.792,各测量项目的信度值均大于 0.703,说明问卷具有较高的信度(表 4-3)。

表 4-3 地方高校应用型人才培养分量表信度分析结果

| 因素名称 | 项目数量 | Cronbach's α |
| --- | --- | --- |
| 地方高校应用型人才培养分量表 | 17 | 0.792 |
| 培养目标 | 3 | 0.739 |
| 培养内容 | 3 | 0.785 |
| 培养条件 | 4 | 0.760 |
| 培养方式 | 4 | 0.749 |
| 培养质量 | 3 | 0.731 |

从表 4-3 可以看出,地方高校人才培养分量表中的 17 个题项的因子载荷值均落在标准范围内(0.500~0.950),说明本研究所使用的 17 个题项能够很好地反映其所包含的信息。量表的组合信度全部大于 0.700,由此说明量表的内在质量良好。量表的平均方差抽取量在 0.600 以上,由此可以知道该量表的收敛效度较好,更进一步地说明了该量表的内部质量非常好。综上所述,地方高校应用型人才培养分量表的质量较好,具有较高的信度和效度。由此可见,研究假设 H1 得到证实。

## 二、应用型人才培养的现状分析

（一）教师对应用型人才培养的总体认同情况

关于人才培养质量的调查,题项 R18~R24 是关于对应用型人才所具备的具体能力的调查项目,R18~R23 题分别调查了学生的专业技能、创新精神、创业能力、合作意识、国际视野、信息技术能力,R24 题调查了校企合作是否有利于提高学生的创新创业能力,并从非常符合、比较符合、不太符合、非常不符合四个层次水平进行了调查统计分析。

从整体上来看,被试对地方高校人才培养质量的满意度较高。对学生的专业技能、创新精神、创业能力、合作意识、国际视野、信息技术等方面表示认同的所占比例均在60%（非常符合和比较符合）以上。92.8%的人认为校企合作能够提高学生的创新创业能力。由以上的数据结果分析可以看出，高校教师对通过校企合作提升应用型人才培养质量的作用是高度认同的。

从具体维度来看，教师对校企合作有利于学生创新创业的这一维度认同比例最高，符合情况高达92.8%，其次是合作意识（90.8%）、专业技能（80.7%）、创新精神（75.2%）、信息技术能力（74.6%）、创业能力（69.3%）、国际视野（60.8%）。值得注意的是R24与R19、R20的比较，高校教师对R24（校企合作有利于学生创新创业能力的提高）这一问题的认同度很高，现实情况是对R19和R20（学生的创新创业能力）的满意度却较低。

### （二）不同类型高校在应用型人才培养各维度的特征分析

本书中所称的地方高校主要包括省属本科院校、市属本科院校和民办本科院校。以下对不同类型高校与应用型人才培养维度特征的分析，旨在探讨省属本科、市属本科、民办本科院校在应用型人才培养各维度间的差异，从而对不同类型高校的应用型人才培养提出有针对性的建议。

方差分析结果表明，就培养目标、培养内容、培养条件、培养方式和培养质量5个变量而言，$F$值分别为2.39（$p=0.037<0.05$）、7.76（$p=0.000<0.005$）、4.51（$p=0.000<0.005$）、4.13（$p=0.001<0.005$）和6.77（$p=0.000<0.005$），各维度的差异均达到显著性水平，表示不同类型高校在培养目标、培养内容、培养方式、培养条件和培养质量上均存在显著性的差异。

为了进一步验证不同本科院校之间的区别，本次研究进行了事后比较，就培养目标、培养内容、培养条件、培养方式和培养质量等因变量采用HSD法（图凯检验法）进行事后比较，结果如表4-4和表4-5所示。民办本科院校培养内容的均值低于省属本科院校和市属本科院校；在培养方式上，省属本科院校和市属本科院校的均值相等；在培养目标、培养内容、培养条件和培养质量上，省属本科院校的均值均高于市属本科院校。

表 4-4 不同类型高校在应用型人才培养各维度上的水平

| 项目 | 不同本科院校 | 均值 | 标准差 |
| --- | --- | --- | --- |
| 培养目标 | 省属本科院校（A） | 15.120 | 2.950 |
| | 市属本科院校（B） | 14.350 | 2.430 |
| | 民办本科院校（C） | 15.590 | 2.800 |

续表

| 项目 | 不同本科院校 | 均值 | 标准差 |
|---|---|---|---|
| 培养内容 | 省属本科院校（A） | 9.560 | 1.820 |
|  | 市属本科院校（B） | 9.410 | 1.610 |
|  | 民办本科院校（C） | 8.640 | 1.890 |
| 培养条件 | 省属本科院校（A） | 11.460 | 2.860 |
|  | 市属本科院校（B） | 11.160 | 2.630 |
|  | 民办本科院校（C） | 12.540 | 2.490 |
| 培养方式 | 省属本科院校（A） | 20.530 | 2.670 |
|  | 市属本科院校（B） | 20.530 | 2.740 |
|  | 民办本科院校（C） | 21.990 | 2.180 |
| 培养质量 | 省属本科院校（A） | 9.260 | 2.010 |
|  | 市属本科院校（B） | 8.710 | 1.840 |
|  | 民办本科院校（C） | 9.840 | 1.750 |

表 4-5　不同类型高校在应用型人才培养各维度的组间、组内差异比较

| 项目 | 维度 | 平方和 | 平均平方和 | $F$ | $p$ | 事后比较 |
|---|---|---|---|---|---|---|
| 组间 | 培养目标 | 101.400 | 20.300 | 2.390 | 0.037 | C>A；A>B |
|  | 培养内容 | 131.270 | 26.250 | 7.760 | 0.000 | A>B；B>C |
|  | 培养条件 | 169.410 | 33.880 | 4.510 | 0.000 | C>A；A>B |
|  | 培养方式 | 158.390 | 31.680 | 4.130 | 0.001 | C>A；C>B |
|  | 培养质量 | 119.920 | 23.980 | 6.770 | 0.000 | C>A；A>B |
| 组内 | 培养目标 | 8097.920 | 8.500 |  |  |  |
|  | 培养内容 | 3222.830 | 3.380 |  |  |  |
|  | 培养条件 | 7153.750 | 7.510 |  |  |  |
|  | 培养方式 | 7310.960 | 7.670 |  |  |  |
|  | 培养质量 | 3376.320 | 3.540 |  |  |  |

（三）校企合作在应用型人才培养各维度的特征分析

校企合作是培养应用型人才的主要方式和途径。本研究主要对地方高校是否参与校企合作在应用型人才培养各维度之间的差异状况进行描述性分析。

### 1. 高校是否开展校企合作在培养目标上的差异分析

培养目标在人才培养过程中起着导向作用,高校是否参与校企合作会影响应用型人才培养目标的达成和设置。从高校是否开展校企合作来看,均值计算结果表明,开展校企合作的高校人才培养目标均值为 7.104,而未开展校企合作的高校人才培养目标均值为 6.816。独立样本 $t$ 检验结果表明,开展校企合作与未开展校企合作在高校人才培养目标上存在显著性差异($p$=0.000<0.01)。这表明,地方高校开展校企合作更有利于应用型人才培养目标的达成,从而为进一步通过校企合作培养应用型人才以及进一步校准人才培养目标提供了有力证据(表 4-6)。

表 4-6 高校是否开展校企合作在人才培养目标上的独立样本 $t$ 检验结果摘要表

| 维度 | 项目 | 人次 | 平均数 | 标准差 | $p$ |
| --- | --- | --- | --- | --- | --- |
| 人才培养目标 | 开展 | 357 | 7.104 | 0.880 | 0.000 |
| | 未开展 | 602 | 6.816 | 1.120 | |

### 2. 高校是否开展校企合作在培养条件上的差异分析

在开展校企合作过程中,企业的制度异质性、师资的异质性、校企共建实训中心和信息管理服务的异质性均是应用型人才培养条件的组成部分。从高校是否开展校企合作来看,均值计算结果表明,开展校企合作的高校人才培养条件均值为 6.224,而未开展校企合作的高校人才培养条件均值为 5.988。独立样本 $t$ 检验结果表明,开展校企合作与未开展校企合作在高校人才培养条件上存在显著性差异($p$=0.013<0.05)。这表明,地方高校通过开展校企合作,可以借助企业和高校间的培养制度的异质性、师资的异质性资源优势以及校企共建实训中心和信息管理服务的异质性资源优势改善应用型人才培养条件(表 4-7)。

表 4-7 高校是否开展校企合作在人才培养条件上的独立样本 $t$ 检验结果摘要表

| 维度 | 项目 | 人次 | 平均数 | 标准差 | $p$ |
| --- | --- | --- | --- | --- | --- |
| 人才培养条件 | 开展 | 357 | 6.224 | 1.414 | 0.013 |
| | 未开展 | 602 | 5.988 | 1.423 | |

### 3. 高校是否开展校企合作在培养内容上的差异分析

应用型人才的培养内容关键是要解决教什么的问题,即确定应用型人才培养的课程体系和教学内容。应用型人才培养的核心是专业能力培养,反映在课程体系的设计上,应该包括基础课程、专业课程和实践课程等。[①]本书所说的培养内容主要包括着重强调学科逻辑(着重介绍企业、行业的相关知识)、注重理论知识的构建以及强调实践知识和技术技能知识等三个方面。从高校是否开展校企合作来看,均值计算结果表明,开展校企合作的高校人才培养内容均值为 6.048,而未开展校企合作的高校人才培养内容均值为 6.263。独立样本 $t$ 检验结果表明,开展校企合作与未开展校企合作在高校人才培养内容上存在显著性差异($p=0.011<0.05$)(表 4-8)。这表明,课程体系调整和优化受制于地方高校专业人才培养方案的改革,高校人才培养方案往往以 4 年为一个培养周期进行调整,一旦确定就具有较强的稳定性,不会因高校是否参与校企合作而发生重大调整,校企合作增强了高校实践课程实施的深度和广度,但不会对专业基础理论课程产生太大的影响,也不会对培养方案所确定的整体课程结构产生太大的影响。

表 4-8 高校是否开展校企合作在人才培养内容上的独立样本 $t$ 检验结果摘要表

| 维度 | 项目 | 人次 | 均值 | 标准差 | $p$ |
|---|---|---|---|---|---|
| 人才培养内容 | 开展 | 357 | 6.048 | 1.328 | 0.011 |
| | 未开展 | 602 | 6.263 | 1.215 | |

### 4. 高校是否开展校企合作在培养方式上的差异分析

人才培养活动最终要通过选择合适的教学方式进行。本书所说的培养方式主要包括校企合作开展项目式教学、教师的启发式教学方式、学生合作、自主式学习等。从高校是否开展校企合作来看,均值计算结果表明,开展校企合作的高校人才培养方式均值为 7.159,而未开展校企合作的高校人才培养方式均值为 6.263。独立样本 $t$ 检验结果表明,开展校企合作与未开展校企合作在高校人才培养方式上存在显著性差异($p=0.002<0.01$)。这表明,校企合作联合开展应用型人才培养,拓展了人才培养的时空,增强了培养方式的多样性,增强了教学的时效性、针对性,有利于应用型人才的培养(表 4-9)。

---

① 王青林. 关于创新应用型本科人才培养模式的若干思考[J]. 中国大学教学,2013,(6):20-23.

**表 4-9　高校是否开展校企合作在人才培养方式上的独立样本 $t$ 检验结果摘要表**

| 维度 | 项目 | 人次 | 平均数 | 标准差 | $p$ |
|---|---|---|---|---|---|
| 人才培养方式 | 开展 | 357 | 7.159 | 1.328 | 0.002 |
|  | 未开展 | 602 | 6.263 | 1.029 |  |

### 5. 高校是否开展校企合作在培养质量上的差异分析

高校人才培养质量最终要反映在其所培养人才的能力和素质结构上。对于人才培养质量,本次研究主要考察学生的理论知识和实践技能、学生的创新创业能力以及就业能力三个方面。从高校是否开展校企合作来看,均值计算结果表明,开展校企合作的高校人才培养质量均值为 9.695,而未开展校企合作的高校人才培养质量均值为 9.226,在培养质量上,参与校企合作的高校要高于未参与校企合作的高校。独立样本 $t$ 检验结果表明,开展校企合作与未开展校企合作在高校人才培养质量上存在显著性差异($p=0.000<0.01$)(表 4-10)。这表明,校企合作联合开展应用型人才培养,有利于学生实践技能、创新创业能力的提高,进而能提升学生的就业能力和职业胜任能力,有利于实现培养高素质应用型人才的目标。

**表 4-10　高校是否开展校企合作在人才培养质量上的独立样本 $t$ 检验结果摘要表**

| 维度 | 项目 | 人次 | 平均数 | 标准差 | $p$ |
|---|---|---|---|---|---|
| 人才培养质量 | 开展 | 357 | 9.695 | 1.870 | 0.000 |
|  | 未开展 | 602 | 9.226 | 1.914 |  |

综上所述,不同类型学校与是否开展校企合作在地方高校应用型人才培养各维度上均有不同程度的差异。由此,研究假设 H2、H3 均得到证实。由此,笔者认为应加大校企合作力度,可以充分发挥各自的优势,切实提高人才培养水平。

## 三、应用型人才培养结构方程模型验证

### (一)应用型人才培养各维度间的相关分析

为了验证应用型人才培养 5 个维度之间的相关关系,本研究运用皮尔逊(Pearson)积差进行相关分析,结果表明,人才培养质量与培养目标、培养条件、培养内容、培养方式之间均在 0.01 的水平上呈显著正相关。从相关矩阵可以发

现，培养目标与培养条件、培养内容、培养方式、培养质量之间呈正相关，相关系数分别为 0.460、0.449、0.594、0.434（$p=0.000<0.01$），决定系数分别为 0.212、0.202、0.353、0.188，表示培养目标和培养条件、培养内容、培养方式、培养质量可解释总变异量的 21.2%、20.2%、35.3%、18.8%。培养条件和培养内容、培养方式、培养质量之间呈现出显著的正相关（$p=0.000<0.01$），相关系数分别为 0.296、0.396、0.649，决定系数分别为 0.088、0.157、0.421，表示培养条件和培养内容、培养方式、培养质量可解释总变异量的 8.8%、15.7%、42.1%。培养内容和培养方式、培养质量之间呈正相关，相关系数分别为 0.408、0.351（$p=0.000<0.01$），决定系数分别为 0.166 和 0.123，表示培养内容和培养方式、培养质量可解释总变异量的 16.6%和 12.3%。培养方式和培养质量之间呈正相关，培养方式和培养质量的相关系数为 0.441，决定系数为 0.194，表示培养方式和培养质量可解释总变异量的 19.4%。相关系数为 0.296~0.649（$r<0.70$），表示呈低中度相关，不存在共线性问题（表 4-11）。由此可见，研究假设 H4 得到了验证。

表 4-11 培养目标、培养条件、培养内容、培养方式和培养质量的相关分析

| 变量 | 培养目标 | 培养条件 | 培养内容 | 培养方式 | 培养质量 |
| --- | --- | --- | --- | --- | --- |
| 培养目标 | 1 | | | | |
| 培养条件 | 0.460** | 1 | | | |
| 培养内容 | 0.449** | 0.296** | 1 | | |
| 培养方式 | 0.594** | 0.396** | 0.408** | 1 | |
| 培养质量 | 0.434** | 0.649** | 0.351** | 0.441** | 1 |

（二）培养目标、培养内容、培养方式、培养条件对培养质量影响的路径分析

1. 初步构建路径模型

接下来，对影响人才培养质量的路径进行实证分析。根据相关理论和实证数据的支持，本次研究构建了一个初始路径图。根据对初始路径图的验证，确定了应用型人才培养质量路径模型图。

模型Ⅰ（图 4-3）利用 AMOS21.0 对模型中各因子间的关系进行验证，得到拟合优度评价指标为 $\chi^2/df=3.464$，RMSEA=0.051，GFI=0.957，AGFI=0.937，NFI=0.954，TLI=0.957，IFI=0.967，CFI=1.000。结构方程模型分析结果的路径系数（估计值）、$\beta$、S.E.、C.R.、$p$ 的检验结果如表 4-12 所示。

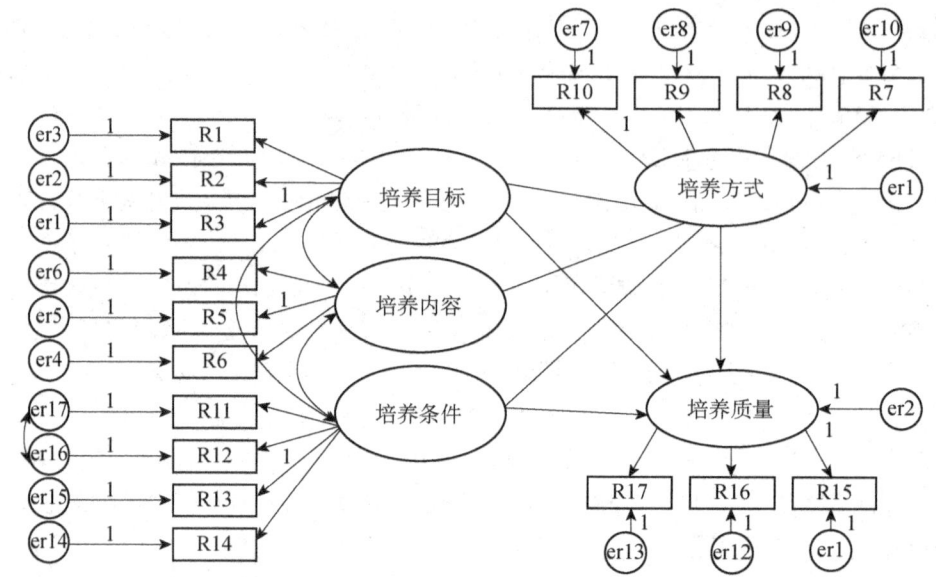

图 4-3 应用型人才培养路径模型 Ⅰ

表 4-12 应用型人才培养路径模型 Ⅰ 检验结果

| 分析方法 | 作用路径 | 估计值 | β | S.E. | C.R. | p | 路径 |
|---|---|---|---|---|---|---|---|
| 回归加权 | 培养方式<---培养内容 | 0.180 | 0.212 | 0.033 | 5.536 | *** | par_1 |
| | 培养方式<---培养条件 | 0.088 | 0.125 | 0.027 | 3.225 | 0.001 | par_2 |
| | 培养方式<---培养目标 | 0.335 | 0.467 | 0.032 | 10.604 | *** | par_3 |
| | 培养质量<---培养方式 | 0.172 | 0.108 | 0.067 | 2.581 | 0.010 | par_4 |
| | 培养质量<---培养条件 | 0.786 | 0.702 | 0.052 | 15.181 | *** | par_5 |
| | 培养质量<---培养目标 | 0.036 | 0.031 | 0.049 | 0.733 | 0.463 | par_6 |
| 协方差 | 培养内容<-->培养目标 | 0.125 | 0.461 | 0.013 | 9.787 | *** | par_7 |
| | 培养内容<-->培养条件 | 0.101 | 0.366 | 0.013 | 8.015 | *** | par_8 |
| | 培养条件<-->培养目标 | 0.171 | 0.523 | 0.015 | 11.714 | *** | par_9 |

从表 4-12 可以看出，培养目标对培养质量的影响系数（标准化路径系数）未达到显著性水平，$\beta=0.031$，$p=0.463>0.05$，因此假设 H7 未得到验证。培养方式对培养质量的影响系数为 $\beta=0.108$，$p<0.05$，培养条件对培养质量的影响系数为 $\beta=0.702$，$p<0.001$，均达到了显著性水平，因此假设 H5 和 H6 均得到验证。培养目标对培养方式的影响系数为 $\beta=0.467$，$p<0.001$，培养内容对培养方式的影响系数为 $\beta=0.212$，$p<0.001$，培养条件对培养方式的影响系

数为 $\beta=0.125$，$p<0.05$，均达到了显著性水平，因此假设 H9、H10 和 H11 均得到验证。

培养方式在培养目标、培养内容和培养条件对培养质量的影响中起到了中介作用，中介效应分别为 0.467×0.108=0.05、0.212×0.108=0.023 和 0.125×0.108=0.014，并且培养方式对培养质量的直接效应显著（$p<0.05$），所以培养方式在培养目标、培养内容和培养条件上对培养质量的影响机理中起到了部分中介作用，中介效应占总效应的比例分别为 31.25%、15.38% 和 8.33%，因此假设 H13 得到验证。

模型Ⅱ（图 4-4）是在模型Ⅰ的基础上，排除培养目标对培养质量的直接影响，利用 AMOS21.0 对模型中各因子间的关系进行验证，得到拟合优度评价指标为 $\chi^2/df$=3.242，RMSEA=0.048，GFI=0.961，AGFI=0.941，NFI=0.958，TLI=0.961，IFI=0.970，CFI=0.970。结构方程模型检验结果的路径系数（估计值）、$\beta$、$S.E.$、$C.R.$、$p$ 如表 4-13 所示。

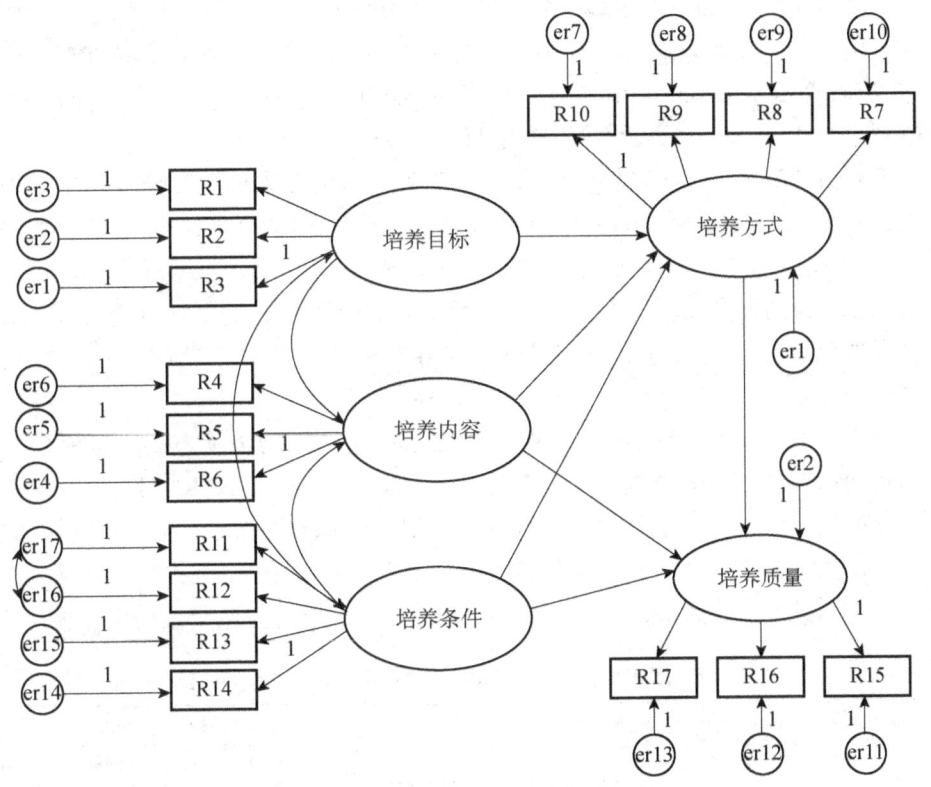

图 4-4 应用型人才培养路径模型Ⅱ

表 4-13　应用型人才培养路径模型 Ⅱ 检验结果

| 分析方法 | 作用路径 | 估计值 | β | S.E. | C.R. | p | 路径 |
|---|---|---|---|---|---|---|---|
| 回归加权 | 培养方式<---培养目标 | 0.323 | 0.449 | 0.031 | 10.359 | *** | par_1 |
| | 培养方式<---培养内容 | 0.182 | 0.206 | 0.033 | 5.481 | *** | par_2 |
| | 培养方式<---培养条件 | 0.127 | 0.179 | 0.028 | 4.568 | *** | par_3 |
| | 培养质量<---培养方式 | 0.161 | 0.100 | 0.060 | 2.667 | 0.008 | par_4 |
| | 培养质量<---培养条件 | 0.754 | 0.661 | 0.049 | 15.361 | *** | par_5 |
| | 培养质量<---培养内容 | 0.209 | 0.147 | 0.050 | 4.159 | *** | par_6 |
| 协方差 | 培养内容<--->培养目标 | 0.118 | 0.446 | 0.012 | 9.453 | *** | par_7 |
| | 培养内容<--->培养条件 | 0.090 | 0.335 | 0.012 | 7.384 | *** | par_8 |
| | 培养条件<--->培养目标 | 0.164 | 0.499 | 0.014 | 11.374 | *** | par_9 |

从表 4-13 可以看出，培养内容对培养质量的影响系数（标准化路径系数）达到显著性水平（$\beta=0.147$，$p<0.001$），因此假设 H8 得到验证。培养方式对培养质量的影响系数（$\beta=0.100$，$p<0.05$），培养条件对培养质量的影响系数（$\beta=0.661$，$p<0.001$），均达到了显著性水平，因此假设 H6 和 H5 均得到验证。培养目标对培养方式的影响系数（$\beta=0.449$，$p<0.001$），培养内容对培养方式的影响系数（$\beta=0.206$，$p<0.001$），培养条件对培养方式的影响系数（$\beta=0.179$，$p<0.001$），均达到了显著性水平，因此假设 H9、H10 和 H11 均得到验证。

培养方式在培养目标、培养内容和培养条件对培养质量的影响中起到了中介作用，中介效应分别为 0.449×0.100=0.045、0.206×0.100=0.021 和 0.179×0.100=0.018，并且培养方式对培养质量的直接效应显著（$p<0.05$），所以培养方式在培养目标、培养内容和培养条件对培养质量影响的机理中起到了部分中介作用，中介效应占总效应的比例分别为 33.33%、16.67% 和 16.67%，因此假设 H13 亦获得了支持。

如表 4-14 所示，本研究运用极大似然法作为模型的估计方法，将模型 Ⅰ 和模型 Ⅱ 的拟合优度评价指标 $\chi^2/df$、RMSEA、GFI、AGFI、NFI、TLI、IFI 和 CFI 以及显著性（$p$）进行对比，可以发现，模型 Ⅱ 的拟合指标明显优于模型 Ⅰ 的指标，并且地方高校应用型人才培养路径模型 Ⅱ 的直接路径和间接路径都到达了显著水平。因此，在此基础上初步构建应用型人才培养路径递归模型图（图 4-5）。

表 4-14　应用型人才培养模型 Ⅰ 和模型 Ⅱ 适配指标对比表

| 拟合指标 | $\chi^2/df$ | RMSEA | GFI | AGFI | NFI | TLI | IFI | CFI |
|---|---|---|---|---|---|---|---|---|
| 参考值 | <5 | <0.080 | >0.90 | >0.90 | >0.90 | >0.90 | >0.90 | >0.90 |
| 模型 Ⅰ | 3.464 | 0.051 | 0.957 | 0.937 | 0.954 | 0.957 | 0.967 | 1.000 |

续表

| 拟合指标 | $\chi^2/df$ | RMSEA | GFI | AGFI | NFI | TLI | IFI | CFI |
|---|---|---|---|---|---|---|---|---|
| 模型Ⅱ | 3.242 | 0.048 | 0.961 | 0.941 | 0.958 | 0.961 | 0.970 | 0.970 |
| 模型适配判断 | 是 | 是 | 是 | 是 | 是 | 是 | 是 | 是 |

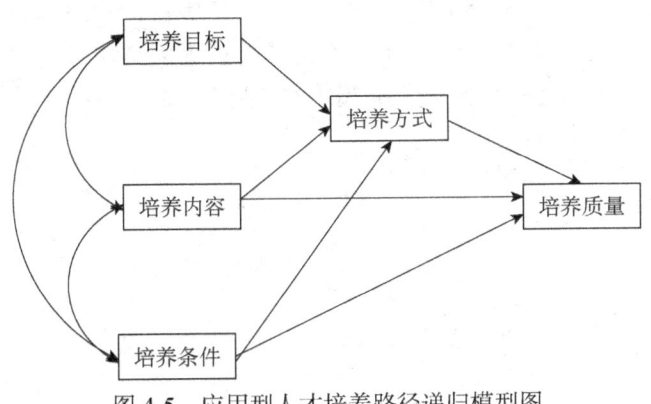

图 4-5 应用型人才培养路径递归模型图

2. 路径模型检验

基于以上模型比较，SEM 模型是以标准路径系数（$\beta$）的值来表示潜在变量之间的数量关系的。标准路径系数值表明了一个变量对另一个变量影响效应的大小（图 4-6，表 4-15）。本研究的假设模型检验结果如下。

1）培养条件到培养质量的标准路径系数 $\beta=0.541$，$C.R.=20.958$，$p=0.000<0.001$。这说明应用型人才培养条件对培养质量具有正向的影响效应，且达到非常显著的水平。因此，假设 H5 得到验证。

2）培养方式到培养质量的标准路径系数 $\beta=0.138$，$C.R.=4.646$，$p=0.000<0.001$。这表明培养方式对应用型人才培养质量具有正向影响效应，且达到非常显著的水平。因此，假设 H6 得到验证。

3）培养内容到培养质量的标准路径系数 $\beta=0.151$，$C.R.=5.163$，$p=0.000<0.001$。这说明培养目标对人才培养质量具有正影响效应，且达到非常显著的水平。因此，假设 H8 得到证实。

4）培养内容到培养方式的标准路径系数 $\beta=0.373$，$C.R.=13.811$，$p=0.000<0.001$。这说明培养内容对应用型人才培养方式具有正向影响效应，且达到非常显著的水平。因此，假设 H10 得到验证。

5）培养目标到培养方式的标准路径系数 $\beta=0.373$，$C.R.=13.085$，$p=0.000<0.001$。这表明应用型人才培养目标对应用型人才培养方式具有正影响效应，并

且达到非常显著的水平。因此，假设 H9 得到验证。

6）培养条件到培养方式的标准路径系数 $\beta$=0.092，$C.R.$=3.455，$p$=0.000<0.001。这说明培养条件对应用型人才培养方式具有正向影响效应，且达到显著水平。因此，假设 H11 得到验证。

7）协方差统计分析结果表明，应用型人才培养目标与培养内容、应用型人才培养目标与培养条件、应用型人才培养条件与培养内容两者之间的相关均达到显著水平，$p$=0.000<0.001。因此，假设 H12 得到验证。

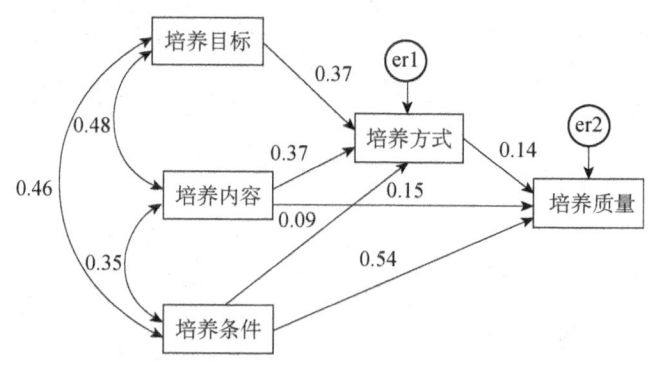

图 4-6　应用型人才培养最终路径模型

表 4-15　应用型人才培养最终模型检验结果

| 分析方法 | 作用路径 | 估计值 | $\beta$ | S.E. | C.R. | $p$ | 路径 |
| --- | --- | --- | --- | --- | --- | --- | --- |
| 回归加权 | 培养方式<---培养内容 | 0.417 | 0.373 | 0.030 | 13.811 | *** | par_1 |
| | 培养方式<---培养条件 | 0.066 | 0.092 | 0.019 | 3.455 | *** | par_2 |
| | 培养方式<---培养目标 | 0.415 | 0.373 | 0.032 | 13.085 | *** | par_3 |
| | 培养质量<---培养方式 | 0.141 | 0.138 | 0.030 | 4.646 | *** | par_4 |
| | 培养质量<---培养条件 | 0.394 | 0.541 | 0.019 | 20.958 | *** | par_5 |
| | 培养质量<---培养内容 | 0.172 | 0.151 | 0.033 | 5.163 | *** | par_6 |
| 协方差 | 培养内容<--->培养目标 | 1.341 | 0.478 | 0.100 | 13.358 | *** | par_7 |
| | 培养内容<--->培养条件 | 1.551 | 0.354 | 0.150 | 10.328 | *** | par_8 |
| | 培养条件<--->培养目标 | 2.020 | 0.460 | 0.156 | 12.931 | *** | par_9 |

（三）研究讨论

1. 培养目标、培养内容、培养条件、培养方式对应用型人才培养质量的影响

本章主要通过收集样本数据，采用探索性因素分析和验证性因素分析验

证应用型人才培养模式的结构维度,发现培养目标、培养内容、培养方式、培养条件和培养质量 5 个维度构成了应用型人才培养模式的系统结构;通过方差分析和独立样本 $t$ 检验,发现不同类型院校和是否参与校企合作在应用型人才培养各维度上均存在不同程度的显著性差异;皮尔逊相关分析法分析结果表明,应用型人才培养各维度之间均存在正向的显著相关关系;采用结构方程模型验证应用型人才培养质量的影响因素模型,发现培养目标、培养内容、培养条件和培养方式对培养质量都有不同程度的影响。通过结构方程模型的验证分析发现,培养目标、培养内容、培养条件、培养方式与应用型人才培养质量两两之间存在显著的相关关系,并对其产生了显著的影响。因此,地方高校提高应用型人才培养质量,应从应用型人才培养模式的培养目标、培养内容、培养条件、培养方式 4 个维度进行综合性改革,综合施策,方能取得成效。

2. 培养方式作为中介变量的作用

本书通过结构方程模型验证分析发现,培养方式在培养目标、培养内容和培养条件对培养质量的影响中起到了中介作用,中介效应分别为 0.045、0.021 和 0.018,并且培养方式对培养质量的直接效应显著($p<0.05$),所以培养方式在培养目标、培养内容和培养条件对培养质量的影响中起到了部分中介作用,中介效应占总效应的比例分别为 33.33%、16.67%和 16.67%。培养方式到培养质量的路径系数达到显著性水平。这表明地方高校推进应用型人才培养模式改革,提高人才培养质量,培养方式是核心环节,人才培养方式的改革创新、转型升级应是地方高校提高应用型人才培养质量的关键着力点。

综合上述研究发现,地方高校提高应用型人才培养质量是一项涉及多主体、多要素的动态系统工程,需要综合施策、精准施策。这就客观上要求地方高校应根据自身应用型人才培养所处不同阶段,要与经济社会发展和行业需求变化相协同,并做出相应的调整。为此,地方高校应致力于构建校企合作长效机制,为地方高校和企业搭建起一个能够长期合作共赢、自由分享信息的交流与合作平台,使合作双方均能发挥自身的优势,为各自的发展提供新动能,从而真正实现校企合作互联互通、互惠互利。

## 第三节　地方高校应用型人才培养的对策建议

### 一、确立 OBE 人才培养理念目标

（一）以市场为导向，提高学生的职业胜任力

随着我国科技和产业结构转型升级进程的加快，行业、企业对高素质应用型人才产生了巨大的市场需求。市场需求将会直接影响应用型人才的培养规格。地方高校应确立 OBE 人才培养理念，强调以市场和职场需求为导向，培养符合行业、企业所需的高素质应用型人才。具体来说，地方高校应根据产业需求和具体行业特点对人才进行有针对性、有目的性的培养。高校在人才培养上应准确定位毕业生就业面向，在此基础上重构应用型人才的培养目标，将市场需求与人才培养规格要求融入课程和具体的教学中，并从知识、能力和素质等方面不断对课程内容进行优化，实现从知识课堂向能力课堂的转变，实现在教学目标、教学方式、学习方式和评价方式等方面的全面变革，构建理论与实践相结合、课内与课外相结合、专业学习与科技创新相结合的融合式实践教学新模式，全面提升学生的职业能力和社会适应能力。

（二）聚焦学生核心素养，提高人才培养适应性品质

应用型人才培养的核心理念就是培养学生的实践技能。地方高校在应用型人才培养的过程中也要注重实践训练与理论知识讲授相结合，实现二者的深度融合，着力培养具有创新精神、实践能力、人文精神等核心素养的复合型、高素质的应用型人才。同时，也要兼顾地方高校不同学科专业培养应用型人才的差异性，实施差异化的培养策略。例如，新文科、新工科、新商科、新农科、新医科的出现，需要对学生进行跨学科、跨行业、跨领域的交叉培养。同时，地方高校要通过开展深度的校企合作，在办学实践过程中根据实际情况动态调整培养方案，增强应用型人才培养的适应性。

## 二、重构融通性课程内容体系

（一）优化课程体系结构，提高学生的知识应用能力

地方高校应根据应用型人才培养目标，打破原有的固化的人才培养模式，优化课程结构体系，通过设置课程矩阵增强课程之间的关联，在课程内容方面进行最优的选择和设计，减少课程的重复性，增强实用性，提高课程对应用型人才培养目标的支撑度，将对人才培养的具体要求充分融入课程教学中，培养具有扎实理论功底与实践技能的复合型、高素质的应用型人才。同时，地方高校还应通过设置和实施相关的基础课程和通识课程，注重培养学生的健康的身心素质，培养学生深厚的知识素养、人文素养、科学素养，从而提高学生的综合素质。

（二）增强实践课程的实效性，提高学生解决问题的能力

地方高校要优化实践课程设计，加强实践培训、实习环节的教学，构建完善的实践课程体系，切实提高学生的问题解决能力。在学生参加实践课程与实习培训的过程中，实施发展性评价，通过运用科学的评价标准来评价学生在实践过程中的表现，着重考察学生的实践技能与理论知识的结合度，增强知识理论教学与实践教学之间的联系。在设计实践类课程时，教师要关注学生对于某方面专业领域的兴趣，培养其兴趣点和爱好，并从学生自身的兴趣点与现有能力水平入手，结合应用型人才所设定的培养目标，关照岗位需求与社会发展需要，做到因材施教、因需施教。与此同时，地方高校应注重实践平台的搭建，利用所有可用的育人资源，确保实践基地有效运行，发挥校外实践类课程平台的综合育人效能。

（三）构建多样性的素质拓展课程，提高学生的综合素质

地方高校应建立规范、完善的素质拓展类课程体系，对学生进行综合素质训练，拓宽培养渠道，建立健全相应的制度机制，确保学生全面发展。地方高校可在校内举办跨学科、跨专业的创新创业竞赛，设置创新项目，并给予相应的物质和精神激励，激发学生的竞争意识、创新意识，鼓励学生自主进行理论构建与实践创新，提升其独立思考的能力和解决问题的能力。地方高校也可以吸纳社会相关行业的创新创业项目，鼓励学生参与其中，高校教师和企业导师联合进行指导，

并在此过程中促使学生重新认识当下的社会经济发展，重新认识自我、发现自我、提升自我，全面提升自身的综合素养。需要强调的是，对于学生综合素质训练，不能只局限于知识技能的培训，对学生的团队合作能力等也要在日常学习和生活中加以关注和训练。

## 三、构建校企合作育人共同体

### （一）优化合作育人机制，构建教学共同体

在教师教研活动中，同伴互助作为一种由两名或两名以上教师间展开的，旨在促进教师专业发展，推动教师持续主动地自我提升、相互合作、共同进步的有效教学研究活动，应该作为地方高校教师教研的一种常态。地方高校在推进应用型人才培养过程中，可以在同伴互助的基础上拓展、构建教学共同体，把同伴拓展到整个教师群体或企业导师群体，促进这些群体之间互相交流经验，分享教学经历，构建内涵和外延更加丰富的教学共同体。教学共同体有两种构建方式：一是由同质性教师组成的教学共同体；二是由发展程度、层次、类型不同的异质性教师组成的教学共同体。同质性教学共同体由有相同经历的同一学校的教师所组成，他们有着相同的经历、相似的学科专业背景，相互之间可以无障碍地沟通，可以分享彼此的教学心得，可以在这个基础上制定共同的教学目标，互帮互助、共同合作来进行教研，从而推动教学研究和人才培养模式变革向纵深推进。对于异质性共同体，可以是青年教师与经验丰富教师的相互合作，也可以是校内教师与校外行业、企业教师的合作。青年教师的理论水平较高、创新精神较强，但经验不足。老教师的教学经验丰富，创新动力不足。企业教师的行业经验丰富，但学术水平不高。他们结合在一起就构成了优势互补、各取所需、相互借鉴、共同提高的教学共同体。通过这种方式可以提升每一位教师的综合素质和综合能力，也为每一位教师提供了跨学科、跨专业交流的平台，为培养创新型、应用型、复合型优质人才提供了优质的师资支撑。

### （二）共建学生实训基地，完善校企合作机制

目前，地方高校主要采取校企合作的方式进行人才培养，校企合作平台建设则是其中至关重要的内容。当前，一些校企合作平台建设仍流于形式，难以向纵深方向发展，这就迫切需要建立校企合作培养应用型人才的长效机制，激

发地方高校与企业合作的内生动力。校企合作双方共建的实训平台不仅指的是物理意义上的学生实习实训的基地，还应包括在此基础上所衍生、深化发展出来的校企之间的深度合作、互惠共赢，以及由此发展而来的互信机制建设、共同愿景和价值观等非正式制度。同时，校企双方还应致力于建立校企合作权责约束机制。校企合作双方应该在国家相关的法律法规框架下，对双方的合作建设平台的责、权、利予以明确，为校企的顺利合作提供法律和政策依据。同时，校企双方在共建平台的过程中，都应秉持"契约精神"，通过签署具体、详细的合作协议书，为双方的合作共建提供全过程、全方位的法律、制度和机制保障。

（三）搭建校企合作信息平台，建立资源共享机制

搭建校企合作信息平台，最重要的价值便是资源共享，节省制度性交易成本。学校与企业处于两个完全不同的系统中，二者若能实现资源共享、优势互补，就会产生 1+1>2 的合作溢出效应。地方高校拥有企业无法拥有的人才资源、教学资源与科研资源，若能共享这些资源，就可以为企业的发展提供有力的人才、智力、技术支撑。企业可以为高校提供行业市场的发展趋势与人才需求的精准信息，还为高校储备了具有丰富实践经验的行业师资。所以，高校和企业合作搭建自由分享信息的平台，双方均具备扎实的资源禀赋。双方在建构信息共享平台后，相互分享信息，可以减少甚至避免信息不对称问题。各高校通过信息平台就可以精准掌握当前的市场需求数据以及就业趋势，为学生提供更多的就业机会，并据此及时调整人才培养方案，改进人才培养模式。同样，企业也可以充分利用人才信息，广纳优秀人才，节省了人力资源管理成本。所以，建立校企资源信息共享平台，对校企合作双方来讲，无疑是低成本、高效率，且能真正实现双方互联互通、互惠互利的资源共享的长效机制。

## 四、综合运用多元化教学方式

（一）转变传统的教学方式，提高学生的自主学习能力

地方高校应改变传统的讲授式教学方法，根据培养目标和培养内容，选择多样化的教学方法。教师的整个教学过程均要围绕学生这个主体进行，并通过有效运用多样化、适切的教学方法，找到学生的最近发展区，在辅助学生充分理解、

消化知识的过程中发现新知识、习得新技能,从而完成知识体系构建和学生综合能力培养的双重任务,使得不同类型、不同特点的学生均能发挥自己的长处,产生最大的学习效能感。在具体的教学过程中,教师要注重培养学生养成良好的学习习惯,并使其认识到学习的真正价值,让师生在教学中产生共鸣,将理论和实践有效地融合,变学生的被动学习为主动学习,发现新问题,解决新问题,提升其自主学习能力和终身学习能力。

## (二)开展项目式教学,强化学生实践能力培养

项目式教学是指教师和学生一起通过实施和完成一个完整的工作项目或学习任务,进而培养学生的知识文化素养和专业实践技能的教学活动过程。在这个过程中,教师首先要做好示范,逐步进行指导和分解演示。学生在明确该怎么做之后,围绕着项目任务目标来进行学习、讨论,并通过小组协作分工来完成这项任务。在项目式教学中,教师的所有教学活动都是围绕着项目展开的,学生主要聚焦项目相关问题进行思考和实践,并获得经验和知识。项目式教学需要学生运用已学知识和内容,解决学习过程中遇到的困难与问题,从而进行实践技能的训练。项目式教学是一种理论与实践有机结合的有效教学方式,真正发挥了学生的主体性,从而促进学生更加主动地去思考、学习、实践,进而全面提升学生的实践素养、团队协作能力、创造能力。

## (三)开展情境式教学,营造真实的学习情境

在高等教育进入普及化和教育信息化 2.0 阶段后,高等学校的内外部环境发生了革命性的变革。学生和教师共同创设学习情境,共同构建知识的情境式、建构式教学将逐渐成为主流的教学、学习样态。教育应最大限度地创造一种与现实生活、生产实践相似的活动,而不是仅仅把教育作为获得知识或技能的途径。因此,教师在教学过程中选择或创建一个强有力的学习支持情境则成为教师教学的核心任务,进而帮助学生在贴近真实的情境中习得知识、技能,获得行业发展所需要的"准直接经验"。设置情境的目的是让学生深刻地理解或探究某个领域或问题,创设的情境不仅要给学生带来某些经验,还要促使学生在更深层次、更广的领域去构建知识,进而提升相应的能力。为此,地方高校的教学不应再囿于传统课堂教学之中,应通过建立校企合作育人机制,开展真实的情境式教学,创造适合的学习任务和情境,使学生扎实地掌握相关事实和实践技能。具体而言,有三个着力点:一是教师在设计教学任务时,应在深度和广度上尽可能地多占有信

息，应包括专业课程所涉及的知识和需要掌握的技能；二是在情境教学中进行适度调控，包括掌握教学内容难度、教学进程、情境呈现方式，从而在真实的情境中有效地激发学生对教学内容产生探究学习的欲望；三是充分利用现代信息技术手段，通过线上与线下相结合，开展虚拟仿真教学，提高教学效能。

# 第五章　地方高校科技成果转化

　　地方高校科研方式转型与高素质应用型人才培养相互支撑、相互关联。地方高校科技成果转化是转变地方高校科研方式，落实创新驱动发展战略，构建区域高等教育特色创新体系，有效服务于地方经济发展的有效路径。本章在对高校科技成果文献进行研究的基础上，对地方高校科技成果转化进行了理论构建，提出了相关假设，并通过结构方程模型（SEM）验证假设，探讨影响科技成果转化绩效的成果供给、科技中介服务、经费投入、企业科技吸纳、制度保障、成果转化绩效等核心变量的相关关系及其内在作用机制，并据此提出加强地方高校科技成果转化的对策建议。

# 第一节　地方高校科技成果转化的理论构建

## 一、相关概念的界定

对高校科技成果转化的内涵进行界定，首先要厘清科技成果、科技成果转化以及高校科技成果转化的概念及其逻辑问题。

### （一）科技成果

科技成果这一概念有较为广泛的外延，囊括了理论以及实用两方面的成果。在科技成果概念的界定上，中国科学院最早提出了科技成果的概念，将科技成果界定为科技研究课题成果，即基于辩证思维活动以及观察和实验等多种不同的方式进行鉴定，最终呈现出学术或实用方面的有一定价值的结果。基于以上概念阐释，实际上其中的核心关键词包括科学技术、学术以及实用价值三方面的含义。所谓的科技成果，首先是一种科学技术，其有一定的学术价值或实用意义。其次，从学术视角来看，其通常指的是能够在行业中有一定引导价值的科技著作、论文或报告等。从实用价值的视角来看，其强调的是一些行业内的技术或企业核心竞争力的转化。学界所提及的科技成果转化，通常是指立足实用价值视角进行认定的科学技术。

### （二）科技成果转化

科技成果转化的概念始于1912年，最初提出这个概念的是熊彼特（J. A. Schumpeter）。熊彼特强调，创新成为现代经济发展的主要驱动力。所谓创新，强调的是实现全新生产函数的构建，从而将既有的生产要素进行全新的组合。这种新组合包括五种情况：第一是进行全新产品的采用；第二是实现全新方法的引入；第三是进行全新市场的开拓；第四是进行原材料、半成品等来源的全新拓展；第五是完成全新工业组织的构建，进而实现垄断优势的营造。虽然熊彼特没有直接提及"科技成果转化"，但其创新理论被看作孕育科技成果转化理念的重要思想、理论来源。[①]从国内外学界的研究现状来看，对科技成果转化的理解和界定往往偏向于采用技术创新以及技术转移的观点来表达。本书采用《中华人民共和国促进科技成果转化法》对科技成果转化概念的界定，即科技成果转化"是指为提高生产力水平而对科技成果所进行的后续试验、开发、应用、推广直至形成新技术、新工艺、新材料、新产品，发展新产业等活动"。从本质上来说，科技成果转化的核心内涵就是科技成果的产业化运作。

（三）高校科技成果转化

高校科技成果转化是在科技成果转化概念的基础上衍生的一个概念。为此，本书将高校科技成果转化界定为：高校为提高相关行业、产业生产力水平而对其科学研究与技术开发所产生的具有实用价值的科技成果所进行的后续的实验、开发、应用、推广直至形成新技术、新工艺、新材料、新产品，发展新产业等活动。

## 二、科技成果转化的理论基础

（一）资源依赖理论

资源依赖理论萌芽于20世纪40年代，到70年代，该理论开始在一些组织关系中得到广泛应用，代表性成果是杰弗里·菲弗（Jeffrey Pfeffer）和杰勒尔德·萨兰基克（Gerald Salancik）的作品《组织的外部控制——对组织资源依赖的分析》。从贡献的视角来说，资源依赖理论的核心理论假设是组织需要通过获取环境中的资源来维持生存，没有组织是自给的，都要与环境进行交换以实现自身变革，实现组织和环境的和谐共存。按照资源依赖理论的观点，其所强调的组织环境并非真实存在的，而是基于组织及其内部管理者对相应的决策制定达成的组织、环境交互作用的结果。即便是有相同的环境，由于组织以及组织管理者的认知差异，相同环境条件对不同组织的相互作用方式及依赖关系也会存在差异。从组织与环境的关系角度来审视，组织实际上是有一定主动性的。资源依赖理论的提出源于一定的假设基础，即对于组织来说，核心的内容就是生存。组织的生存和发展离不开与外界的资源交换。组织间的关系并非单纯的服务或依从，而应该是基于其

---

[①] 李玉香，邓昭君，钟丽萍等. 科技成果转化法律问题研究[M]. 北京：知识产权出版社，2015：10.

自身资源的掌控,实现彼此依赖[①],所以组织生存的基本前提是有足够的资源,并具备对资源的合理管控能力。

资源依赖理论的观点为推进地方高校科技成果转化提供了有益启示。高校是作为一种社会组织存在的,要实现社会效益和提高声望,必然要基于社会资源的交换才能达成。科技成果转化是高校的一种重要科研衍生职能,其开展的基础则是资源供给和支撑。同时,科技成果转化也可以促使高校有效地与其他社会组织进行相应的资源交换。对于国家而言,高校的价值,一方面源于其能实现专业人才的培养,另一方面也源于其为科技研发的核心,能为国家制定相应政策提供思想支撑和技术保障。库克(Cook)指出,大学在进行相应研究工作的基础上,也为国家提升核心竞争力提供基础性保障。[②]高校科技成果转化作为国家科技创新体系不可或缺的重要构成要素,不仅对高校科研有重要价值,同时对国家的发展也有不可替代的推动作用。为此,政府应通过制定相关政策,更好地推动科技成果转化。但单纯依靠政府的支撑,很难真正满足高校科研发展的需求。因此,高校必须将目光转向市场,通过市场获取更多的科研经费以及人才、技术和知识资源方面的支持,促使二者形成依存关系。

无论是高校和政府,还是高校和市场之间的资源交换,都是一种双向互动行为。从政府与高校的资源交换角度来看,大学通过自身功能的有效发挥,能够为政府提供出色的服务,同时政府也要求大学的科研活动充分契合政府和公众的核心利益诉求。从高校和市场之间的关系来看,亦遵循同样的互动机理。因此,无论是政府还是市场都会对高校科技成果转化产生一定影响,从而推动高校科技成果转化向纵深方向发展。

(二)后学院科学理论

从历史溯源来看,早在古希腊时期,实际上就已经有了学院科学。基于此,也实现了学院科学传统的构建。[③]在科学飞速发展的背景下,科学发展和存在的模式也发生了相应的变革。从近代来看,在生产活动的开展上,实现了从个体到现代科学建制模式的变革。[④]"而20世纪60年代以来,科学逐渐告别了学院科

---

① 杰弗里·菲佛,杰勒尔德·R. 萨兰基克. 组织的外部控制——对组织资源依赖的分析[M]. 闫蕊译. 北京: 东方出版社, 2006: 44-48.

② Cook C E. Lobbying for Higher Education: How Colleges and Universities Influence Federal Policy[M]. Nashville: Vanderbilt University Press, 1998: 4-5.

③ 林慧岳, 孙广华. 后学院科学时代: 知识活动的实现方式及规范体系[J]. 自然辩证法研究, 2005, (3): 32-36.

④ 王英, 黄欣荣. 现代科学的复杂性审视——齐曼科学社会学思想的新发展[J]. 自然辩证法研究, 2004, (3): 67-70.

学,进入后学院科学时代。"①在具体科研活动的开展上,无论是基于个体兴趣驱动,还是基于资助者预期目标驱动,均使科研活动有更多的利益驱动。福特沃兹(S. O. Funtowicz)及拉维茨(J. R. Ravetz)提出了"后常规科学"这一概念。由于价值日趋多元,科研活动最突出的特质是公众参与性,也就是说,需要相关利益者参与到质量评估过程中来。②对于后常规科学时代来说,科研活动的特点表现在以下几个方面:第一,更加关注科研效用,要求科研人员必须关注科研工作的实用价值,并对科研的实际应用价值负责。第二,促使科研活动市场化,科研活动的资金来源与科研主体更加多元,强调通过合同确定权责、任务,并给予相应的经费资助。第三,在科研活动的开展上,突出跨学科、多学科协同,融合多学科知识,提升科研活动的综合效益。第四,科研活动还受到行业政策的约束,无论是个体抑或是团队合作都需要有相应的科研政策作为引导和约束,确保科研活动的合理开展。所以,在开展具体的科研活动时,科研决策发挥着重要的作用。

后学院科学的提出代表了一种全新科学观的形成,意味着全新生产模式的出现。随着科学的发展,后学院科学开始取代学院科学,并成为一种全新的科学发展主导价值。③后学院科学理论也使得高校科学研究的概念获得了重构。约翰·齐曼(J. Ziman)认为,当下的知识生产模式也是一种后学院时代的模式。例如,在科研活动的开展上,政府、高校以及产业或是企业实现了整合,被看作一个整体,从而更好地满足多样化的服务需求。④后学院科学理论对当前高校科技成果转化具有重要启示。高校为更好地发挥其科研职能,完成相应的科研任务,需要基于跨学科合作的方式来出色完成相应的科研活动。高校科研活动有较为突出的市场化色彩,为完成既定科研任务和实现科技成果转化目标,也需要实现跨学科合作、跨行业的合作。在此基础上,辅之以相应科学政策的引导,就能够更好地实现科研活动的有效协同与治理,促使科研活动能更好地契合后学院时代对科研活动的应然要求。在后学院时代,应基于多要素的综合作用实现科学知识生产力要素的构建,进而达成相应体系的科学知识生产模式的系统化布局。从高校科研活动和科技成果转化来看,学术自由、社会责任和利益驱动的有机融合,也为产生与其相配套的全新激励手段和约束机制提供了可能。鉴于此,高校在推进科技成果转化的过程中,要充分结合当前生产模式的发展和变革需要,合理进行相应政策的调整和制定。唯有如此,方可确保高校在进行科技成果转化的过程中,能

---

① 李尚群. 后学院科学时代的大学科研图景[J]. 高等教育研究,2007,(10):32-36.
② Funtowicz S, Ravetz J. Science for the post-normal age[J]. Futures, 1993,(7):735-755.
③ 李尚群. 后学院科学时代的大学科研图景[J]. 高等教育研究,2007,(10):32-36.
④ 约翰·齐曼. 真科学:它是什么,它指什么[M]. 曾国屏,匡辉,张成岗译. 上海:上海科技教育出版社,2002:68-70.

够真正践行服务社会的职能，凸显高校科研活动的价值。

（三）科学经济学理论

科学经济学理论诞生于第二次世界大战后。其产生背景是：美国"曼哈顿计划"的成功实施促使人们开始重视科学。在国民经济发展进程中，科研活动也是一个非常关键的构成和驱动要素，国家在相应科研领域投入的经费不断增长，而且这个增长速度要远快于国民收入的增长。随着科研成果对经济发展影响作用的加大以及贡献率的不断提升，催生了真正的科学经济学。科学经济学这门学科关注的是对科研领域涉及的经济问题和关系进行解读，从而找寻能够实现科研效率有效改善的对策。[1]为此，科学经济学是立足经济学视角，从经济学角度探讨科学与经济的关系问题，探讨如何有效地进行科研活动的理论。科学经济学理论的重要观点就是：重视真理性价比的提升不仅是一个合理的目标，同时也应该是一个长期目标。[2]

科学经济学研究的核心内容是科研投入与产出比，以及在进行科研活动时涉及的相应经济问题。从科学经济学的研究范畴来看，其涵盖内容较多，范围较广，主要涉及科研资助模式分析、科学在经济以及技术层面的影响作用、科研制度及行为、科学本质问题、科学奖励模式、科研组织模式及其未来发展趋势等研究领域及关键问题。由此可见，无论是从理论还是实践来看，科学经济学所关注的问题都是当前科研创新和科研活动组织过程中的热点问题。对这些热点问题的深度解读，有助于我们更好地对当前科研问题的本质进行深入的剖析，并有利于相应科研政策的优化、改进。科学经济学的主要研究内容为科学研究领域的基本经济特点及经济规律的具体表现形式、科学技术与国民经济的协调发展及相互作用、科研活动的经济管理秩序、方法、原则、科学研究的经济效益评价等。

高校科技成果转化的有效达成，其核心是通过投入与产出比来体现，同时这也是市场对高校产生经济影响的具体体现。无论是立足经济效益，还是基于经济管理，高校科研活动和科技成果转化过程都必然会涉及一定的成本耗费。然而，需要强调的是，高校科研活动要强调经济效益，并非将经济效益作为唯一衡量标准。高校科技成果转化的核心通过有效制度变革，建立有效的激励机制和约束机制，进而实现科研组织架构变革、科研效率变革，最终实现科研的学术效益、经济效益、社会效益全面提升。

---

[1] 陆建人. 苏联科学经济学理论评介[J]. 科学学研究，1988，(3)：26-38.

[2] Diamond A M. The economics of science[J]. Knowledge and Policy, 1996, (2-3): 6-49.

## 三、理论建构与研究假设

### （一）制度保障与高校成果供给、企业科技吸纳的关系

梅赫迪·贝布迪（Mehdi Behboudi）等基于结构方程模型的实证研究结果指出，政府创造的政策环境在科技成果转化中具有重要促进作用，是影响科技成果转化的主要因素。[1]陈海鹏等的研究发现，国家相关科研政策的"放"与政府专项经费的审计的"严"不协调。以"严"为特征的管理政策部分抵消了以"放"为特征的转化政策的促进作用，结果造成政策执行中存在阻力和障碍。[2]郭英远和张胜的研究表明，高校中科技人员的股权和分红权缺乏法律支持和制度保障，高校教师考评机制重科研、轻转化的现象突出，科研取向关注学科科技前沿问题，对实际市场的需求不敏感。[3]约书亚·鲍尔斯（Joshua B. Powers）等的研究发现，如果政府过度强调对知识产权的保护，非但不能促进技术转化，反而会抑制技术流动。[4]基于此，本次研究提出如下假设。

H1a：制度保障对高校成果供给具有显著的负向影响效应。

从制度保障与企业技术创新的关系来看，张永安等构建了基于柯布-道格拉斯生产函数的多元回归模型，发现技术创新政策对企业科技创新绩效产生了显著的正向影响。[5]基于此，本次研究提出如下假设。

H1b：制度保障对企业科技吸纳具有显著的正向影响效应。

### （二）科技中介服务与高校成果供给、企业科技吸纳的关系

董洁等认为，科技成果转化与科技中介服务之间存在一定的内在必然联系，技术中介可以帮助技术买卖双方获得有效信息，解决供需双方信息不对称

---

[1] Mehdi B, Nazanin J, Morteza M. Examine the commercialization research outcomes in Iran: A Structural Equation Model[J]. International Journal of Business and Management, 2011, (6): 261-275.

[2] 陈海鹏,刘红斌,张顺.产学研深度融合促进高校科技成果转移转化——基于51所高校及88家企事业单位的调查分析[J].中国高校科技,2019,(3):4-8.

[3] 郭英远,张胜.科技人员参与科技成果转化收益分配的激励机制研究[J].科学学与科学技术管理,2015,(7):146-154.

[4] Powers J B, Campbell E G. Technology commercialization effects on the conduct of research in higher education[J]. Research in High Education, 2011, (3): 245-260.

[5] 张永安,闫瑾.技术创新政策对企业创新绩效影响研究——基于政策文本分析[J].科技进步与对策,2016,(1):108-113.

的问题，降低交易成本，提高科技成果转化效率。[1]姚思宇和何海燕基于回归模型的实证研究发现，科技中介机构服务能力对高校科技成果转化的供给体系、服务体系等具有显著影响。[2]王欣的研究则表明，由于我国科技成果转化领域的市场机制不健全，中介机构培育服务能力差，无法通过完全的市场竞争决定科技成果价格，高校作为技术市场的供应方缺乏市场意识，忽视了成果的实用价值，致使科技成果难以有效转化。[3]基于此，本次研究提出如下假设。

H2a：科技中介服务对高校成果供给具有显著的负向影响效应。

冯宗宪等应用两阶段半参数 DEA 方法，分析了中国 30 个省（自治区、直辖市）大中型工业企业样本，探讨了政府投入、市场化程度等变量对企业创新效率的影响机制。研究发现，技术市场化程度对企业创新的技术效率具有显著的正向影响，如果没有适切的科技成果转化媒介与方法，政府追加科技经费投入也可能会是徒劳的。[4]基于此，本研究提出如下假设。

H2b：科技中介服务对企业科技吸纳具有显著的正向影响效应。

### （三）经费投入与高校成果供给、企业科技吸纳的关系

经费投入是指对科技成果转化各环节中资金的投入数量。高校技术进步和科技创新效率的提升主要源于科技新资源的大量投入。[5]目前，我国专门用于科技成果转化的资金投入不足、结构失衡、融资渠道不畅等，已经成为制约科技成果转化的重要因素。[6]按照国际经验，一个完整的科技成果要经历实验室试验、中间应用放大试验阶段（中试）及产业化等三个不同阶段，各阶段投入资金的比例一般为 1∶10∶100，而我国在科技成果转化相应阶段的投入资金比例为 1∶0.7∶100。经费投入"两头大、中间小"，对基础研究和产业化的投入较多，而对中试研究阶段的投入严重不足，制约了转化绩效。[7]基于此，本次研究提出如

---

[1] 董洁，陈祖功. 科技成果转化质量评价——基于科技中介服务视角[J]. 统计科学与实践，2010，(10)：26-28.

[2] 姚思宇，何海燕. 高校科技成果转化的影响因素研究：基于 Ordered Logit 模型实证分析[J]. 教育发展研究，2017，(9)：45-52.

[3] 王欣. 高校科技成果转化机理与对策研究[M]. 北京：科学出版社，2017：40-47.

[4] 冯宗宪，王青，侯晓辉. 政府投入、市场化程度与中国工业企业的技术创新效率[J]. 数量经济技术经济研究，2011，(4)：3-17，33.

[5] 李清贤，曲绍卫，齐书宇. 教育部直属高校教师科技创新效率研究——基于 2007—2011 年 Malmquist 指数法的动态分析[J]. 高等工程教育研究，2014，(3)：167-171.

[6] 马卫华，袁传思. 科研经费对高校科技成果转化的影响——以广东高校为例[J]. 科技管理研究，2017，(20)：98-102.

[7] 武贵龙. 积极探索新型产学研合作机制[J]. 中国高等教育，2008，(20)：28-30.

下假设。

H3a：经费投入对高校成果供给的影响效应不显著。

李武威基于对我国大中型企业面板数据的分析发现，R&D 人员及经费投入以及非 R&D 投入构成要素中的技术改造、技术引进、消化吸收对提高我国高技术企业创新绩效产出起到了显著的正向促进作用。[1]刘家树和菅利荣基于 Tobit 回归分析的研究表明，政府经费投入、新产品研发费用、科技中介和地域环境对企业科技成果转化绩效具有显著影响。[2]基于上述分析，本次研究提出如下假设。

H3b：经费投入对企业科技吸纳具有正向影响效应。

（四）高校成果供给与企业科技吸纳、成果转化绩效的关系

应用性技术成果是高校待转化的科技成果的技术属性，高校转化成果的主观意愿是影响科技成果转化绩效的关键性因素。[3]科恩等的研究结果表明，企业吸收能力的形成是成功利用外界技术和知识的重要条件，而此种能力与组织拥有的"早期的相关知识——科技知识与技术"呈正相关。早期的相关知识赋予了企业组织接收、消化、吸收"外界知识"，并使其形成利用知识实现商品化的能力。[4]黄伟的研究表明，高校作为研发主体，其产出的科技投入对行业、企业的科技成果转化绩效具有正向影响效应。[5]基于此，本次研究提出如下假设。

H4a：高校成果供给对企业科技吸纳具有正向影响效应。

从高校成果供给与成果转化绩效的关系来看，郭强等的研究认为，由于知识本身的内隐性、复杂性和特殊性，高校和企业研发人员之间存在知识势差以及知识传播过程中存在信息失真现象，这就要求高校科研人员必须拥有相应的知识传授能力，针对转移技术的具体知识特性，采用企业研发人员容易理解和吸收的方式，将转移过来的成果传递给企业，提高其对技术成果的吸纳能力，进而提升成果转化的绩效。[6]基于此，本次研究提出如下假设。

---

[1] 李武威. 技术创新资源投入对高技术企业产品创新绩效影响的实证研究[J]. 工业技术经济，2013，(7)：75-82.
[2] 刘家树，菅利荣. 科技成果转化效率测度与影响因素分析[J]. 科技进步与对策，2010，(20)：113-116.
[3] 蔡跃洲. 科技成果转化的内涵边界与统计测度[J]. 科学学研究，2015，(1)：37-44.
[4] Cohen W V I, Levinthai D A. Absorptive capacity: A new perspective on learning and innovation[J]. Administrative Science Quarterly, 1990, (35): 128-152.
[5] 黄伟. 我国科技成果转化绩效评价影响因素分析及对策研究[D]. 吉林大学博士学位论文，2013：93-119.
[6] 郭强，夏向阳，赵莉. 高校科技成果转化影响因素及对策研究[J]. 科技进步与对策，2012，(6)：151-153.

H4b：高校成果供给对成果转化绩效具有正向影响效应。

（五）企业科技吸纳在经费投入、科技中介服务、制度保障、成果供给与成果转化绩效之间的中介作用

科技成果转化绩效是科技成果转化为现实生产力的显性指标，即高校科技成果转化后对相关行业、企业所产生的经济效益、社会效益。亨利·切萨布鲁夫（Henry Chesbrough）认为，如果新技术不能与其他相关技术、相关环节实现有效集成，即使是很好的技术也很难发挥重要的作用。[①]有研究者在论证经费投入、科技中介服务、制度保障、成果供给对企业科技吸纳的影响效应关系的同时，认为企业科技吸纳能否产生中介作用，关键要看企业科技吸纳能力与成果转化绩效之间的效应关系。在高校的研究成果向企业转化的过程中，企业须具备相应的以有效集成能力为核心的技术吸纳能力，这样高校开发出的成果才能顺利地实现技术转移和交易，成功地实现转化。[②]基于上述分析，本次研究提出如下假设。

H5a：企业的技术吸纳对成果转化绩效具有正向影响效应。

伯特·梅斯（Bert Metz）提出，科技成果转化是一个受技术供给方、应用方的经济、文化等多因素制约的社会化过程。[③]杨仲基等通过对中国30个区域科技成果转化能力的实证研究发现，匹配保障能力、科技服务能力、成果供需能力以及成果转化能力两两之间存在正相关关系。[④]基于此，本次研究提出如下假设。

H5b：经费投入、科技中介服务与制度保障呈现出两两相关。

由此，H1～H5 五组假设构成了本次研究的假设模型，如图5-1所示，经费投入、科技中介服务、制度保障为自变量，成果转化绩效为因变量，高校成果供给、企业科技吸纳构成了中介变量。本次研究将在开展实证调查及数据统计分析的基础上，运用AMOS21.0结构方程模型来验证假设模型能否成立。

---

[①] 亨利·切萨布鲁夫. 开放式创新——进行技术创新并从中赢利的新规则[M]. 金马译. 北京：清华大学出版社，2005：71-75.
[②] 梅姝娥，仲伟俊. 我国高校科技成果转化障碍因素分析[J]. 科学学与科学技术管理，2008，（3）：22-27.
[③] Bert M. Methodological and Technological Issues in Technology Transfer[EB/OL]. (2010-11-05) [2019-09-03]. http://xueshu.baidu.com/usercenter/paper/show?paperid=da5a4b4e52ae689d260c92621d97d77e&site=xueshu_se.
[④] 杨仲基，王宏起，武建龙. 利益相关者视角下区域科技成果转化能力评价及实证研究[J]. 工业技术经济，2018，（1）：153-160.

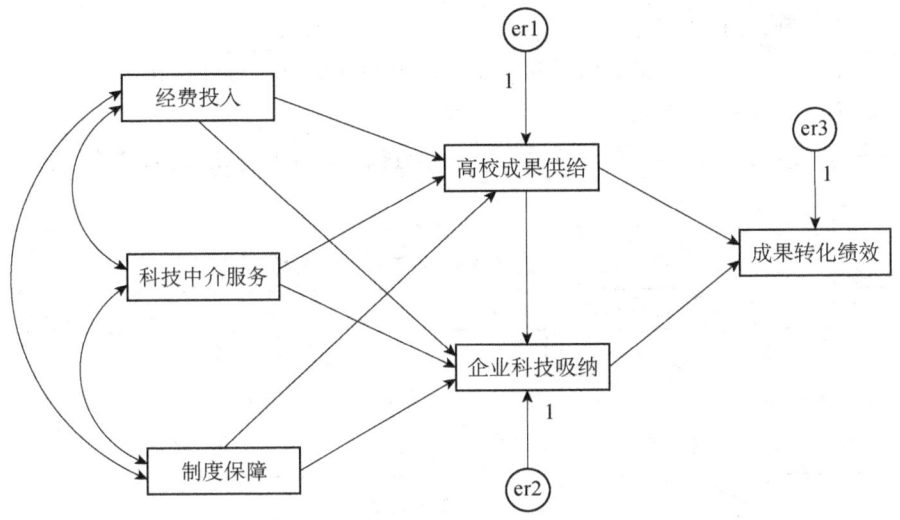

图 5-1 科技成果转化初始预设路径图

## 第二节 地方高校科技成果转化的实证研究

### 一、调查问卷设计与验证

（一）抽样调查与分析

本次调查采用问卷的形式，本部分调查问卷是本书总问卷"地方高校转型发展现状调查问卷"的一部分，即科技成果转化分量表，与总问卷一并按照随机整群抽样的原则，进行了抽样调查，数据回收、统计、处理情况详见第一章。

（二）量表的信、效度检验

1. 探索性因素分析、信度分析

采用项目分析法，通过运行临界比值（$C.R.$）检验、每个题项与量表总分相关分析以及因子分析三种方法来验证量表题项的可靠性。根据分析结果，参照共识性标准,剔除了 8 个题项,最终保留了 21 个题项进行因素分析。

KMO 和 Bartlett's 球形检验结果显示,KMO=0.899,Bartlett's 球形检验卡方值系数显著($p=0.000<0.001$),这表明本问卷的调查数据适合进行探索性因素分析。采用主成分分析法提取 6 个因子,并经过方差最大化正交旋转,因子分析的结果如表 5-1 所示。

表 5-1　科技成果转化因子分析结果摘要表

| 潜在变量 | 观测变量 | 因子负荷值 | Cronbach's α | KMO |
|---|---|---|---|---|
| 高校成果供给 | F4 | 0.844 | 0.898 | 0.899 |
| | F3 | 0.840 | | |
| | F2 | 0.792 | | |
| | F5 | 0.780 | | |
| 科技中介服务 | F17 | 0.874 | 0.922 | |
| | F18 | 0.858 | | |
| | F16 | 0.840 | | |
| | F19 | 0.786 | | |
| 经费投入 | F24 | 0.795 | 0.805 | |
| | F23 | 0.768 | | |
| | F22 | 0.758 | | |
| 制度保障 | F9 | 0.877 | 0.805 | |
| | F8 | 0.869 | | |
| | F10 | 0.526 | | |
| 企业科技吸纳 | F12 | 0.853 | 0.847 | |
| | F13 | 0.850 | | |
| | F14 | 0.545 | | |
| 成果转化绩效 | F27 | 0.842 | 0.872 | |
| | F28 | 0.808 | | |
| | F26 | 0.767 | | |
| | F29 | 0.754 | | |

因子分析结果表明,因子 1 的 4 个题项主要测量高校科技成果转化的意愿、待转化成果、转化管理水平,故以理论建构中的"高校成果供给"命名;因子 2 的 4 个题项主要测量科技中介服务机构对高校科技现状和企业需求的熟悉度、专业化水平及发挥作用的情况,故以理论建构中的"科技中介服务"命名;因子 3 的 3 个题项主要测量政府、高校、企业、社会民间资本对科技成果转化的投入状况,故以理论建构中的"经费投入"命名;因子 4 的 3 个题项主要测量对政府、高校对科技成果转化的管理体制、评价政策、转化收益处置制度等,故以理论建

构中的"制度保障"命名;因子 5 的 3 个题项主要测量企业对高校科技成果的熟悉程度、吸收和运用能力以及二次创新实现产业化的情况,故以理论建构中的"企业科技吸纳"命名;因子 6 的 4 个题项主要是对高校科技成果转化效益、效果等方面的测量,故将其称为"成果转化绩效"。从抽取的 6 个因子来看,其特征根值和贡献率比较均衡,且累积因素解释率达到了 76.66%。数据统计分析结果表明,本次基于 959 个被试样本的高校科技成果转化问卷抽样实证调查分析与理论预设结构维度一致。各个分量表以及总量表信度系数为 Cronbach's $\alpha>0.8$,说明本次研究编制的量表具有良好的内部一致性(表 5-2)。

表 5-2　科技成果转化分量表信度分析

| 分量表名称 | 项目数量 | Cronbach's $\alpha$ |
| --- | --- | --- |
| 高校成果供给 | 4 | 0.898 |
| 科技中介服务 | 4 | 0.922 |
| 经费投入 | 3 | 0.805 |
| 制度保障 | 3 | 0.805 |
| 企业科技吸纳 | 3 | 0.847 |
| 成果转化绩效 | 4 | 0.872 |
| 科技成果转化总量表 | 21 | 0.808 |

2. 验证性因素分析

在运用探索性因素分析建立本量表建构效度的基础上,进一步运用验证性因素分析来检验本量表结构的适切性、真实性。同时,验证因素分析作为 SEM 的一种次模型,是进行整合性结构方程模型分析的一个前置步骤或基础性框架。[①]因此,有必要在探索性因素分析的基础上进行验证性因素分析。采用 AMOS21.0 对测量结果进行验证性因素分析,构建高校科技成果转化一阶六因素结构方程模型。模型拟合指数的结果表明,其均符合模型适配标准,$\chi^2/df=1.718$,RMSEA=0.053,GFI=0.941,AGFI=0.921,NFI=0.952,TLI=0.956,IFI=0.965,CFI=0.964(表 5-3)。各个测量指标对相应的潜在变量的因素负荷量(图 5-2)位于 0.600~0.930,均大于 0.5,表示测量指标能够较好地反映高校成果供给、科技中介服务、企业科技吸纳、制度保障、经费投入、成果转化绩效 6 个潜在变量的特质。上述分析结果表明,验证性因素分析计算结果支持前述探索性因素分析的结果,高校科技成果转化量表的拟合度较好,潜在变量的各测试题项具有良好

---

① 吴明隆. 结构方程模型——AMOS 的操作与应用[M]. 重庆:重庆大学出版社,2009:212-213.

的收敛效度。

表 5-3 科技成果转化验证性因素分析结果适配对比表

| 拟合指标 | $\chi^2/df$ | RMSEA | GFI | AGFI | NFI | TLI | IFI | CFI |
|---|---|---|---|---|---|---|---|---|
| 结果拟合标准 | <5 | <0.08（良好） | >0.90 | >0.90 | >0.90 | >0.90 | >0.90 | >0.90 |
| 模型结果数据 | 1.718 | 0.053 | 0.941 | 0.921 | 0.952 | 0.956 | 0.965 | 0.964 |
| 模型适配判断 | 是 | 良好 | 是 | 是 | 是 | 是 | 是 | 是 |

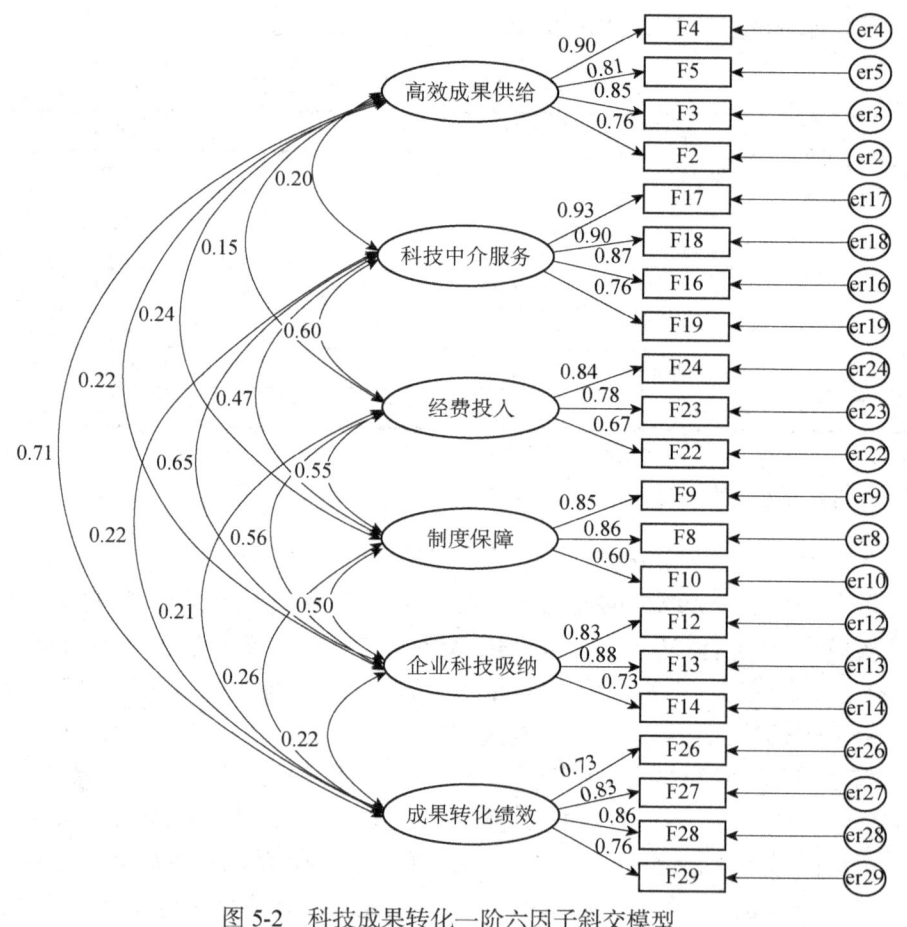

图 5-2 科技成果转化一阶六因子斜交模型

## 二、科技成果转化的现状分析

科学研究是高校的主要职能之一，国家科技创新和发展科学的任务主要是由高校承担的。总体而言,地方高校在科学研究方面所发挥的功效,与综合性、研究型大学相比还相差甚远。其科技成果对地方经济社会发展的支撑还远远不够,地方高校在科学研究、科技成果转化方面还有很多短板,集中体现在以下几个方面。

### （一）科技成果供给能力薄弱

地方高校的科技成果往往多为一般性学术成果,科技成果的应用性不强,产业化水平、成熟度不高,这均直接制约了其科技成果的供给能力。调查显示,50.3%的被调查者认为自己所在学科专业的科技成果转化能力不高。主要原因在于,地方高校现有的科研评价政策的制约。调查显示,62.2%的被调查者认为学校教师职称评定政策制约了科技成果转化（表5-4）。通常情况下,地方高校在进行教师职称评定、晋升、评奖评优、业绩考核的时候,常常以学术论文、学术成果、科研项目作为基本和核心指标。在对科研进行评价时,也往往偏重学术评价、理论成果,对来自行业、企业所需的应用研究和横向项目关注不够,导致高校教师不重视应用性研究和科技成果转化。关于这一点,在对学校科研管理部门负责人的访谈中也得到了印证。

表 5-4　科技成果转化能力、制约因素调查表　　　　　　单位：%

| 题项 | 描述 | 非常不符合 | 不太符合 | 比较符合 | 非常符合 |
| --- | --- | --- | --- | --- | --- |
| 1 | 您所在学科的教师的科技成果转化能力很高 | 10.9 | 39.4 | 37.1 | 12.5 |
| 2 | 学校教师职称评定政策制约了科技成果转化 | 4.6 | 33.4 | 41.2 | 21.0 |

**访谈者**：您觉得贵校现在对科研人员的激励是否充足？是否让科研人员有足够的动力做研究？

**S校科研部门负责人**：你问到了一个根本性的问题,我们就是想要调动高校科研人员从事科学研究并积极进行科技成果转化,最重要的就是将科技成果转化情况纳入对教师的评价中,如评职称。现在我们学校和其他普通高校一样,评职称的政策主要还是侧重学术成果。所谓学术成果就是教师发了多少高端论文,出了多少著作,获得了多少科研奖励,这是关注的焦点,他们唯一的目标就是评上高一级的职称,至于自己的科研成果能否转化,能否被相关的行业、企业所认可和接受,或得到多少经济效益,对这些方面关注得还不够。整体上而言,学校采用的还是一种职称驱动的科研模式,这种模式势必会造成广大科研教师对科研成果转化的主动性和积极性不够。目前,现有的制度对教师科技成果转化并不能形成强有力的激励和约束，致使地方高校的科技成果转化能力十分薄弱。

## （二）科技中介服务平台的专业化程度低

我国地方高校科技中介服务平台的专业化程度不高，集中体现在两个层面。

其一，与发达国家相比，我国现有科技中介服务平台的专业化水平较低，发展进程缓慢。目前，科技中介服务平台发育尚不成熟，中介服务人员队伍的专业化水平整体较低。调查发现，73.1%的被调查者认为科技中介服务平台专业化水平不高，62.4%的被调查者认为科技中介服务平台在促进科技成果转化中的作用不大，68.6%的被调查者认为科技中介服务平台对高校科技成果的了解程度较低，66.4%的被调查者认为科技中介服务平台对企业科技需求的了解不够。科技中介服务平台从业人员在商务经验、科研知识的掌握等方面比较欠缺，陷入了不比教授懂技术、不比企业懂市场的尴尬境遇（表5-5）。

其二，科技中介服务平台的专业化程度不高，缺乏效率。科技中介服务平台还没有形成专业化、规范化、系统化的体系。调查发现，科技成果转化事关知识产权、商业机密，高校、科研院所、企业均不愿意在技术转移服务机构网站上直接公开登记技术需求，技术发明人也不愿意将技术细节透露，双方均迫切需要有效的专业对接平台。基于供需双方有效的专业对接的科技成果信息平台尚不健全，致使政府无法适时地根据供求关系变化制定有效的调控政策，导致科技成果转化的"政产学研"一体化链条难以建立（表5-5）。

表 5-5　科技中介服务平台发展现状调查表　　　　　　　　单位：%

| 题项 | 描述 | 非常不符合 | 不太符合 | 比较符合 | 非常符合 |
| --- | --- | --- | --- | --- | --- |
| 1 | 科技中介服务平台的专业化水平较低 | 7.1 | 19.8 | 45.6 | 27.5 |
| 2 | 科技中介服务平台在促进科技成果转化中的作用不大 | 16.4 | 21.2 | 43.8 | 18.6 |
| 3 | 科技中介服务平台对高校科技成果的了解程度较低 | 11.3 | 20.1 | 41.3 | 27.3 |
| 4 | 科技中介服务平台对企业的需求不了解 | 9.3 | 24.3 | 51.3 | 15.1 |

## （三）科研和科技成果转化的经费投入不足

地方高校科研经费和科技转化投入不足主要体现在高校外部和内部投入上。从外部来看，地方高校，尤其是地处非中心城市的地方高校，学科建设和科研水平有限，科技创新能力、社会服务水平及社会贡献度不高。因此，地方政府及行业、企业对地方高校的科研创新能力的认同感和重视程度有限，支持力度不够。调查发现，有81%的被调查者认为政府项目拨款对地方高校科技成果转化的经费支持不够，这一点在对地方高校的科研部门负责人的访谈中也被提及。

**访谈者：**目前，贵校在科研方面的资金保障是否充足？资金分配是否合理？

**S校科研部门负责人：**我们学校是一所地方普通高校，对于"985工程高校"、"211工程高校"、"双一流"高校而言，国家纵向课题都要实行1:1的配套，而我们学校呢，在经费配套上来说是不能达到1:1的，只有一些奖励性的经费激励措施，相对于1:1配套而言，这当然是杯水车薪了。目前，受现行的财务审计制度的制约，对教师的奖励也不能到位，往往与工资进行捆绑，内部管理还很僵硬。另外，在政府对基础研究本来就投入不足的情况下，再加上科技成果转化这一环节缺乏充足的经费支持，要想完成从一项技术成果向实际效益的转化则变得很难。还有就是中试环节，发达国家都十分重视这一环节，而我们对中试这一环节的投入是不足的。

从学校内部投入机制来看，调查显示，有38.8%的被调查者认为学校在科技成果转化方面投入的资金并不多。有41.7%的被调查者认为学校对科技成果转化的经费保障不到位，在投入结构上，学校历来重视对科学研究前期的投入，轻视对科技成果转化的投入。加之地方高校科技成果转化的社会融资渠道不畅通等多因素的叠加效应，地方高校更是心有余而力不足，即使研发出一定的科技成果，也不得不放弃最后的中试环节，致使一定量的科技成果闲置，进而造成了科技资源浪费（表5-6）。

表5-6　科技成果转化经费投入现状调查表　　　　　　　　单位：%

| 题项 | 描述 | 非常不符合 | 不太符合 | 比较符合 | 非常符合 |
| --- | --- | --- | --- | --- | --- |
| 1 | 政府项目拨款对科技成果转化的经费支撑不够 | 1.7 | 17.5 | 57.4 | 23.4 |
| 2 | 学校在促进科技成果转化方面投入较大 | 7.8 | 31.0 | 45.6 | 15.6 |
| 3 | 学校对科技成果转化的经费保障不到位 | 16.6 | 41.7 | 38.3 | 3.4 |

## （四）科技成果转化受现行管理体制机制的制约

科技成果转化管理体制机制的核心功能是保障利益相关者的合法权益。但从现实来看，科技成果转化所有权、处置权、收益分配权尚不明晰。调查发现，37.5%的被调查者认为学校科技成果转化的分配收益不合理，主要体现在：其一，科技成果与一般国有固定资产实行统一管理，课题完成人实际上没有处置权，更没有收益分配权。这样科技成果转化就陷入了一个不转化没有责任、一转化就必须承担国有资产保值增值责任、负有国有资产流失的责任的怪圈，从体制上制约了教科研人员进行科技成果转化的动力。其二，科研课题的发布、科研过程、成果应用等若干管理环节尚未形成相互贯通、衔接的体系，科研课题发布单位和科研单位以及科研成果的应用单位（企业）相对独立。科研成果获得转化签约后，缺乏完善的监督、激励机制，难以实现可持续转化。其三，高校在科研管理方面仍遵循原有的模式，重视学术水平，轻视科技成果的转化与二次开发。54.4%被调查者认为高校科技成果转化缺乏相关的专业化队伍和管理服务机构，不利于高校与企业之间的交流互动。高校科技成果也不会为企业所了解，科技成果不被接受，企业也不会投资进行科技成果转化，这样致使具有市场潜力的科技成果只能停留在理论层面，不能转化为现实的生产力（表5-7）。

表 5-7　科技成果转化管理体制机制现状调查表　　　　　　单位：%

| 题项 | 描述 | 非常不符合 | 不太符合 | 比较符合 | 非常符合 |
|---|---|---|---|---|---|
| 1 | 学校科技成果转化的分配收益合理 | 5.5 | 32.0 | 44.4 | 18.0 |
| 2 | 学校给予科研人员的技术转移方面的激励不足 | 18.1 | 47.2 | 28.8 | 5.8 |
| 3 | 学校技术转移机构队伍不整齐，服务和转化能力薄弱 | 16.7 | 28.9 | 48.7 | 5.7 |

### （五）企业对科技成果的需求不旺、吸纳能力薄弱

企业对科技成果的需求不旺、吸纳能力薄弱，最终会制约科技成果转化绩效的实现，其问题及成因集中体现在以下三个层面。

其一，企业管理者是制约科技成果转化最重要的因素。调查发现，44.2%的被调查者认为企业管理者对创新的重视不够，48.2%的被调查者认为企业多热衷于短期项目。这与我国国企高管现行选拔管理体制密切相关，国企高管多以干部身份接受上级组织的任命，其任期通常为3～5年，且充满不确定性，此种按干部选拔企业高管的体制，使企业高层缺乏从长远的利益去考虑企业对新技术的吸收创新、可持续研发问题的能力。

其二，技术吸纳能力不强是高校和科研院所的科技成果转化率低的一个重要原因。37.5%的被调查者认为企业对于国内外科技发展和市场的情况认识不足、缺乏了解。39.0%的被调查者认为企业的技术吸纳能力不强，学习能力和集成应用能力更是欠缺。

其三，企业承担风险的能力也制约了其对科技成果的吸纳能力。44.2%的被

调查者认为企业承担风险的能力不强,主动性不够,不敢尝试新的技术。企业单纯为了引进而引进,缺乏后续自主开发的能力,加之其自身技术力量薄弱,与科研方的技术落差过大,以"交钥匙"的方式要求科研方,使转化成本大大增加(图 5-3)。

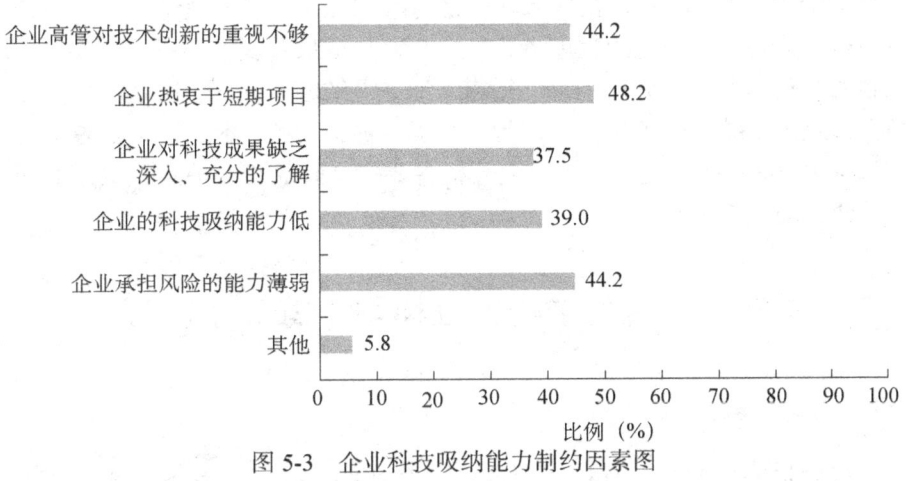

图 5-3　企业科技吸纳能力制约因素图

### (六)校企深度合作机制不健全,科技成果的市场化程度低

高校科技成果转化率低的根本原因在于双方没有建立深度利益共同体,双方存在信息不对称的问题,无法通过有效互通和合作实现双赢。据调查,71.8%的被调查者认为高校科技成果与企业的实际技术需求的匹配度不高,难以为企业所用。地方高校科研人员在确定科研选题时,往往依据国内外技术进展或者出于个人研究兴趣,忽视了对地方经济技术需求的考察。在从事科研的过程中,科研人员往往强调科技成果的"技术价值",而忽略了"市场价值",结果导致科研不是面向市场需求,仅是单纯追求学术价值而进行与实际脱节的研究,忽视了其研究成果产品化、工业化的可行性,忽视了科研成果转化的市场定位、市场需求、市场容量等问题。另外,有 64.8%的被调查者认为企业对高校科技成果的信任和了解程度较低。由于企业和高校之间缺少必要的连接纽带,相互之间的沟通较少,双方之间的信任不够;加上企业承担风险的能力不强,主动性不够,不敢尝试新的技术,企业往往关注对批量技术"产业化技术"等成熟科技成果的转化,对需要中试技术、见效慢却很重要的技术成果往往采取漠视态度(表 5-8)。

表 5-8 校企深度合作现状调查表　　　　　　　　　单位：%

| 题项 | 描述 | 非常不符合 | 不太符合 | 比较符合 | 非常符合 |
|---|---|---|---|---|---|
| 1 | 高校科技成果与企业实际技术需求的匹配度不高 | 4.1 | 24.3 | 53.8 | 18.0 |
| 2 | 企业对高校科技成果的信任和了解程度较低 | 4.4 | 30.9 | 48.8 | 16.0 |

综上所述，地方高校科技成果转化还存在科技成果供给能力薄弱，科技中介服务平台专业化、市场化的程度低，科研和科技成果转化经费投入不足，管理体制机制的制约，企业对科技成果的需求不旺、吸纳能力薄弱，校企深度合作机制不健全，科技成果的市场化程度低等多层面问题。为此，本次研究在聚焦相关问题的基础上，进一步通过 SEM 验证分析各要素之间的相互关系，以期对地方高校科技成果转化有所启示。

## 三、科技成果转化结构方程模型（SEM）验证

### （一）相关分析

进行皮尔逊积差相关分析（表 5-9），从相关矩阵可以发现，地方高校科技成果转化 6 个变量之间存在显著的相关关系。其中，高校成果供给、经费投入、企业科技吸纳、成果转化绩效两两之间呈现出显著的正相关关系；科技中介服务与高校成果供给、制度保障与高校成果供给呈现出显著的负相关关系。这一结果为后续的模型验证和中介效应检验提供了必要的前提。

表 5-9 科技成果转化各维度间的相关分析

| 变量 | 均值 | 标准差 | 高校成果供给 | 科技中介服务 | 经费投入 | 制度保障 | 企业科技吸纳 | 成果转化绩效 |
|---|---|---|---|---|---|---|---|---|
| 高校成果供给 | 11.408 | 2.897 | 1 | | | | | |
| 科技中介服务 | 8.351 | 2.728 | −0.186** | 1 | | | | |
| 经费投入 | 6.347 | 1.868 | 0.132** | 0.549** | 1 | | | |
| 制度保障 | 6.668 | 2.073 | −0.191** | 0.469** | 0.511** | 1 | | |
| 企业科技吸纳 | 10.495 | 1.442 | 0.288** | 0.150** | 0.112** | 0.092** | 1 | |
| 成果转化绩效 | 11.539 | 2.834 | 0.643** | 0.197** | 0.178** | 0.216** | 0.324** | 1 |

### （二）模型验证

探索性因素分析、信度检验、验证性因素分析以及各维度变量相关分析的结果均表明，本次研究编制的量表结构与实际数据具有较好的拟合度，假设模型适

合做进一步的模型检验。运用极大似然法进行模型参数估计,验证模型中各因子间的关系,获得的模型拟合优度指数为 $\chi^2/df$=3.727<5,RMSEA=0.053<0.080,GFI=0.996>0.900,AGFI=0.973>0.900,NFI=0.994>0.900,TLI=0.978>0.900,IFI=0.996>0.900,CFI=0.996>0.900。如表 5-9 所示,在结合 SEM 分析对自变量、中介变量、因变量之间的假设路径的路径系数(估计值)、$\beta$、S.E.、C.R.、$p$ 的检验结果中,8 个直接效果的路径系数均达到显著水平,结构方程模型在理论上成立(表 5-10,图 5-4)。

表 5-10　科技成果转化路径模型检验结果

| 分析方法 | 作用路径 | 估计值 | $\beta$ | S.E. | C.R. | $p$ | 路径 |
| --- | --- | --- | --- | --- | --- | --- | --- |
| 回归加权 | 高校成果供给<---制度保障 | −0.189 | −0.135 | 0.053 | −3.562 | *** | par_1 |
| | 高校成果供给<---经费投入 | 0.011 | 0.007 | 0.062 | 0.175 | 0.861 | par_2 |
| | 高校成果供给<---科技中介服务 | −0.134 | −0.127 | 0.042 | −3.238 | 0.001 | par_3 |
| | 企业科技吸纳<---经费投入 | 0.160 | 0.143 | 0.034 | 4.670 | *** | par_4 |
| | 企业科技吸纳<---制度保障 | 0.218 | 0.216 | 0.029 | 7.419 | *** | par_5 |
| | 企业科技吸纳<---科技中介服务 | 0.326 | 0.426 | 0.023 | 14.224 | *** | par_6 |
| | 企业科技吸纳<---高校成果供给 | 0.034 | 0.117 | 0.018 | 2.895 | 0.012 | par_7 |
| | 成果转化绩效<---企业科技吸纳 | 0.104 | 0.077 | 0.034 | 3.065 | 0.002 | par_8 |
| | 成果转化绩效<---高校成果供给 | 0.615 | 0.628 | 0.025 | 25.058 | *** | par_9 |
| 协方差 | 经费投入<-->科技中介服务 | 2.795 | 0.549 | 0.188 | 14.898 | *** | par_10 |
| | 经费投入<-->制度保障 | 1.974 | 0.511 | 0.140 | 14.074 | *** | par_11 |
| | 科技中介<-->制度保障 | 2.650 | 0.469 | 0.202 | 13.147 | *** | par_12 |

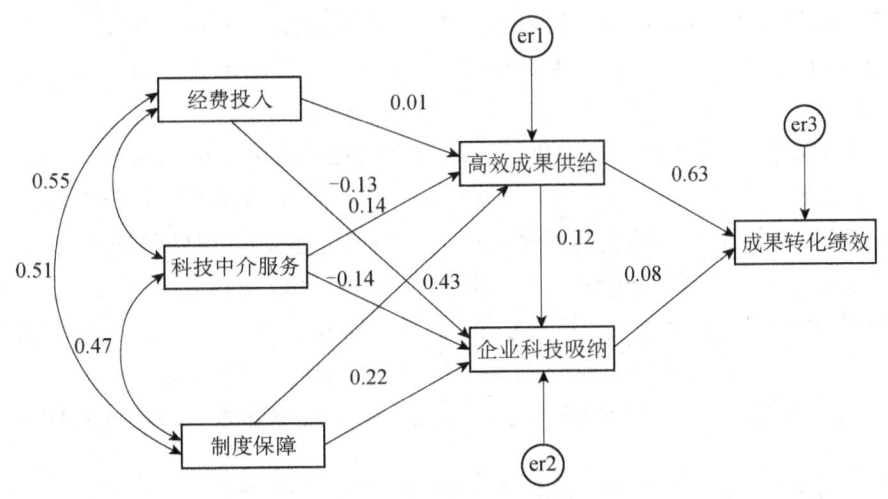

图 5-4　科技成果转化路径模型图

SEM 是以标准路径系数（$\beta$）来表示潜在变量之间的数量关系的。在 SEM 中，标准路径系数值表明了一个变量对另一个变量影响效应的大小。[①]本次研究的假设模型检验结果如下。

1）制度保障到高校成果供给的标准路径系数 $\beta=-0.135$，$C.R.=-3.562$，路径系数达到显著性水平（$p=0.000<0.001$）。这表明制度保障对高校成果供给具有显著的负向影响效应。由此，研究假设 H1a 得到验证。

2）经费投入到高校成果供给的标准路径系数 $\beta=0.007$，$C.R.=0.175$，路径系数的显著性水平 $p=0.861>0.05$。这表明经费投入对高校成果供给的影响未达到显著性水平。由此，研究假设 H3a 得到验证。

3）科技中介服务到高校成果供给的标准路径系数 $\beta=-0.127$，$C.R.=-3.238$，路径系数达到显著性水平（$p=0.001<0.05$）。这表明科技中介服务对高校成果供给具有负向的影响效应，且达到显著水平。由此，研究假设 H2a 得到验证。

4）经费投入到企业科技吸纳的标准路径系数 $\beta=0.143$，$C.R.=4.670$，路径系数达到显著性水平（$p=0.000<0.001$）。这表明经费投入对企业科技吸纳产生了非常显著的正向影响。由此，研究假设 H3b 得到验证。

5）制度保障到企业科技吸纳的标准路径系数 $\beta=0.216$，$C.R.=7.419$，路径系数达到显著性水平（$p=0.000<0.001$）。这表明制度保障对企业科技吸纳产生了非常显著的正向影响。由此，研究假设 H1b 得到验证。

6）科技中介服务到企业科技吸纳的标准路径系数 $\beta=0.426$，$C.R.=14.224$，路径系数达到显著性水平（$p=0.000<0.001$）。这表明科技中介服务对企业科技吸纳具有非常显著的正向影响效应。由此，研究假设 H2b 得到验证。

7）高校成果供给到企业科技吸纳的标准路径系数 $\beta=0.117$，$C.R.=2.895$，路径系数达到显著性水平（$p=0.012<0.05$）。这表明高校成果供给对企业科技吸纳具有显著的正向影响效应。由此，研究假设 H4a 得到验证。

8）企业科技吸纳到成果转化绩效的标准路径系数 $\beta=0.077$，$C.R.=3.065$，路径系数达到显著性水平（$p=0.002<0.05$）。这表明企业科技吸纳对成果转化绩效具有正向影响效应且达到显著水平。由此，研究假设 H5a 得到验证。

9）高校成果供给到成果转化绩效的标准路径系数 $\beta=0.628$，$C.R.=25.058$，路径系数达到显著性水平（$p=0.000<0.001$）。这表明高校成果供给对成果转化绩效产生了非常显著的正向影响。由此，研究假设 H4b 得到验证。

10）协方差统计分析结果表明，经费投入与科技中介服务的协方差估计值为

---

[①] 徐志勇，张东娇. 学校文化认同、组织文化氛围与教师满意度对学校效能的影响效应：基于结构方程模型（SEM）的实证研究[J]. 教育学报，2011，(5)：116-128.

2.795，$S.E.$=0.188，$C.R.$=14.898，两者显著相关（$p$<0.001）；经费投入与制度保障的协方差估计值为 1.974，$S.E.$=0.140，$C.R.$=14.074，两者显著相关（$p$<0.001）；科技中介服务与制度保障的协方差估计值为 2.650，$S.E.$=0.202，$C.R.$=13.147，两者显著相关（$p$<0.001）。由此，研究假设 H5b 得到验证。

（三）研究与讨论

SEM 模型验证结果表明：制度保障、科技中介服务、经费投入、高校成果供给对企业科技吸纳，高校成果供给对成果转化绩效均能直接产生显著的正向影响；制度保障对高校成果供给，科技中介服务对高校成果供给产生了直接显著的负向影响；经费投入对高校成果供给的影响不显著；企业科技吸纳在经费投入、科技中介服务、制度保障、成果供给与成果转化绩效之间起到了中介作用。

### 1. 制度保障对高校成果供给、企业科技吸纳产生了直接的显著影响

制度保障对高校成果供给具有负向影响效应，表明现有的政策对高校科研人员的知识产权、合理的技术收益缺乏有力的保护，而高校内部的评价机制偏重学术导向，这就造成了高校科研人员重视科技成果的学术价值，忽视了其市场价值，转化科技成果的意愿不高，影响了转化的效果。制度保障对企业科技吸纳具有正向的影响效应表明，与高校追求学术价值不同，企业的核心诉求是追求经济效益，一旦企业从政府科技政策中得到"甜头"，便会激发其进行技术创新的主动性。同时，这也表明良好的制度支持可以有效降低企业技术转化、创新的制度性交易成本，同时也进一步印证了政府一系列鼓励企业科技成果转化和自主创新的税费减免等政策得到了有效执行。

### 2. 科技中介服务对高校成果供给、企业科技吸纳产生了直接的显著影响

科技中介服务对高校成果供给具有负向影响效应，而对企业科技吸纳产生了直接、正向的影响效应。这表明，一方面，高校内部技术经纪人和促进科技成果转化的技术管理组织缺乏，其发挥的作用不显著，其技术经验往往多于商务经验，不能及时、准确地将自身的实用性科技成果向技术市场进行推介。另一方面，科技中介服务人员的专业化程度不高，与高校技术人员相比，科技中介服务从业人员的商务经验往往多于科技经验，更熟悉企业，而对高校科技成果缺乏深入的了解，虽然科技中介对企业技术创新发挥了积极作用，但从长远来看，如不能建立充分的市场机制，及时消解供需双方的信息不对称问题，不利于企业的深度技术

创新和长远发展。

**3. 经费投入对高校成果供给的影响不显著，对企业科技吸纳产生了直接的显著影响**

经费投入对高校成果供给的影响不显著，再次印证了高校科技成果转化经费总体投入不足、来源单一、结构不合理等突出问题。经费来源以政府财政投入为主，社会资本缺乏，经费更多被投入到基础研究阶段，中试环节和产业化论证环节投入不足，而中试和产业化论证恰恰又是提高科技成果成熟度和适用性品质的核心环节，这就大大降低了经费对高校成果供给的贡献度。经费投入对企业科技吸纳产生了显著的直接正向影响，表明政府提供经费政策支持，加大对新技术研发、产业化环节的资金投入，可以有效地提高企业对新技术的消化、吸收和创新能力，这与已有相关研究结论一致。

**4. 高校成果供给对企业科技吸纳、成果转化绩效产生了直接的显著影响**

高校成果供给对企业科技吸纳具有正向影响效应，表明只有具有转化潜力的科技成果，通过有效途径、适切方式转变、对接为企业的现实技术需求，为企业所接受，才能转变为企业的技术吸纳能力，这与科恩等的研究结果一致。高校成果供给对成果转化绩效具有正向影响效应表明，只有高校成果供给最终转化为企业的产品并实现商品化，最终才能实现转化绩效。因此，具有实用性、适切性特质的高校科技成果是实现有效转化的源头，强烈的成果供给意愿和较强的成果精准供给能力是实现绩效转化的关键因素。

**5. 企业科技吸纳在经费投入、科技中介服务、制度保障、成果供给与成果转化绩效之间起到了中介作用**

科技中介服务、制度保障分别能通过由高校成果供给和企业科技吸纳构成的链式二重中介作用，间接地影响成果转化绩效；经费投入、科技中介服务、制度保障分别能通过企业科技吸纳的完全中介作用，影响成果转化绩效。这表明科技成果转化绩效实现过程是反映科技成果转化为现实生产力的系统的动态过程，高校科技成果转化绩效是经费投入、科技中介服务、制度保障、成果供给、技术吸纳等内外部因素综合作用的结果，因此在进行相应的制度设计时，须进行整体考虑，这与伯特·梅斯等的研究结论一致。

综上所述，通过对上述模型与假设的验证，可以看出地方高校在改进科技成果转化进程中，应加强制度建设，完善科技中介服务，优化地方高校对科技成果转化的经费投入机制，提高企业对地方高校科技成果的吸纳能力，促进地方高校、企业与市场紧密结合，使地方高校科技成果更加精准地为地方经济发展服务。

## 第三节 地方高校科技成果转化的对策建议

### 一、加强制度生态体系建设

政府、地方高校、企业要在《中华人民共和国促进科技成果转化法》《中华人民共和国专利法》等国家法律框架下，优化科技成果转化相关配套制度、机制设计，并增强执行过程的协同性，形成政策合力，营造有利于科技创新的政策生态，依法保障科技成果转化利益相关主体的合法权益、合法收益，实现政策链、创新链、资金链的有机协同。政府要确保科技成果转化经费持续增长，着力健全高校科技成果转化的经费保障机制，拓宽投融资渠道，健全风险投资保障和化解机制，鼓励民间资本注入和金融支持，要优化经费投入结构、比例，引导经费向高校科技成果转化的中试和产业化论证环节倾斜，切实提高转化经费的使用效率。地方高校要建立有效的评价机制、激励机制，实行以增加知识价值为导向的激励政策，突出科技成果转化绩效在教师和科研人员薪酬、奖励、专业技术评审、职务晋升中的导向作用，适当设置科技成果转化类教师专业技术职务类型，激发教师进行科技成果转化的积极性。政府要围绕地方经济社会发展的需要，重点扶持一批中小科技型企业，激发企业进行科技创新的内生动力。企业要面向市场积极开发新产品，加大对技术人员、职工的岗位技能培训，增强自主科技创新和技术吸纳的能力。

### 二、提高科技中介服务的市场化水平

信息共享是科技成果转化过程中协同创新的经济学实质。[①]政府要着力培育、

---

① 郝丽，暴丽艳. 基于协同创新视角的科技成果转化运行机理及途径研究[J]. 科学技术哲学研究，2019，(2)：120-124.

壮大技术市场，加强技术信息服务，建立技术信息共建共享机制，扶持科技中介服务的专业化发展，切实发挥市场机制在技术市场资源配置中的决定性作用。政府应深化科技领域的"放管服"改革，放开政策门槛，降低行业准入标准，注重知识产权保护，引入竞争机制，使民间资本有序流入科技成果产品的流通领域，提高市场对科技成果的配置效率，加快高校科技成果向产品的转化进程，促进科技创新链与产业链的融通，使社会中介机构以企业法人的形式扎根于产业链的各个环节，向高校和企业提供及时、精准的科技供需信息，打破科技成果转化与创新产品的壁垒，激发全社会和全行业、企业的创新动能。

## 三、健全经费精准投资机制

首先，要构建科技成果转化多元化融资体系。高校通过多种途径，引导社会资本参与学校科技成果转化，设立由政府、学校、社会构成的高校创业投资基金，解决技术集成和孵化阶段的资金来源问题，加大对成果转化关键环节的支持力度。但这还不够，为了构建科学合理的市场化、系统化的科技成果投融资体系，政府、高校、行业、企业还应做到以下三点：一是政府要确保科技成果转化经费持续增长，拓宽投融资渠道，鼓励民间资本注入和金融支持，建立科技成果转化的市场机制，完善科技成果转化的风险投资机制，实现风险投资-银行-证券市场一体化。二是要着力健全高校科技成果转化的经费保障机制，建立科技成果转化风险共担机制，健全风险投资保障和化解机制，政府通过制定相应的政策，确定合理的补偿，实现风险投资机构、金融机构、企业、高校和科研院所共同承担科技成果转化的风险。三是加大科研经费总体投入力度，优化经费投入结构、比例，引导经费向高校科技成果转化和产业化论证环节倾斜，切实提高转化经费使用绩效。

其次，要注重对转化与研发的投入，加大对共性技术研发和中试环节的专项经费投入力度，深化经费管理制度配套改革，加强对经费使用的监督和管理。

## 四、加强科技成果有效储备和供给

地方高校要明确自身在服务区域经济发展中的主体责任，强化科技协同组织建设，加强产学研深度融合。地方高校应协同推进传统学科专业结构的调整和转型升级，推进新工科建设，重构知识生产模式、科技组织模式，构建政、产、学、研协同的科技创新机制，建设由政府、高校、科研机构、企业共建共管的，有效协同技术研发、创新创业、产业培育的一体化、集成化产教融合平台，打造"准学校、准企业"的利益共同体。[①]技术研发与创新创业应由高校、科研机构和企业协作运行，并要建立相应的管理体制及运行机制，三方通过平台协同开展技术研发与创新创业，提高教师和科技人员的技术创新能力以及适应新技术、新产业、新业态和新模式的能力，产出更多具备转化潜能的实用性科技成果；产业培育由政府和企业主导运行，并建立配套的公司制运行模式，政府、企业通过平台将地方高校教师、科研机构科研人员的技术研发、创新创意孵化成应用性技术成果或转移给科技企业，并迈向商业化、产业化。通过集成化产教融合平台建设，构建政府、高校、科研机构、企业四位一体的协同科技创新模式，使得科技成果的实验室研发、小试、中试都能在"体内"完成，这有利于提高技术成果的市场适应性和技术成熟度，一旦中试成功，便可以迅速实现产业化，实现了人才链、创新链、产业链的有机协同，这也是政产学研深度协同，提高地方高校科技成果源头精准供给能力的治本之策。

## 五、提高企业的技术吸纳能力

高校、科研院所科技成果转化的关键是企业对科技成果的需求和有效吸纳，其核心是构建以企业为主体，产学研结合的技术创新体系。一是应建立和完善以市场经济为基础，以企业法人制度为主体，以有限责任制度为核心，产权清晰、权责明确、政企分开、管理科学的现代企业制度。二是企业应建立约束机制，按照企业家的标准，按照经济运行规律，选拔企业高层管理人员，并将科技成果转化、研发绩效纳入企业高层考核评价范围，增强企业在科技创新方面的自觉性。三是政府及相关部门需重点扶持一批科技型企业，与地方高校建立紧密的合作关系，增加有效成果需求数量，促进高校、科研院所科技成果转化的良性发展。四是培育企业进行科技创新的内生动力，加强企业自身研发能力建设，加大技术人员、职工岗位技能培训和技术人才培养，增强自主创新和技术吸纳能力，保持高校成果供给和企业科技吸纳之间的动态平衡。

---

① 李玉倩，蔡瑞林，陈万明. 面向新工科的集成化产教融合平台构建——基于不完全契约的视角[J]. 中国高教研究，2018，（3）：38-43.

# 第六章　地方高校转型发展的制度变革

　　推进地方高校转型发展，需要高校重新厘定办学定位，优化学科专业设置，加强"双师型"教师队伍建设，提高应用型人才培养质量，推进科技成果转化等要素环节的协同、有序、高效推进，这均依赖于有效治理并通过有效制度建设加以固化。本章基于高校转型发展制度的历史逻辑、现实逻辑、理论逻辑、实践逻辑，在对各类制度进行深入反思的基础上，明晰症结和挑战，从结构路径（学科专业制度变革）、技术路径（人事制度、人才培养制度、科研制度等内涵发展类制度改革）、制度路径（内外部管理制度）提出促进地方高校转型发展，推进地方高校治理体系、治理能力现代化的三类可行路径。

## 第一节 地方高校转型发展的制度变迁

### 一、制度变迁的历史逻辑

从中国高等教育发展的历史来看,地方高校转型与高校转型和国家高等教育的发展变迁是一个一脉相承、有机统一的动态改革发展过程[①],高等教育改革与发展的每一个重要阶段、每一个关键节点、每一个关键事件都可以从一定程度、一定角度理解为一次转型发展。鉴于此,本书以中国高等教育改革与发展制度变迁为基本线索,立足于从宏观把握中观和微观,于从整体把握部分和局部,即从广义上探讨高校转型发展制度变迁的内在逻辑。

（一）高等教育制度体系的重构与创立阶段（1949—1966年）

中国现代高等教育起步于清末和民国时期。中华人民共和国成立后,政府并没有沿袭民国时期的高等教育体系,而是有计划、有步骤地改革了旧的高等教育制度、教育内容、教育方法,重构了新的中国高等教育体系。1949年9月,《中国人民政治协商会议共同纲领》（以下简称《共同纲领》）通过,成为政府的施政方针。《共同纲领》规定,中华人民共和国的文化教育为新民主主义的,即民族的、科学的、大众的文化教育。人民政府的文化教育工作,应以提高人民文化水平,培养国家建设人才,肃清封建的、买办的、法西斯主义思想,发展为人民服务的思想为主要任务。1951年,教育部召开第一次全国教育工作会议。会议提出,教育必须为国家建设服务,学校必须向工农开门办学。恢复和发展人民教育已成为当时的重要任务之一,这也标志着新中国高等教育正式开局起步。1952年,教育部以培养工业建设人才和师资为重点,进行了全国高校院系调整工作,相继新设钢铁、地质、航空、矿业、水利等专门学院和专业,并把私立大学全部改为公立。1955年,又调整了部分高等学校院系专业设置和布局,以改变高等学校过

---

① 中华人民共和国教育部. 教育50年大事记(1949年至1999年)[EB/OL].(2004-08-01)[2019-09-01]. http://old.moe.gov.cn/publicfiles/business/htmlfiles/moe/moe_163/200408/3444.html.

于集中在大城市和沿海地区的状况。经过两次大调整，初步形成了新中国的高等教育基本框架格局。

1957年，毛泽东在扩大的最高国务会议上作了《关于正确处理人民内部矛盾的问题》的报告，提出"我们的教育方针，应该使受教育者在德育、智育、体育几方面都得到发展，成为有社会主义觉悟的有文化的劳动者"[①]。1958年，中共中央教育工作会议确定了党的教育工作方针，即教育为无产阶级政治服务，教育与生产劳动相结合。为实现这一方针，教育工作必须由党来领导，并提出教育事业发展措施，全国相继办起了各种类型的半工半读学校。1958年，《中共中央、国务院关于教育工作的指示》发布，提出要力争以十五年左右的时间来普及高等教育。一时间各类高校纷纷成立，仅在1959年，全国新增高校就达448所，至1960年，全国高校数量达到1289所，但1963年，却又急速缩减至407所，其中消失的高校，绝大多数是1958—1960年期间密集开办的。[②]1959年，为逐步提高教育质量，中共中央指定北京大学等16所学校为重点学校。此后，又分批增加若干所学校，进行重点高等院校建设。同年的高等学校科研工作会议指出，高等学校是科学战线的一个方面军，开展科学研究是高等学校的重要任务之一。1960年，中共中央提出，文教工作必须贯彻执行"调整、巩固、充实、提高"的方针。由此，教育系统开始进行教育事业和教育政策的调整、整顿。1961年，中共中央决定由中宣部、教育部成立高等学校及中等专业学校理工农医各科教材工作领导小组，负责组织教材编写工作。1965年3月，教育部召开全国农村半工（农）半读教育会议，由此，全国再次掀起试行两种教育制度，大办半工半读学校的热潮。[③]

此阶段，中国高等教育制度转型变革具有鲜明的"革旧、去新"的强制性制度变迁特征，彻底否定了原有的高等教育体系，重构了新的高等教育体系，确立了党的教育方针，面向工农，办人民教育，并以中华人民共和国第一部宪法——《中华人民共和国宪法》的形式加以确立和保障。国家开始把高等教育事业发展纳入《中华人民共和国发展国民经济的第一个五年计划》，把高等学校的研究力量纳入国家科技发展规划，确立了实施重点院校建设制度和国家统一编写教材制度，这均是国家发展高等教育的奠基性制度安排。经过两次高等院校大调整，初步形成了中华人民共和国的高等教育基本框架格局。我国的高等教育在经历"教育大跃进"后，1961年，中共中央批准试行《教育部直属高等学校暂行工作条例（草案）》。

---

① 中国共产党新闻. 中国共产党大事记·1957年[EB/OL].（1957-02-27）[2019-09-01]. http://cpc.people.com.cn/GB/64162/64164/4416036.html.

② 国家统计局国民经济综合统计司. 新中国五十五年统计资料汇编——全国篇（1949—2004）[M]. 北京：中国统计出版社，2005：24.

③ 中华人民共和国教育部. 教育50年大事记（1960年至1969年）[EB/OL].[2021-01-15]. http://old.moe.gov.cn/publicfiles/business/htmlfiles/moe/moe_163/200408/3451.html

该条例在调查研究的基础上总结了中华人民共和国成立以来,特别是1958年"教育革命"以来教育正反两方面的经验教训,对于使全国教育工作逐步走向正轨,稳定教学秩序,改进教学工作,提高教育质量,调动知识分子的积极性,发展国家教育事业,起到了积极作用,从一定程度上起到了制度调整和改进的作用。

### (二)高等教育制度建设的停滞与拨乱反正阶段(1967—1977年)

1966年,"文化大革命"开始,我国高等教育在曲折中前进。直至1975年,教育部开始积极整顿教育工作,力争使教育战线上的局面有所扭转。这期间,邓小平同志坚定地支持和领导了教育整顿工作。1977年,邓小平建议教育战线进行拨乱反正。①同年,10月,国务院批转教育部《关于1977年高等学校招生工作的意见》,从此恢复了高等学校招生统一考试的制度。11月,教育部、中国科学院联合发出《关于1977年招收研究生的通知》。"文化大革命"期间长期中断的招收培养研究生的工作从此恢复,这标志着我国高等教育实现了拨乱反正,重新步入正确发展轨道。

### (三)高等教育制度政策规范化、法制化的健康快速发展阶段(1978—1998年)

这一阶段,高等教育重新回到正确发展航道,从此我国高等教育进入了规范化、法制化、健康化的迅速发展新时期,取得了如下几个层面的制度变迁重大进展。

#### 1. 确立了高等教育发展方针和高等教育的战略地位

1983年,邓小平为景山学校题词:"教育要面向现代化,面向世界,面向未来。"②从此,"三个面向"成为我国高等教育改革与发展的指导方针。此阶段,国家把高等教育纳入国家优先发展战略。1982年,党的十二大把农业、能源、交通、教育和科学作为经济发展的战略重点③,从此确立了教育在整个社会主义现代化建设中的战略地位。1987年,党的十三大进一步提出,必须把坚持发展教育事业放在突出的战略位置,把经济建设转到依靠科技进步和提高劳动者素质

---

① 中华人民共和国教育部. 教育史上的今天[EB/OL].(2011-09-19)[2019-09-01]. http://www.moe.gov.cn/jyb_sjzl/moe_1695/tnull_39129.html.
② 人民网. 教育要面向现代化,面向世界,面向未来[EB/OL].(2017-02-08)[2021-01-10]. http://cpc.people.com.cn/n1/2017/0208/c69113-29066863.html.
③ 中国共产党历次全国代表大会数据库. 全面开创社会主义现代化建设的新局面——胡耀邦在中国共产党第十二次全国代表大会上的报告[EB/OL].(1982-09-08)[2021-01-15]. http://cpc.people.com.cn/GB/64162/64168/64565/65448/4526430.html.

轨道上来。①1992 年，党的十四大提出，要把教育放在优先发展的战略地位，各级政府要增加教育投入，鼓励多渠道、多形式社会集资办学和民间办学，改变国家包办教育的做法②。1997 年，党的十五大提出，要切实把教育摆在优先发展的战略地位，尊师重教，加强师资队伍建设，积极发展各种形式的职业教育和成人教育，稳步发展高等教育。优化教育结构，加快高等教育管理体制改革步伐，合理配置教育资源，提高教学质量和办学效益。在国家整体高等教育方针和战略的指引下，我国高等教育走上了规范化、法制化、多样化发展的良性轨道。

2. 高等教育的常规建设制度得到了恢复和发展

1978 年初，教育部成立巡视室，标志着我国督导制度的恢复。1979 年，《关于加强外国教材引进工作的规定和暂行办法》要求快速编审出版反映国内外科学技术先进水平的社会主义新教材，提高我国高等学校的教学质量。1981 年，高等院校中原有职称制度得到恢复。1985 年，国家确定每年 9 月 10 日为教师节。1994 年，国家教育督导团建立，负责对国家有关教育工作的方针政策、法规的执行情况进行监督、检查；对各省（自治区、直辖市）政府和职能部门以及中等以下教育及有关工作的管理进行督导和评估；指导地方督导工作等。1995 年，国务院发布《教师资格条例》，对教师资格分类与适用、条件、考试、认定等做出规定，高校教师资格准入管理走上了规范化轨道。

3. 国家层面的高校科研与教学奖励制度得以建立

1985 年，教育部建立教育系统科学技术进步奖励制度，奖励高等学校在推动科学技术进步中做出重要贡献的集体和个人。1994 年，国务院发布《教学成果奖励条例》，以鼓励教育工作者从事教育科学研究，提高教学水平和质量。1990 年，国家教育委员会、国家科学技术委员会联合在北京召开全国高等学校科学技术工作会议，会议提出高校科技工作是我国科技工作十分重要的组成部分，要把建设国家重点实验室、承担重大科技攻关项目与培养人才密切结合起来。

4. 学位与研究生教育步入规范化建设与发展的良性轨道

1980 年，《中华人民共和国学位条例》颁布施行，标志着我国学位制度正式

---

① 中国共产党历次全国代表大会数据库. 沿着有中国特色的社会主义道路前进——赵紫阳在中国共产党第十三次全国代表大会上的报告[EB/OL].（1987-10-25）[2021-01-15]. http://cpc.people.com.cn/GB/64162/64168/64566/65447/4526368.html.
② 中国政府网. 加快改革开放和现代化建设步伐，夺取有中国特色社会主义事业的更大胜利——江泽民在中国共产党第十四次全国代表大会上的报告[EB/OL].（1992-10-12）[2021-01-15]. http://www.gov.cn/test/2007-08/29/content_730511.htm.

建立。1981年《中华人民共和国学位条例暂行实施办法》开始实施，教育部据此制定了研究生培养和学位授予系列规章制度。此后，我国本科生和研究生的培养能力显著增强，规模不断扩大。1984年，教育部发布《关于在部分全国重点高等院校试办研究生院的几点意见》，提出在部分全国重点高等院校试办研究生院。1985年，全国博士后科研流动站管理协调委员会确定北京大学等73个高等院校和科研机构首批试办102个博士后科研流动站。1987年，国家教育委员会发布《高等学校培养第二学士学位生的试行办法》，批准部分高校举办第二学士学位班。

**5. 办学形式、办学层次、办学类型多样化**

1980年，国务院批转教育部《关于大力发展高等学校函授教育和夜大学的意见》，指出发展高等教育应贯彻两条腿走路的方针，采取多种形式办学。1981年，国务院决定试行高等教育自学考试制度。1987年，《关于改革和发展成人教育的决定》明确提出，要从根本上改变成人教育基础薄弱状况的工作指导方针与措施，强调把开展岗位培训作为成人教育的重点。1983年，《教育部、国家计委关于加速发展高等教育的报告》提出，要积极提倡大城市、经济发展较快的中等城市和大企业举办高等专科学校和短期职业大学，院校规模不宜过小。职业大学是我国最早具有高等职业技术教育性质的学校，也是我国最早举起高等职业教育旗帜的新型大学，标志着我国高等职业教育的开端。1991年，《国务院关于大力发展职业技术教育的决定》提出，要根据20世纪90年代我国经济社会发展需要，明确职业技术教育的发展任务。1992年，《关于国家教委直属高校深化改革、扩大办学自主权的若干意见》提出，要加大高校改革力度，激活办学机制。1993年，国务院办公厅转发《国家教委关于进一步改革和发展成人高等教育的意见》，提出了成人高等教育发展的方针及任务。1995年，《关于推动职业大学改革与建设的几点意见》《国家教委关于开展建设示范性职业大学工作的通知》两个重要文件发布，进一步明确了职业大学在我国高等职业教育事业发展中应直接面向地方经济建设，担负着为地方经济建设和社会发展培养高级（部分中级）实用技术、管理人才的任务，密切围绕培养应用型人才的特点，深化教学领域的改革，努力办出高等职业教育的特色。这两项政策有利于职业大学的发展，为下一阶段快速发展高等职业教育做了政策准备。1995年，国家教委《中外合作办学暂行规定》指出，中外合作办学是中国教育对外交流与合作的重要形式，是对中国教育事业的补充。1997年，教育部在深圳召开全国高等职业教育教学改革研讨会，总结了我国高等职业教育发展的经验，研究加快发展高等职业教育的步伐和办学特色。

### 6. 高等教育重点发展战略工程相继确立和实施

1995年，《"211工程"总体建设规划》发布，这标志该工程正式被列入国民经济和社会发展中长期规划和"第九个五年计划"，并由规划设计阶段转入全面实施阶段。"211工程"是面向21世纪、重点建设100所左右的高等学校和一批重点学科的建设工程，是新中国成立以来由国家立项在高等教育领域进行的规模最大、层次最高的重点院校建设工作，是实施"科教兴国"战略的重大举措，是应对世纪之交的中国国内外形势而做出的发展高等教育的重大决策。

1998年5月4日，江泽民在庆祝北京大学建校一百周年大会上的讲话指出，"我们的大学应该成为科教兴国的强大生力军。教育应与经济社会发展紧密结合，为现代化建设提供各类人才支持和知识贡献。这是面向二十一世纪教育改革和发展的方向。大家要继续解放思想，深化改革，面向现代化，面向世界，面向未来，在教育和科研战线上努力开创人才培养、知识创新的生机勃勃的新局面。为了实现现代化，我国要有若干所具有世界先进水平的一流大学。这样的大学，应该是培养和造就高素质的创造性人才的摇篮，应该是认识未知世界、探求客观真理、为人类解决面临的重大课题提供科学依据的前沿，应该是知识创新、推动科学技术成果向现实生产力转化的重要力量，应该是民族优秀文化与世界先进文明成果交流借鉴的桥梁。"①1999年，国务院批转教育部的《面向21世纪教育振兴行动计划》，"985工程"正式启动建设。"985工程"是中国共产党和中华人民共和国国务院在世纪之交为建设具有世界先进水平的一流大学而做出的重大决策。

### 7. 中国教育法律法规体系的基本框架形成

1994年，《中华人民共和国教师法》颁布，从国家法律层面保障了教师职业的合法权益。1995年，《中华人民共和国教育法》以宪法为依据，规定了我国教育的基本性质、地位、任务、基本法律原则和基本教育制度。1996年，《中华人民共和国职业教育法》颁布实施，为发展职业教育提供了基本遵循和保障。1997年，国务院发布的《社会力量办学条例》提出，国家对社会力量办学实行积极鼓励、大力支持、正确引导、加强管理的方针。1998年，《中华人民共和国高等教育法》发布，这是一部从国家层面制定实施的高等教育专门法，凸显了高等教育在国家发展中的战略地位,该法的颁布标志着中国教育法律法规体系的基本框架已经形成。

---

① 中华人民共和国教育部. 江泽民在庆祝北京大学建校一百周年大会上的讲话[EB/OL].（1998-05-04）[2020-10-19]. http://old.moe.gov.cn//publicfiles/business/htmlfiles/moe/moe_177/200407/2475.html.

### 8. 高等教育领域的重点改革领域和举措系统推进

1985年,《中共中央关于教育体制改革的决定》明确提出,在国家统一的教育方针和计划的指导下,扩大高等学校的办学自主权,加强高等学校同生产、科研和社会其他各方面的联系,使高等学校具有主动适应经济和社会发展需要的积极性和能力。高等教育的结构,要根据经济建设、社会发展和科技进步的需要进行调整和改革。改变高等教育科类比例不合理的状况,加快财经、政法、管理等类薄弱系科和专业的发展,扶持新兴、边缘学科的成长。改变专科、本科比例不合理的状况,着重加快高等专科教育的发展;大力发展职业技术教育;逐步建立起一个从初级到高级、行业配套、结构合理又能与普通教育相互沟通的职业技术教育体系。

1993年,中共中央、国务院印发《中国教育改革和发展纲要》,制定了我国教育20世纪90年代发展的目标、战略和指导方针,提出要逐步建立以政府办学为主体、社会各界共同办学的体制。高等教育要逐步形成以中央、省(自治区、直辖市)两级政府办学为主、社会各界参与办学的新格局。该纲要也是我国改革开放时期最有指导意义的教育改革与发展决策性文件。同年,国务院批转国家教委《关于加快改革和积极发展普通高等教育的意见》,要求高等教育必须面向经济建设主战场,改革办学体制,积极发展以高新技术产业为主的校办产业。

1995年,《国务院办公厅转发国家教委关于深化高等教育体制改革的若干意见的通知》提出,要着重抓好高等教育管理体制的改革,争取到2000年或稍长一点时间,基本形成举办者、管理者和办学者职责分明,以财政拨款为主多渠道经费投入,中央和省、自治区、直辖市人民政府两级管理、分工负责,以省、自治区、直辖市人民政府统筹为主,条块有机结合的体制框架。

### (四)高等教育外延式扩张制度建设时期(1999—2010年)

1998年,《面向21世纪教育振兴行动计划》,该文件是在贯彻落实《中华人民共和国教育法》《中国教育改革和发展纲要》的基础上提出的跨世纪教育改革和发展的施工蓝图,明确提出了到2000年和2010年我国教育发展的目标,明确提出了要以重点支持的方式促使我国少数高校及其学科达到世界一流水平。该文件提出要深化改革,建立起教育新体制的基本框架,主动适应经济社会发展,大力推进高等专科教育的人才培养模式的改革,特别是改革课程结构,加强实践教学基地和"双师型"教师队伍建设,促进高等学校、科研院所和企业在技术创新和发展高科技产业中的结合。1999年,我国召开改革开放以来第三次全国教育工作会议,颁布实施了《中共中央国务院关于深化教育改革全面推进素质教育的决定》,做出了进一步扩大当年全国高校的招生规模的决定,进一步明确了高等职业教育的根本任务和办学主体;提出进一步简政放权,加大省级人民政府发展和管理本地区教育的权力以及统筹力度,促进教育与当地经济社会发展紧密结合。

1999年6月13日,《中共中央国务院关于深化教育改革,全面推进素质教育的决定》发布,提出"通过多种形式积极发展高等教育,到2010年,我国同龄人口的高等教育入学率要从现在的百分之九提高到百分之十五左右"。1998年,全国高校的招生人数为180万,1999年扩招比例高达47%,其后三年分别以25%、17%、10%的速度增长。①从此,我国高等教育规模实现了跨越式发展。目前,我国进入国际公认的高等教育大众化阶段,创造了高等教育史上发展的规模和速度奇迹。

随着我国高等教育规模的迅速扩张,高校办学同质化问题、高校人才培养趋同化、科学研究服务经济社会发展能力不高的现实问题,引起了国家以及教育相关部门的高度重视,一系列旨在促进高等教育分类发展的制度层次密集出台。1999年,《试行按新的管理模式和运行机制举办高等职业技术教育的实施意见》提出,要促进我国高等教育更好地适应经济建设和社会发展需要,加快培养面向基层,面向生产、服务和管理第一线职业岗位的实用型、技能型专门人才的速度,缓解应届高中毕业生的升学压力;积极探索以多种形式、多种途径和多种机制发展高等职业技术教育。2000年,《教育部关于加强高职高专教育人才培养工作的意见》明确要求高职高专院校以"应用""双师型"与"校企合作"为主旨和特征构建课程和教学内容体系与人才培养的基本途径。2002年,《国务院关于大力推进职业教育改革与发展的决定》中指出,推进管理体制和办学体制改革,促进职业教育与经济建设、社会发展紧密结合,加强实践教学,提高受教育者的职业能力,加强职业教育教师队伍建设。2004年,《教育部 财政部关于继续实施"985工程"建设项目的意见》指出,以建设若干所世界一流大学和一批国际知名的高水平研究型大学为目标,建立高等学校新的管理体制和运行机制,牢牢抓住21世纪头20年的重要战略机遇期,集中资源,突出重点,体现特色,发挥优势,坚持跨越式发展,走有中国特色的建设世界一流大学之路。2006年,《教育部 科技部关于进一步加强地方高等学校科技创新工作的若干意见》中指出,要加强地方高校教师队伍建设,实施人才强校战略,推动地方高校和企业在科技创新和人才培养方面的合作。

---

① 国家统计局国民经济综合统计司. 新中国五十五年统计资料汇编——全国篇(1949—2004)[M]. 北京:中国统计出版社,2005:18-19.

毋庸置疑，这一时期的高等教育外延式发展使我国迈进了世界高等教育大国行列。这均是国家高等教育规模扩张政策的作用使然。同时，此时期国家高等教育规模扩张政策与克服同质化和多样化发展政策相互作用，但规模扩张政策居于主导地位，由此造成了高校发展的盲目性和规模冲动，缺乏分类指导和发展，造成了高校办学同质化问题，经济社会发展对人才多样化的需求与高校人才供给结构单一的矛盾开始显现，迫切需要中国高等教育从外延式发展向内涵式发展转变。

（五）高等教育内涵式发展制度政策建设时期（2011年至今）

《国家中长期教育改革和发展规划纲要（2010—2020年）》于2010年7月29日正式颁布实施，成为指导我国高等教育未来十年改革发展的纲领性政策。该纲要对高等教育和高等职业教育做出了全面规划和部署。该纲要提出要全面提高高等教育质量，建设高等教育强国，即到2020年，高等教育结构更加合理，特色更加鲜明，人才培养、科学研究和社会服务整体水平全面提升，建成一批国际知名、有特色、高水平的高等学校，若干所大学达到或接近世界一流大学水平，高等教育国际竞争力显著增强。

该纲要提出要全面提高人才培养质量，大力推进研究生培养机制改革；提升科学研究水平，增强社会服务能力，推进产学研用结合，加快科技成果转化；优化结构办出特色，适应国家和区域经济社会发展需要，建立动态调整机制，不断优化高等教育结构。优化学科专业、类型、层次结构，促进多学科交叉和融合。重点扩大应用型、复合型、技能型人才培养规模。加快发展专业学位研究生教育。优化区域布局结构；促进高校办出特色。建立高校分类体系，实行分类管理。发挥政策指导和资源配置的作用，引导高校合理定位，克服同质化倾向，形成各自的办学理念和风格，在不同层次、不同领域办出特色，争创一流。

该纲要还提出要加快建设一流大学和一流学科。以重点学科建设为基础，继续实施"985工程"和优势学科创新平台建设，继续实施"211工程"和启动特色重点学科项目。改进管理模式，引入竞争机制，实行绩效评估，进行动态管理。培养一批拔尖创新人才，形成一批世界一流学科，产生一批国际领先的原创性成果，为提升我国综合国力贡献力量。

该纲要强调要加强职业教育基础能力建设，支持建设一批职业教育实训基地，提升职业教育实践教学水平；完成一大批"双师型"教师培训，聘任（聘用）一大批有实践经验和技能的专兼职教师，支持高等职业教育示范校建设，支持一批示范性职业教育集团学校建设，促进优质资源开放共享。

2012年，《教育部 财政部关于实施高等学校创新能力提升计划的意见》（简称"2011 计划")发布,"2011 计划"是贯彻时任总书记胡锦涛同志在清华大学百年校庆重要讲话精神,全面提高高等教育质量,支撑人力资源强国和创新型国家建设的重要举措;是继"211 工程""985 工程"之后,启动实施的第三个体现国家意志的高等教育重大专项计划,是高等教育发展新的里程碑。"211 工程""985 工程"重在学科、人才、平台等创新要素的发展,重在高校内部的建设。"2011 计划"重在高校的机制体制改革,重在推动高校内部以及与外部创新力量之间创新要素的融合发展,建立协同创新模式,从而能带动与推进"211 工程""985 工程"的实施。

2012 年,《教育部关于印发〈高等教育专题规划〉的通知》发布,通知要求推进高等教育改革创新。以培养人才为根本,统筹高等学校的教学、科研和社会服务协调发展,以适应社会需求为导向,统筹各类型各层次高等学校协调发展。同年,《教育部关于全面提高高等教育质量的若干意见》发布,提出推进试点学院改革,建立教育教学改革试验区,在部分高校设立试点学院,探索以创新人才培养体制为核心、以学院为基本实施单位的综合性改革,改革人才培养模式与教师管理制度。

2014 年 3 月,《国家新型城镇化规划(2014—2020 年)》针对地方高校服务区域经济问题,进一步明确了转型发展的相关要求。2014 年 5 月,《国务院关于加快发展现代职业教育的决定》下发,指出根据区域发展特别是产业转型升级需求,采取试点推动、示范引领等方式,引导一批本科高等学校向应用技术类型高等学校转型,重点举办本科职业教育。2014 年 6 月,教育部等六部门印发《现代职业教育体系建设规划(2014—2020 年)》,规划指出,应用技术类型高等学校是高等教育体系的重要组成部分,与其他普通本科学校具有平等地位,要在办好现有专科层次高等职业(专科)学校的基础上,发展应用技术类型高校,培养本科层次职业人才。

2015 年 3 月,《中共中央 国务院关于深化体制机制改革加快实施创新驱动发展战略的若干意见》下发,该意见指出要构建创新型人才培养模式,以人才培养为中心,着力提高本科教育质量,加快部分普通本科高等学校向应用技术型高等学校转型。

2015 年 10 月,《教育部 国家发展改革委 财政部关于引导部分地方普通本科高校向应用型转变的指导意见》指出,贯彻落实党中央、国务院关于引导部分地方普通本科高校向应用型转变(简称转型发展)的决策部署,推动高校转型发展。随后,江西省、河北省、浙江省、河南省、辽宁省等多个省份先后发布地方高校转型试点学校的工作通知,分别从学科专业建设、人才培养、科学研究、教师队伍、服务社会、学校管理等不同层面推动转型工作，并跟进相关评估工作，对试点高校转型发展给予政策支持。

2016年3月，《高等职业院校适应社会需求能力评估暂行办法》指出，要全面了解高等职业院校办学情况，引导高等职业院校充分发挥办学主体作用，加强内涵建设，促进产教融合、校企合作，激发学校办学活力，提高高等职业院校人才培养能力，更好地服务地方经济社会发展，适应行业发展需要。

2017年1月，国务院印发《国家教育事业发展"十三五"规划》，指出要推进高等教育分类发展、合理布局，推动具备条件的普通本科高校向应用型转变，提高应用型、技术技能型和复合型人才培养比重。

2015年10月，国务院印发《统筹推进世界一流大学和一流学科建设总体方案》，对新时期高等教育重点建设做出新部署，决定统筹推进建设世界一流大学和一流学科，将"211工程""985工程"及"优势学科创新平台"等重点建设项目统一纳入世界一流大学和一流学科建设。2017年1月，教育部、财政部、国家发展和改革委员会联合印发《统筹推进世界一流大学和一流学科建设实施办法（暂行）》，提出到2020年，若干所大学和一批学科进入世界一流行列，若干学科进入世界一流学科前列；到2030年，更多的大学和学科进入世界一流行列，若干所大学进入世界一流大学前列，一批学科进入世界一流学科前列，高等教育整体实力显著提升；到本世纪中叶，一流大学和一流学科的数量和实力进入世界前列，基本建成高等教育强国。

2017年2月，《教育部关于"十三五"时期高等学校设置工作的意见》发布，指出引导高等学校科学定位、各安其位、内涵发展、办出特色，全面提升高等教育人才培养、科学研究、社会服务和文化传承创新整体水平。推动具备条件的普通本科学校向应用型转变，将办学思路真正转到服务国家和区域经济社会发展上来，把办学定位转到培养应用型和技术技能型人才上来，把办学模式转到产教融合校企合作上来。

2017年10月，党的十九大报告提出，要优先发展教育事业。建设教育强国，加快教育现代化，办好人民满意的教育。完善职业教育和培训体系，深化产教融合、校企合作。加快一流大学和一流学科建设，实现高等教育内涵式发展。

2017年12月，《国务院办公厅关于深化产教融合的若干意见》指出，要深化职业教育、高等教育等改革，发挥企业重要主体作用，促进人才培养供给侧和产业需求侧结构要素全方位融合，培养大批高素质创新人才和技术技能人才，为加快建设实体经济、科技创新、现代金融、人力资源协同发展的产业体系，增强产业核心竞争力，汇聚发展新动能提供有力支撑。

2019年1月，国务院印发《国家职业教育改革实施方案》，指出，从2019年开始,在职业院校、应用型本科高校启动"学历证书+若干职业技能等级证书"制度试点工作。推动具备条件的普通本科高校向应用型转变,鼓励有条件的普通高校开办应用技术类型专业或课程,推动校企全面加强深度合作,打造一批高水平实训基地,多措并举打造"双师型"教师队伍,完善技术技能人才保障政策,由追求规模扩张向提高质量转变。

2019年2月,中共中央、国务院印发《中国教育现代化2035》,提出提升一流人才培养与创新能力。分类建设一批世界一流高等学校,建立完善的高等学校分类发展政策体系,引导高等学校科学定位、特色发展。持续推动地方本科高等学校转型发展。加快发展现代职业教育,不断优化职业教育结构与布局。推动职业教育与产业发展有机衔接、深度融合,集中力量建成一批中国特色高水平职业院校和专业。优化人才培养结构,综合运用招生计划、就业反馈、拨款、标准、评估等方式,引导高等学校和职业学校及时调整学科专业结构。加强创新人才特别是拔尖创新人才的培养,加大应用型、复合型、技术技能型人才培养比重。加强高等学校创新体系建设,建设一批国际一流的国家科技创新基地,加强应用基础研究,全面提升高等学校原始创新能力。探索构建产学研用深度融合的全链条、网络化、开放式协同创新联盟。提高高等学校哲学社会科学研究水平,加强中国特色新型智库建设。健全有利于激发创新活力和促进科技成果转化的科研体制。

综上所述,这一时期,国家通过持续推进"211工程""985工程""2011计划""双一流",以及党的十九大和《教育现代化2035》等一系列国家重大战略,旨在打造我国高等教育的制高点,全面提高我国高等教育的国际核心竞争力,提升高等教育服务支撑国家战略的能力。与此同时,国家通过倡导大力发展高等职业教育,积极推进地方高校转型发展,优化高等教育类型结构、层级结构、学科专业结构,推动地方高校更好地服务区域经济社会发展,走优质特色发展之路。两个层面的政策相互支撑,"顶天"与"立地"相结合,全面与重点相结合,全面推进了我国高等教育从外延扩张向内涵式转变,加快了中国从高等教育大国迈向高等教育强国的进程。

## 二、制度变迁的理论逻辑

（一）制度的演进逻辑

1. 高校转型发展制度变迁的动力机制：制度的供求分析

制度经济学对制度的选择及变迁问题的研究常以"需求—供给"理论作为分

析工具。制度需求是制度变迁的主要动力。制度变迁的过程是一种制度由非均衡到均衡的动态发展过程。从制度供给的视角审视我国高校转型制度的演进，不难发现制度供给与制度需求的矛盾均不同程度地存在。

第一阶段，中华人民共和国成立，面对打破旧制度，重构中国高等教育制度体系，面向工农，办人民教育，成为高等教育制度的刚性需求，这一时期的制度供给通过将高等教育制度建设成果纳入《中华人民共和国宪法》加以巩固和确认。高等教育发展被纳入国民经济发展规划和国家科技发展规划，确立了重点院校建设和教材编写制度等关键制度，通过两次院校调整，形成了中国的高等教育基本框架格局。但这种制度的供给带有较强的苏联高等教育模式印记，存在急于求成的问题，制度的系统性建设不够，还处于一种制度供给的初级阶段。再加之高等教育在经历"教育大跃进"的洗礼后，制度建设与供给的进程在一定程度上受到阻滞。直到 1961 年《教育部直属高等学校暂行工作条例（草案）》及时总结了中华人民共和国成立以来特别是 1958 年"教育革命"以来教育正反两方面的经验和教训，才使全国高等教育工作逐步走向正轨，对稳定高等教育秩序起到了调节和改进的作用。

第二阶段，我国高等教育经历了"文化大革命"，这一时期高等教育秩序遭到破坏，高校正常的教学活动受到严重影响，我国高等教育损失了大批优秀人才，高等教育改革与发展处于停滞阶段，相应的高等教育制度建设也处于停滞状态，有效的制度供给亦然。

第三阶段，经过国家对教育的拨乱反正，高等教育重新回到正确发展轨道，从此我国高等教育进入了规范化、健康、迅速发展的新时期，高等教育发展方针和高等教育的战略地位、高等教育的常规建设制度、高校科研与教学奖励制度、学位与研究生教育制度、办学体制、教育类型结构、高等教育重点发展战略工程、中国教育法律法规体系以及高等教育领域的重点改革领域等多个层面的重大制度改革得到了系统推进。但此阶段的制度供给仍然是一种恢复性制度供给，即恢复到前两个阶段国家所设计的高等教育制度体系框架所应具备的配套制度。此阶段的制度供给是与计划经济体制相配套和衔接的高等教育制度供给，但随着改革开放的日益深入，社会主义市场经济体制逐步确立，高等教育体制的弊端日益凸显，高等教育培养人才的单一性、刚性与市场经济条件对人才多样性、多层次的需求不匹配。这一时期，国家也强化了相应的制度供给，如倡导办学类型和结构多样化，大力发展职业技术教育，培养社会需要的建设型人才，但此种供给处于从属地位，仍然是"冰山一角"。

第四阶段，高等教育外延式扩张的制度建设居于主流，而此种制度供给并不完全是高等教育发展的内生需求，而是基于一种外在的国家主义的政治、经济要求。此阶段持续推进"211 工程""985 工程"，主要是立足于增强国家的综合实力及高等教育、科技的国际竞争力和影响力。此阶段，高等教育领域实施扩大招生制度，通过分析其政策背景不难发现，为应对 1998 年的亚洲金融危机，我国将高校扩招作为扩大内需、刺激经济增长的重要手段。当时，据经济学家测算，1999 年增加 48 万普通高校学生，预期导致本年度国民经济总产出增量至少为 70 亿～80 亿元。①由此可见，高校外延扩张的制度政策设计主要是基于政治逻辑和经济逻辑，而非高等教育自身的发展逻辑，高等教育规模扩大了，但其内部结构、人才培养质量、办学质量出现缩水，高校办学出现同质化，经济社会发展对人才多样化的需求与高校人才供给结构单一的矛盾开始显现。

第五阶段，伴随着我国高等教育由大众化阶段逐渐向普及化发展，此阶段的制度供给以解决高等教育内涵式发展问题为核心旨趣。一方面，在制度供给上，国家通过推出"2011 计划""双一流"建设政策，旨在进一步打造国家高等教育的制高点；另一方面，绝大多数地方高校的办学定位不清晰、办学质量不高、服务经济社会发展的能力不强，从而陷入了"高不成，低不就"的尴尬境地。在此关键制度需求节点，国家正式推出了引导地方普通本科高校向应用型转变的一系列相关政策，引导地方高校合理定位、分类发展、特色发展。与此相呼应，各省相继出台了相应的政策和措施，一场地方高校转型发展的大幕徐徐拉开。但是，地方高校转型发展与高等职业教育的本质区别在于，地方高校转型发展多是聚焦在专业转型，集中在本科层次，并未触及学科以及学科专业的协同转型发展，而学科及其结构恰恰是影响学校定位和功能发挥的核心要素。因此，此种制度供给依然是大规模浮于表层的制度供给，供给质量依然有较大的改进空间。

2. 高校转型发展制度变迁的惯性：路径依赖分析

制度经济学认为，由一个共同体共享的基本价值系统及其元规则是相对稳定的。在制度变迁中存在着路径依赖性，制度系统会在相当程度上顺从惯性。②例如，从社会学角度来解释，其类似于社会规范的习俗化过程。路径依赖理论对于解读我国高校转型发展制度变迁具有重要的现实意义。综而观之，我国高校转型发展主要存在两种路径依赖：其一，计划管理体制的路径依赖。从高等教育制度体系在计划经济体制下得以重建，到"文化大革命"期间全面停滞，再到"文化

---

① 文夏. 高校扩招纵横谈[EB/OL]. （2019-06-05）[2020-09-27]. http://www.people.com.cn/GB/paper81/661/77222.html.
② 柯武刚, 史漫飞. 制度经济学——社会秩序与公共政策[M]. 韩朝华译. 北京：商务印书馆, 2008：476.

大革命"后恢复和发展，都是在计划体制下的改进和调整。如今，如何有效推进高校"放管服"改革，扩大高校办学自主权，依然是一个亟待破解的重要议题；其二，重点院校、学术取向、精英教育的路径依赖明显。从第一阶段的1959年中共中央确定北京大学16所高校为重点建设高校，到第二阶段的1984年教育部在全国22所重点高校试办研究生院，从"211工程""985工程""2011计划"到"双一流"，均是国家主导下一以贯之的重点院校建设制度路径依赖。此种路径依赖给其他普通高校带来了显著的"示范效应""锁定效应"，致使地方高校不顾办学基础，盲目照搬重点院校办学模式，从而形成了同质化的路径依赖。所以，当国家层面上做出引导部分地方本科院校向应用型转型的决策时，对自身办学定位不清的地方高校率先"慌了神"。①此种制度依赖的形成，有两个因素不容忽视：其一，对既有教育制度执行的惯性使然，因为沿着原有的制度变化路径和既定方向往前走，总比另辟蹊径进行转型要方便一些，可节约制度建设和新制度执行的成本；其二，一种制度选择形成以后，会形成在该种体制中有既得利益的压力集团。既得利益集团不会轻易进行自我"革命"，从而使得地方高校在我国既有的高校制度体系框架下，不断得到自我强化，使制度运行被"锁定"在低效的状态循环，严重阻碍了地方高校转型发展的进程。这就迫切需要国家主导的强制性制度变迁与诱致性制度变迁相结合，打破固化的高等教育利益配置格局，建立相应的约束与激励机制，打破固有教育制度变迁的路径依赖，在高校自身学术发展的内部规律与适应经济社会发展的外部规律之间找准平衡点和关键要素并集中发力，全面推动地方高校向服务地方经济发展的应用型大学方向迈进，并得到相应政策的激励与支持，从而形成可持续发展、优质特色发展的成功路径依赖。

### 3. 高校转型发展制度变迁的国家因素：政府的责任与边界

制度经济学认为，在社会的所有制度安排中，政府是最重要的一个，是同辈中的"长者"。政府可以采取行动来矫正制度供给不足，强制性制度变迁是由政府法令引起的变迁，诱致性制度变迁虽然是自发性制度变迁，通常也需要政府行动来加以促进。②毋庸置疑，在强制性制度变迁过程中，政府是主体，发挥着决定性作用，而在诱致性制度变迁中，政府主要是以法律、命令等形式承认由个人或团体创立的新制度，即对其合法性给予认定。成功的制度变迁，不仅在于政府作为制度供给主体的积极作为，还对包括政府在内的相关主体责任及其边界进行清晰的界定，这是

---

① 马世洪，曲绍卫. 地方本科高校"转型"：困惑、论争与突破[J]. 职教论坛，2015，(10)：43-47.
② 林毅夫. 关于制度变迁的经济学理论：诱致性变迁与强制性变迁//R. 科斯，A. 阿尔钦，D. 诺斯等. 财产权利与制度变迁——产权学派与新制度学派译文集. 刘守英等译[M]. 上海：上海人民出版社，1991：374.

制度变迁取得成功的关键。纵观我国高校转型发展制度变迁的五个阶段，均体现出政府主导的自上而下的强制性制度变迁模式，此种制度变迁模式与我国高等教育国家举办、高等教育国家计划的管理模式密切相关。但随着社会主义市场经济体制的确立，市场在资源配置中发挥决定性作用，以相关行业、企业为代表的社会主体及市场主体作为一个新的独立要素加入进来，形成了政府、市场、高校、社会新的利益格局。当下，如何处理好政府、社会与学校的关系已成为推进高等教育治理现代化的核心议题。[①]政府作为地方高校转型发展制度变迁的主体，要逐渐回归有限理性，明确与高校之间的责任边界，通过深入推进"放管服"改革，从微观管理领域退出，扩大高校的办学自主权，建立市场和社会参与的高校治理机制。

（二）制度变迁价值取向

1. 兼顾效率与公平的制度供给取向

如前所述，我国高校转型发展的制度变迁模式为政府主导下的强制性制度变迁。此种模式中，政府为制度变迁主体，以制度利益相关者利益一致性为前提，采取自上而下的运行方式，推进制度的制定与改进，具有制度变迁成本低、效率高的优势。从我国地方高校转型发展制度变迁的总体进程来看，此种制度变迁模式发挥了积极作用。但从具体某一个或几个阶段，或从具体制度来看，此种变迁模式也产生了正反两种截然不同的功效。从我国高等教育制度体系重构到规范化、法制化发展，从外延式扩张到内涵式发展，此种制度变迁模式居功至伟，也较地好兼顾了效率与公平的关系，尤其是外延式扩张的高等教育制度既体现了制度变迁效率，又扩大了民众接受高等教育的权利和机会，也促进了公平。在第二个阶段，"文化大革命"全面否定了既定的制度体系，效率虽"高"，但对中国高等教育和社会发展的破坏程度也最大。此时，强制性制度变迁模式真可谓"成也萧何败也萧何"。由此可见，制度变迁模式是中性的，制度变迁能否较好地兼顾效率与公平，能否取得预期绩效，关键在于制度自身的实质正义性，即制度是否代表了绝大多数利益相关者的公共利益，是否彰显了公共理性。因此，强制性制度变迁不是放之四海而皆准的唯一可行模式。诱致性制度变迁来自地方政府和微观主体对潜在利润的追求，具有自我协调的功能，具有内在的优化演进机制和广泛的决策修正机制。[②]诱致性制度变迁在制定供给方面持公平、民主取向，可以弥补强制性制度变迁的不足。其实，

---

① 王者鹤. 新建地方本科院校转型发展的困境与对策研究——基于高等教育治理现代化的视角[J]. 中国高教研究，2015，（4）：53-59.

② 卢现祥. 新制度经济学[M]. 武汉：武汉大学出版社，2011：193.

在高校转型发展制度变迁的五个阶段中，也不乏诱致性制度变迁方面的成功范例。例如，举办面向工农的人民高等教育、制定高校科研和教学奖励制度、鼓励办学主体的多元化、扩大高校的办学自主权、扩大高校招生规模、鼓励学校分类发展、强调多元主体共同参与高等教育治理等均在不同程度、不同范围激发了制度利益相关主体对制度的认同与执行动力，发挥了对强制性制度变迁的有益补充的功能。综上所述，我国地方高校转型发展制度变迁的路径应该是兼顾效率与公平，将强制性制度变迁方式与诱致性制度变迁方式有机结合，培育制度变迁整合模式，建立不同利益主体利益的整合与表达机制，以提高制度变迁的绩效。

2. 政府、地方高校与社会有机结合的制度运行和改革取向

作为现代教育制度的突出特征，办学体制多元化已经是大势所趋。[①]随着改革开放的不断深入和社会主义市场经济的不断完善，政府积极鼓励社会力量、民间资本参与办学，加快推进民办高等教育发展，使之成为公办高等教育的有益补充，已成为一种发展方向。例如，在第三个阶段，1997年，国家颁布实施的《社会力量办学条例》就明确提出了国家对社会力量办学实行积极鼓励、大力支持、正确引导、加强管理的方针。如今，民办高等教育发展方兴未艾的良好局面就是一个最好的证明。同时，推动地方高校转型发展，就是要增强高校与地方经济社会发展的深度融合和有机互动。无论是"2011计划"还是推动地方高校转型发展的相关政策，均是在不同层面、不同程度强化这种理念，强化这种要求。其最终的目的在于，通过秉持政府、地方高校与社会有机结合的制度运行和改革取向，构建地方高校、政府、社会之间的新型合作关系，加强高校与行业、企业、社会的深度互动，提高高校的社会适应性品质，这样才能更加有效地保证我国地方高校转型发展取得预期成效，从而真正实现地方高校转型发展制度变迁的目标。

3. 兼顾整体、均衡的制度变革取向

成功的制度变迁，关键要先有一个整体、长远的框架性设计。地方高校转型发展的制度变迁与高等教育制度变迁相比较而言，前者属于局部性制度变迁，后者属于整体性制度变迁。整体性制度变迁的本质要求在于各种制度间的协调、配套。因此，地方高校转型发展的制度变迁要在高等教育的整体制度变迁框架下进行，必须与整体制度变迁有机互动、相互协调，保持一种整体上的动态关联。同时，地方高校转型发展的制度变迁还要与我国高等教育行政管理制度、高校学科专业制度、高校人事制度、高校人才培养制度、高校科研管理制度、高校内部治

---

① 徐晓东，邵文其，洪仙瑜. 社会转型与办学体制创新[M]. 杭州：浙江大学出版社，2004：75-76.

理结构变革配套进行,协调推进。同时,还应看到非正式制度变迁在制度变迁中的作用,其实推动地方高校转型发展并非空穴来风,早在20世纪80年代,国家就明确从制度上提出大力发展职业教育、培养应用型人才、培育"双师型"教师,正式制度变迁的历程可谓不短,但效果却不佳。究其根源,我们可以从配套的非正式制度变迁没有协同跟进找到原因。例如,"学而优则仕"的传统文化观念的影响,对职业人才的社会认同度低等。因此,推进地方高校转型发展,培养应用型人才,应坚持正式制度变迁与非正式度变迁相结合,切实提高职业技能人才的社会认同度和职业声望,这也是最为关键的非正式制度变迁。

## 三、制度变迁的实践逻辑

后实证主义和自然科学主义哲学是自然连贯主义教育理论的哲学基础。后实证主义哲学与实证主义哲学的主要差异在于,科学知识的来源不是事实,而是价值事实,科学知识不是被事实而是被价值事实所验证。自然主义哲学认为,世界是由自然实体所构成的,反对任何超自然实体的存在。它一般用自然科学的成果来诠释社会实践问题。回到教育学话语中来,教育哲学最终要遵循教育实践逻辑。高等教育实践需要多种要素相互影响、共同作用。地方高校转型发展的制度体系是由多个要素共同构成的。地方高校转型发展制度设计的核心是要将围绕高等教育实践活动的发展要素进行组合优化。美国学者墨菲(J. Murphy)和路易斯(K. Louis)均提出,在具象化的教育实践活动中,主要可以分解成为学校与外部环境的关系、学校自身教学过程与政府对学校的领导这三个层面。潘懋元先生和贺祖斌认为,地方高校向应用型转型,关键在于办学质量的提高、教学方式的改革与教师的专业化发展。这要求高等教育研究要更加重视微观教学方面的研究和教学文化建设,高等教育内涵式发展是多维的,要在兼顾学科专业、教师队伍制度的建设时意识到,以上二者都是为了能够实现提高人才培养质量这一根本育人目标,而高校的学科、科研建设也是为了使高校能够更充分地服务于地方社会经济发展。[1]上述中外学者关于高校发展核心层面的论述,为本研究的制度设计提供了丰富的方法论参照坐标。

地方高校在进行总体制度设计时,要充分考虑区域高等教育发展实践和实际发展状况,要遵循政府、学校、行业企业、社会第三方主体等多主体共同构建形成的高等教育办学制度框架体系。本研究所界定的地方高校转型整体制度框架体系的设计包括办学目标的确定、学校转型要素的厘定、制度要素的确定、制度设计四个层

---

[1] 潘懋元,贺祖斌. 关于地方高校内涵式发展的对话[J]. 高等教育研究,2019,(2):34-38.

面。其中，办学目标的确定是整体制度构建的逻辑前提，具体可分解为确定高校转型发展理念，对转型过程做出整体规划，以办学目标引领转型发展。转型要素是进行转型发展制度设计的重要依据，本研究将其归纳为 5 个重点面向，即学科专业建设、人才培养模式、师资队伍建设、科学研究、学校管理，上述各自对应不同的制度要素，制度要素之间彼此关联、相互影响、相互支撑。在确定了制度要素后，依照要素目标、要素功能和转型内容进行地方高校整体转型系统的制度设计。本研究遵循继承和弘扬的方法论原则，通过上述的地方高校转型发展制度设计的具体步骤，对历史和当下现行的地方高校制度进行梳理与比较，通过对原有制度进行修改完善与出台新制度这两条路径，构建出了一套与地方高校转型发展相匹配的制度体系。

制度设计的 5 个要素，即学科专业建设制度、师资队伍建设制度、人才培养制度、科学研究制度、高校管理制度之间也存在着相互依存的关系。学科专业建设制度是从顶层指导层面来解决培养何种人才的问题；师资队伍建设制度与科学研究制度是实现转型目标，也就是培养应用型人才的手段；人才培养制度则是地方高校保障其办学质量的核心；师资队伍建设制度与科学研究制度则是通过影响人才培养制度最终影响地方高校办学质量；高校管理制度则是通过对学科专业制度、教师队伍建设制度、人才培养制度、科学研究制度的调整，影响和固化地方高校转型的方式。以上要素相互结合、相互影响，最终都指向地方高校办学质量的提升，形成了一个具有逻辑自洽的地方高校转型发展制度框架体系（图 6-1）。

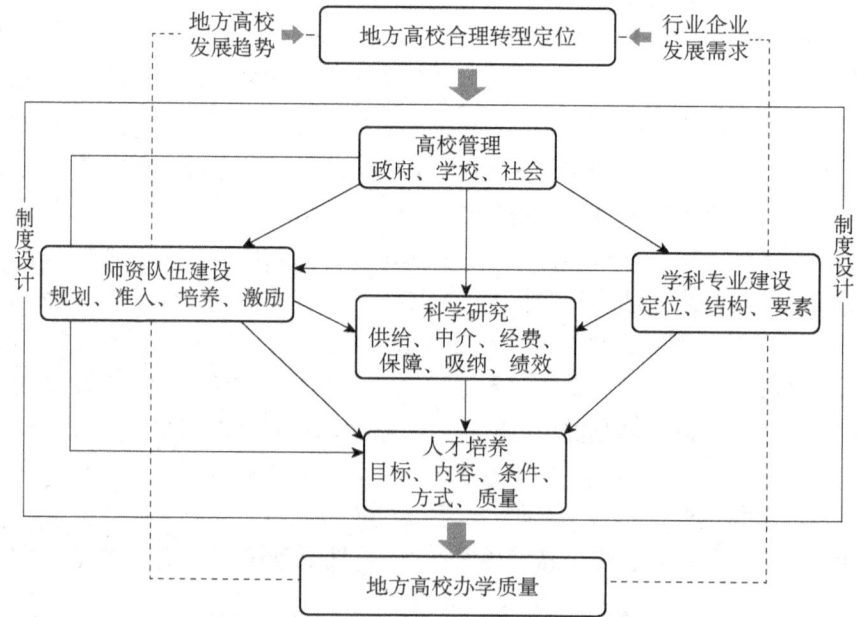

图 6-1 地方高校转型发展制度建设的实践逻辑与影响因素结构图

## 四、地方高校转型发展制度的实证研究

地方高校转型发展是一个多要素、多种制度综合的有机互动过程,其最终的目标是促进高校办学质量的提升,实现高质量发展。这就需要在理论论证和分项实证研究的基础上,进一步从整体上基于要素关联的视角,论证地方高校转型发展中各项核心要素及制度之间作用的机理,进而为制度设计提供有力的证据。

### (一)各要素的相关分析

皮尔逊积差相关分析结果表明,地方高校办学质量与学科专业建设、人才培养、科学研究、师资队伍、高校管理之间在0.01水平上显著相关;高校管理与学科专业建设、人才培养、师资队伍之间在0.01水平上显著相关;师资队伍与学科专业建设、人才培养在0.01水平上显著相关,师资队伍与科学研究在0.05水平上显著相关;科学研究与学科专业建设在0.01水平上显著相关,科学研究与人才培养在0.05水平上显著相关;人才培养与学科专业建设在0.01水平上显著相关;高校管理与科学研究的相关关系不显著,这可能与样本比例较大有关(表6-1)。

表6-1 地方高校转型发展核心要素相关分析

| 要素 | 学科专业建设 | 人才培养 | 科学研究 | 师资队伍 | 高校管理 | 高校办学质量 |
| --- | --- | --- | --- | --- | --- | --- |
| 学科专业建设 | 1 | | | | | |
| 人才培养 | 0.761** | 1 | | | | |
| 科学研究 | 0.129** | 0.068* | 1 | | | |
| 师资队伍 | 0.863** | 0.757** | 0.068* | 1 | | |
| 高校管理 | 0.417** | 0.417** | −0.050 | 0.709** | 1 | |
| 高校办学质量 | 0.488** | 0.488** | 0.198** | 0.437** | 0.205** | 1 |

### (二)各要素对转型高校办学质量影响的路径分析

#### 1. 初始路径图构建

根据相关理论和文献,本次研究构建了一个初始路径图。根据初始路径图,本次研究预设变量间因果关系影响的路径共有25条(图6-2)。

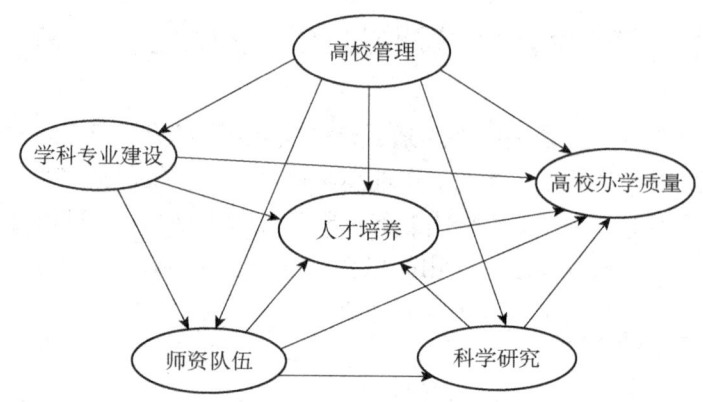

图 6-2　地方高校转型发展初始路径图

其一，学科专业建设变量对高校办学质量的影响路径共有 5 条：①学科专业建设变量直接影响高校办学质量，此为直接效果；②以人才培养为中介变量，影响高校办学质量，此为间接效果；③以师资队伍为中介变量，影响高校办学质量，此为间接效果；④学科专业建设变量影响师资队伍，进而影响人才培养，最终影响高校办学质量，此为间接效果；⑤学科专业建设变量影响师资队伍，进而影响科学研究，最终影响高校办学质量，此为间接效果。

其二，人才培养变量对高校办学质量的影响路径只有 1 条，即人才培养直接影响高校办学质量，此为直接效果。

其三，科学研究变量对高校办学质量的影响路径共有 2 条：①科学研究变量对高校办学质量的直接影响，此为直接效果；②以人才培养为中介变量，影响高校办学质量，此为间接效果。

其四，师资队伍变量对高校办学质量的影响路径共有 4 条：①师资队伍变量直接影响高校办学质量，此为直接效果；②以人才培养为中介变量，影响高校办学质量，此为间接效果；③以科学研究为中介变量，影响高校办学质量，此为间接效果；④师资队伍变量影响科学研究，进而影响人才培养，最终影响高校办学质量，此为间接效果。

其五，高校管理变量对高校办学质量的影响路径共有 13 条：①高校管理变量直接影响高校办学质量，此为直接效果；②以人才培养为中介变量，影响高校办学质量，此为间接效果；③以科学研究为中介变量，影响高校办学质量，此为间接效果；④高校管理变量影响科学研究，进而影响人才培养，最终影响高校办学质量，此为间接效果；⑤以学科专业建设为中介变量，进而影响师资队伍，最后影响高校办学质量，此为间接效果；⑥以学科专业建设为中介变量，影响师资队伍，进而影响人才培养，最终影响高校办学质量，此为间接效果；⑦高校管理变量影响学科专业建设，进而影响师资队伍，接着影响科学研究，最后影响高校办学质量；⑧高校管理变量影响学科专业建设，进而影响师资队伍建设，接着影响科学研究，然后影响人才培养，最终影响高校办学质量；⑨高校管理变量影响学科专业建设，然后影响高校办学质量；⑩影响师资队伍后，再影响高校办学质量；⑪高校管理变量影响师资队伍，接着影响人才培养，最后影响高校办学质量；⑫高校管理变量影响师资队伍，接着影响科学研究，最后影响高校办学质量；⑬高校管理变量影响师资队伍，接着影响科学研究，然后影响人才培养，最后影响高校办学质量。

2. 路径模型检验

根据上述初始路径图，需要进行以下五个复回归分析。

第一个复回归，效标变量为高校办学质量，预测变量为学科专业建设、人才培养、科学研究、师资队伍、高校管理。

第二个复回归，效标变量为人才培养，预测变量为学科专业建设、科学研究、师资队伍、高校管理。

第三个复回归，效标变量为学科专业建设，预测变量为高校管理。

第四个复回归，效标变量为师资队伍，预测变量为学科专业建设、高校管理。

第五个复回归：效标变量为科学研究，预测变量为师资队伍、高校管理。

复回归分析1：以高校办学质量为效标变量，以学科专业建设、人才培养、科学研究、师资队伍、高校管理为预测变量，进行回归分析。标准化回归系数（$\beta$）即为路径图的路径系数。其中，预测变量学科专业建设的标准化回归系数为 0.264（$p=0.000<0.001$），人才培养的标准化回归系数为 0.293（$p=0.000<0.001$），科学研究的标准化回归系数为 0.145（$p=0.000<0.001$），师资队伍的标准化回归系数为 $-0.016$（$p=0.854>0.05$），高校管理的标准化回归系数为 $-0.009$（$p=0.846>0.05$）（表6-2），残差系数为 0.842。

表6-2 学科专业建设、人才培养、科学研究、师资队伍、高校管理对高校办学质量的回归分析结果摘要表

| 预测变量 | 标准化回归系数（$\beta$） | $t$ | 决定系数（$R^2$） | $F$ |
|---|---|---|---|---|
| 学科专业建设 | 0.264*** | 3.961 | 0.291 | 78.305*** |
| 人才培养 | 0.293*** | 6.592 | | |
| 科学研究 | 0.145*** | 5.226 | | |

续表

| 预测变量 | 标准化回归系数（$\beta$） | $t$ | 决定系数（$R^2$） | $F$ |
|---|---|---|---|---|
| 师资队伍 | -0.016 | -0.184 | 0.291 | 78.305*** |
| 高校管理 | -0.009 | -0.194 | | |

复回归分析2：以人才培养为效标变量，以学科专业建设、科学研究、师资队伍、高校管理为预测变量，进行回归分析。标准化回归系数（$\beta$）即为路径图的路径系数。其中，预测变量学科专业建设的标准化回归系数为0.346（$p=0.000<0.001$），科学研究的标准化回归系数为-0.019（$p=0.354>0.05$），师资队伍的标准化回归系数为0.537（$p=0.000<0.001$），高校管理的标准化回归系数为-0.108（$p=0.000<0.001$）（表6-3），残差系数为0.614。

表6-3 学科专业建设、科学研究、师资队伍、高校管理对人才培养的回归分析结果摘要表

| 预测变量 | 标准化回归系数（$\beta$） | $t$ | 决定系数（$R^2$） | $F$ |
|---|---|---|---|---|
| 学科专业建设 | 0.346*** | 7.332 | | |
| 科学研究 | -0.019 | -0.926 | 0.623 | 394.143*** |
| 师资队伍 | 0.537*** | 8.855 | | |
| 高校管理 | -0.108*** | -3.210 | | |

复回归分析3：以学科专业建设为效标变量，以高校管理为预测变量，进行回归分析。标准化回归系数（$\beta$）即为路径图的路径系数。其中，预测变量高校管理的标准化回归系数为0.417（$p=0.000<0.001$），残差系数为0.909（表6-4）。

表6-4 高校管理对学科专业的回归分析结果摘要表

| 预测变量 | 标准化回归系数（$\beta$） | $t$ | 决定系数（$R^2$） | $F$ |
|---|---|---|---|---|
| 高校管理 | 0.417*** | 14.190 | 0.174 | 201.346*** |

复回归分析4：以师资队伍为效标变量，以学科专业建设、高校管理为预测变量，进行回归分析。标准化回归系数（$\beta$）即为路径图的路径系数。其中，预测变量学科专业建设的标准化回归系数为0.687（$p=0.000<0.001$），高校管理的标准化回归系数为0.422（$p=0.000<0.001$）（表6-5），残差系数为0.329。

表6-5 学科专业建设、高校管理对师资队伍的回归分析结果摘要表

| 预测变量 | 标准化回归系数（$\beta$） | $t$ | 决定系数（$R^2$） | $F$ |
|---|---|---|---|---|
| 学科专业建设 | 0.687*** | 58.864 | 0.892 | 3962.727*** |
| 高校管理 | 0.422*** | 36.164 | | |

复回归分析5：以科学研究为效标变量，以师资队伍、高校管理为预测变量，

进行回归分析，回归方程显著。标准化回归系数（β）即为路径图的路径系数。其中，预测变量师资队伍的标准化回归系数为 0.208（$p=0.000<0.05$），高校管理的标准化回归系数为 −0.197（$p=0.000<0.001$），残差系数为 0.988（表 6-6）。

表 6-6　师资队伍、高校管理对科学研究的回归分析结果摘要表

| 预测变量 | 标准化回归系数（β） | t | 决定系数（$R^2$） | F |
| --- | --- | --- | --- | --- |
| 师资队伍 | 0.208*** | 4.599 | 0.024 | 11.792*** |
| 高校管理 | −0.197*** | −4.360 | | |

据上述五个复回归分析结果，绘制路径分析图，如图 6-3 所示。

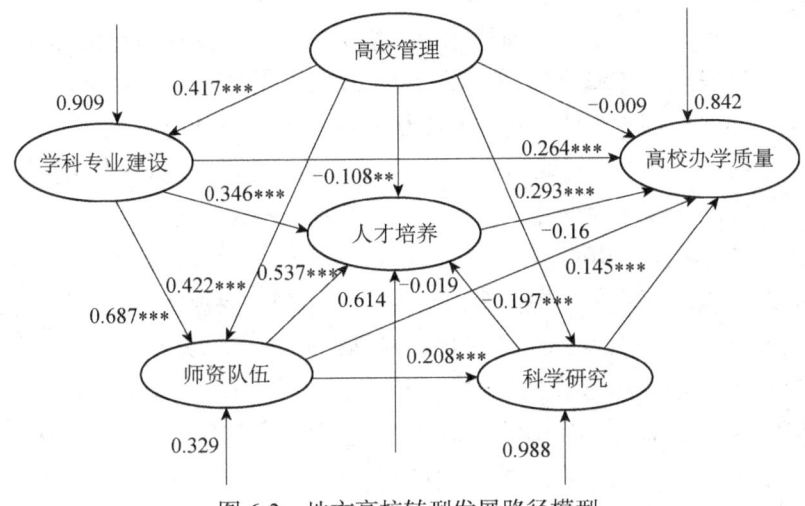

图 6-3　地方高校转型发展路径模型

由图 6-3 的路径模型中的路径系数可以看出，在对高校办学质量影响的路径中，有 15 条显著的路径，其中包括 3 条直接路径、12 条间接路径。

其一，3 条直接影响路径：①学科专业建设直接影响高校办学质量，因此学科专业建设将成为影响高校办学质量的关键变量；②人才培养直接影响高校办学质量，人才培养类型、层次、结构等方面会直接影响学校的效益；③科学研究直接影响高校办学质量。

其二，12 条间接影响路径：①高校管理通过学科专业建设影响高校办学质量；②高校管理经由学科专业建设、人才培养，最终影响高校办学质量；③高校管理通过学科专业建设、师资队伍、人才培养变量，影响高校办学质量；④高校管理经由学科专业建设、师资队伍、科学研究变量，最终影响地方高校办学质量；⑤高校管理经由师资队伍、人才培养影响高校办学质量；⑥高校管理通过影响人

才培养，进而影响高校办学质量；⑦高校管理通过师资队伍、科学研究，进而影响高校办学质量；⑧学科专业建设通过人才培养影响高校办学质量；⑨学科专业建设通过师资队伍影响科学研究，最终影响高校办学质量；⑩学科专业建设通过师资队伍影响人才培养，最终影响高校办学质量；⑪师资队伍通过影响人才培养，最终影响高校办学质量；⑫师资队伍通过影响科学研究间接影响高校办学质量。

### （三）对相关制度设计的启示

上述相关分析和路径分析结果表明，在对地方高校办学质量影响的12条显著的间接路径中，人才培养、师资队伍、科学研究、高校管理作为中介变量，对地方高校转型发展具体制度的设计具有重要启示：①学科专业建设是影响地方高校转型发展的关键因素，是应用型人才培养的主要依托和基本载体，地方高校首先要进行学科专业转型，其他相应环节的转型才能展开。②人才培养、师资队伍、科学研究、高校管理作为中介变量。其中，人才培养是地方高校转型发展的核心要素，改革和创新人才培养模式则成为地方高校转型的首要任务；师资队伍建设及其配套的管理制度改革是地方高校转型的突破口，要加大"双师型"教师队伍建设力度及构建高等教育治理新格局；科学研究作为地方高校服务区域经济发展的重要支撑，是应用型高校的主要职能之一，要重视科学研究改革，加大科技成果转化力度。总之，地方高校转型改革不同于修理机器，不宜采用休克疗法，应采取渐进性的路径。改革的关键是找准改革的突破口和确定转型改革内容要素的优先顺序，通过对转型发展要素的优化组合来有效破解地方高校在转型发展中所面临的问题，提出有针对性的对策建议，真正提高地方高校的办学质量。

## 第二节 地方高校转型发展的学科专业制度改革

学科专业是地方高校与社会联系的重要纽带，是地方高校内涵式发展的核心支柱，是提高应用型人才培养质量，做好科技服务的载体和逻辑前提。学科专业制度就是指围绕学科专业的设置、管理所形成的一系列制度。学科专业是观念组织和社会组织的结合体，是内在建制和外在建制的统一体。[①]基于此，学科专业制度涉及三个层面抑或三种形态：其一，文本形态的学科专业制度——学科专业目录；其二，管理及其运行层面的学科专业制度——学科专业设置、布局等方面的建设制度；其三，政府和高等学校组织设置及运行方面的制度——学科专业管理体制机制。

## 一、问题与挑战

### （一）学科专业制度的历史变迁

中华人民共和国成立70多年来，学科专业制度也在不断地随着经济社会的发展而做出适应性调整。从学科专业制度的文本演变来看，我国学科专业目录历经了五次修订。

**1. 管理标准初创期（1949—1963年）：借鉴苏联模式，按照行业部门划分**

中华人民共和国成立初期，我国高等教育全面学习苏联模式，国家对旧有的高等教育制度进行了根本性重构。1952年院系调整后，国内众多综合性高校转型为独立建制的专科院校，工科院校得到了快速发展。与此相对应，1954年《高等学校专业分类设置（草案）》中目录的分类框架按照行业部门进行对接划分，涉及文科、理科、工科、农科、林科、财经、政法、医药、师范、体育和艺术等，共设40个专业类、257个专业，其中工科专业数达147种。[②]

**2. 第一次修定期（1954—1978年）：学科与行业相结合，功能逐渐拓展**

由于1954年《高等学校专业分类设置（草案）》的专业覆盖面过窄，随着专业数的激增等问题日益凸显，1954年，国家开始着手修订工作，并于1963年颁布了《高等学校通用专业目录》《高等学校绝密和机密专业目录》，这也是中华人民共和国成立以来首个正式由国家统一制定的高等学校专业目录，此目录也成为日后几次目录修订的基准。此次专业目录改变了按行业部门划分的做法，按照学科与行业相结合的原则对高等学校的本科专业进行设置，同时也将其作为学生人

---

[①] 刘小强. 高等教育学学科分析：学科学的视角[M]. 高等教育研究，2007，（07）：72-77.
[②] 纪宝成. 中国大学学科专业设置研究[M]. 北京：中国人民大学出版社，2006：25-31.

数统计、招生计划、毕业生就业分配等的工作标准。①由此可见，自第一次学科专业目录修订后，学科专业目录已经开始从单独的学科专业分类划分功能衍生为一种管理制度体系。

**3. 第二次调整期（1978—1988 年）：确立三级架构，衔接本科、研究生两层次目录**

改革开放推动了我国高等教育的大发展、大繁荣。1978—1988 年，国家陆续发布了高等学校工科、农科与林科、医药、理科、社会科学、师范教育、体育等 7 个本科专业目录，此次目录覆盖 8 个学科门类、77 个专业类和 702 种专业。此阶段，与我国学位制度建立相伴随，本科、研究生学科专业目录设置与建设处在同一历史交汇期。1983 年，国务院学位委员会正式公布了《高等学校和科研机构授予博士和硕士学位的学科、专业目录（试行草案）》，共设 10 个学科门类、63 个一级学科、654 种专业（二级学科）。本次学科专业目录修订确立了"门类—专业类—专业"的三级学科体系基本架构，进一步强化了学科的基础性、学术性特质，专业数大幅增加，开始关注专业划分和设置上的分层次适应性问题，确立了本科教育与研究生教育相对独立专业目录指导的框架格局。②

**4. 第三次调整期（1986—1998 年）：学科专业的行业适应性品质增强，本科生、研究生的贯通性进一步强化**

国务院学位委员会于 1986 年在 1983 年学科专业目录的基础上进行了首次修订，并于 1990 年颁布了《授予博士、硕士学位和培养研究生的学科、专业目录》，其中共设置 11 个学科门类，一级学科由原来的 72 个增加到 88 个，二级学科（学科、专业）由原来的 654 种减少到 381 种。1997 年，国务院学位委员会、国家教育委员会联合发布的《授予博士、硕士学位和培养研究生的学科、专业目录》，授予学位的学科门类增加到 12 个。与此相对应，本科专业目录修订于 1989 年开始启动，此次修订旨在与 1990 年版研究生学科专业目录保持一致，并于 1993 年公布了《普通高等学校本科专业目录》，学科门类调整为 10 个，分别是哲学、经济学、法学、教育学、文学、历史学、理学、工学、农学、医学，共设 71 个专业类、504 种专业。此次修订保证了本科教育与研究生教育的学位连贯性，规范了学科专业名称，拓展了学科专业口径，扩大了学科专业内涵并且增强了学

---

① 郭雷振. 我国高校本科专业目录修订的演变——兼论目录对高校专业设置数量的调节[J]. 现代教育科学（高教研究），2013，（3）：44-49，54.
② 刘少雪. 高等学校本科专业结构、设置及管理机制研究[M]. 北京：高等教育出版社，2009：29-30.

科专业行业的适应性品质。①

**5. 第四次调整期（1998—2010 年）：目录管理制度化，规范、指导功能得到进一步强化**

1998 年，《中华人民共和国高等教育法》颁布实施，其明确规定"高等学校依法自主设置和调整学科、专业"，与此相对应，第四次修订的《普通高等学校本科专业目录》相应出台，这标志着学科专业目录开始步入法制化、定型化阶段，这对目录的有效实施起到了保障作用。此次修订最为突出的就是少、宽、柔，即减少了专业种数、拓宽了专业基础、柔性设计专业方向。在学科门类中增设了管理学，学科门类数达到了 11 门，专业数从 504 个减少至 249 个。②

**6. 第五次调整期（2010 年至今）：学科目录制度化功能得到强化，学科专业衔接更加紧密**

进入 21 世纪后，为适应我国经济、社会、科技和高等教育的发展，国务院学位委员会、教育部启动了学科目录修订工作，对学科目录设置与管理体制机制进行了改革，并于 2011 年颁布了新修订的《学位授予和人才培养学科目录（2011 年）》，修订学科目录是贯彻落实《国家中长期教育改革和发展规划纲要（2010—2020 年）》，建立动态调整机制，优化学科结构的一项重要举措，对推动学位授权审核办法改革，扩大学位授予单位的办学自主权，加快创新人才培养，提高人才培养和学位授予质量，使学位与研究生教育更好地适应经济、社会发展等，均起到了重要推动作用。新目录将艺术学增列为第 13 个学科门类，即艺术学门类。艺术学门类下设艺术学理论、音乐与舞蹈学、戏剧与影视学、美术学和设计学。此外，《学位授予和人才培养学科目录（2011 年）》中将一级学科增加到 100 多个。学科目录适用于硕士、博士的学位授予、招生和培养，并用于学科建设和教育统计分类等工作。学士学位按新目录的学科门类授予。2012 年，教育部颁布了第五次修订的《普通高等学校本科专业目录》。此次调整继续强调学科专业目录是高等教育工作的基本指导文件之一，是规定专业划分、名称及所属门类，设置和调整专业、实施人才培养、安排招生、授予学位、指导就业，进行教育统计和人才需求预测等工作的重要依据。此次调整学科门类在原有 11 类的基础上增设了艺术学，新目录分为基本专业（352 种）和特设专业（154 种），确

---

① 纪宝成. 中国大学学科专业设置研究[M]. 北京：中国人民大学出版社，2006：32.
② 刘小强. 高等教育专业目录修订的回顾与思考[J]. 中国高教研究，2011，(3)：22-25.

定了62种专业为国家控制布点专业。①

（二）学科专业制度的变迁特征、症结与变革动因

回顾和反思我国高校学科专业制度的历史演进过程，学科专业制度随着国家经济社会发展而做出相应的变化调整，历经了分类框架、行业标准、"行业+学科"标准、纯粹的学科标准到兼顾行业职业标准与学科标准的演进过程。

**1. 政府主导的强制性制度变迁和渐进式制度变迁相结合**

中华人民共和国成立后，彻底打破了原有的教育格局，向苏联学习高等教育办学模式。尤其是1952年的院系调整后以及1954年《高等学校专业分类设置（草案）》的设计出台，体现了国家主导强制性制度变迁的取向，也为我国学科专业制度的渐进式调整和发挥相应功能提供了制度基础。随着改革开放进程的加快，我国引入和建立学位制度，本科、研究生学科专业目录制度建设处在关键历史交汇期，研究生学科专业目录从零到有，具有鲜明的强制性制度变迁特征，从此学科专业目录进入了研究生、本科生交叉、关联、贯通式互动的渐进式制度变迁新时期。

**2. 学科专业制度的社会本位主旨和政府权威性主导相伴而行**

中华人民共和国成立以来，尽管国家对学科专业制度进行了一些变革，但其基本精髓、制度变迁的逻辑没有发生变化，制度变迁的主体没有发生变化。一是从制度变迁的精髓和基本逻辑来看，即绝对分类逻辑下的学科专业设置。例如，1997年、1998年分别制定的培养研究生和本科生的学科专业目录均是首先把整个人类的科学分为若干个学科门类，再在这些学科门类下细分出若干个一级学科，然后在一级学科下又分门别类地设置了若干二级学科（专业）。②此种逻辑下的学科分类框架不利于跨学科、交叉学科、新兴学科专业的发展，不利于学科专业一体化发展。绝对的学科分类框架下的专业设置还造成专业的理论色彩过于浓厚，应用型专业难以进入目录，不利于应用型本科和专业学位研究生教育的发展。二是从历时的学科专业制度变迁来看，变迁方式和轨迹体现了政府权威主导下的学科专业目录管理模式。学科专业制度呈现出社会本位、国家本位的制度设计取

---

① 中华人民共和国教育部. 普通高等学校本科专业目录（2012年）[EB/OL].（2012-09-18）[2019-09-01]. http://www.moe.gov.cn/publicfiles/business/htmlfiles/moe/s3705/201210/xxgk_143152.html.

② 刘小强. 高等教育学科专业制度：回顾、反思与方向——关于我国高等教育学科专业制度改革的思考[J]. 学位与研究生教育，2010，(1): 33-39.

向,即学科专业目录设计及其所培养的人才要服务、服从于国民经济发展的战略需要。学科专业目录是国家对学科专业进行认定和高校设置学科专业的法定依据。政府是学科专业设置和管理的唯一合法性主体,学科专业作为人才培养的实体单位被固化和标准化,高校设置学科专业需要申报和政府的审批(审核)。

### 3. 学科专业制度产生了路径依赖和锁定效应

基于以上有关学科专业制度生成与演进的历史梳理,不难发现最初引入学科专业目录的初衷是为了高效、快速地培养与我国当时社会经济建设对接的应用型高级专门人才。这也说明学科专业目录的功能定位与基本性质,既是高等院校培养人才的规格和标准,亦是人才培养目标的具象化,还是教学内容和课程体系设计安排的基本依据,其核心旨趣则是一种对学科专业人才培养的指导性制度。[①]

然而,随着学科专业制度从初创到五次历史变迁,学科专业目录似乎已开始偏离最初的轨迹,其功能已经逐渐演化成为国家组织各高校申报博、硕士点,高校申报重点学科和研究基地,高校申报科研基金项目,高校开设课程,政府和高校人事部门制定教师岗位、定编定岗的依据以及设置院、系、所的合法性依据。[②]显然,学科专业目录不再是单纯的人才培养规格设定的指导性纲要,而是演变成一种层级式、体系化的知识制度和权威性管理制度工具——学科专业制度出现了"过度制度化"。在实践层面,其规范性、权威性管控超越了指导性,应用范围也超越了教学和人才培养领域,"过度制度化"已经在高校的具体办学实践中造成了学科专业呆板、封闭和定型化等诸多问题,在实际中造成了不同层级、不同类型高校间学科专业设置普遍趋同,与现实和需求的脱节以及执行层面的高度统一,造成了人才培养规格雷同、缺乏特色和大学生就业难等一系列衍生性问题。[③]同时,一段时间内,我国减少学科专业设置数,实际上亦造成了很多问题,如同一学科专业人才培养趋同、校际缺乏特色、毕业生就业难等问题,从而造成了结构性失业和人才缺乏。这也成了地方高校缺乏特色、核心竞争力的制度根源之一。

### 4. 学科专业制度供给滞后于地方高校转型发展的新要求

进入新时代,我国学科专业制度赖以依存的社会环境、科学环境和高等教育自身已经发生了重大变化,由此也推动了学科专业制度供给和需求发生了重大变化。从外部社会环境来看,我国学科专业制度肇始于计划经济体制,这是其生成

---

① 陈涛. 我国高等教育学科专业目录的检视与反思[J]. 现代教育管理,2015,(12):7-11.
② 王泉根. 学科级别与"国学学位问题"——试评《学科专业目录》[J]. 学术界,2007,(6):82-86.
③ 刘小强. 就业导向的高等教育学科专业制度改革研究[M]. 北京:中国社会科学出版社,2016:106.

的逻辑起点，学科专业目录不仅在内容上缺乏发展空间，还缺乏及时更新机制，难以对经济社会发展、行业产业发展、科学发展、人才需求的新趋势做出快速反应，缺少灵活性、开放性，其已不能适应社会主义市场经济体制下高等教育的发展要求，限制了高校自主根据行业、企业的市场需要，进行学科专业创新设置、促进学科交叉融合、推动学科专业一体化发展、培养创新型人才的权利，不利于高校作为独立法人行使办学自主权。从科学环境来看，知识经济时代是大科学时代，现有的学科专业制度作为小科学时代的产物，具有学科分割、封闭的特点，自上而下、稳定不变的学科专业制度与当下大科学时代的学科知识交叉融合、知识更新加快的现实相冲突，二者已经不相适宜，不利于高校适应科学发展新趋势和开展科学研究。从高等教育自身的发展来看，现有学科专业制度是精英化高等教育的产物，已不能适应后大众化时代、普及化时代的高等教育内涵式发展需要。有限、固定的学科专业设置不能满足当下规模庞大的学生的个性需求和高质量、多层次的就业需求，绝对的、单一的学科专业权威设置不能满足学生作为消费者对于个人专业进行选择和决定的需求。

5. 学科专业制度制约了高校整体转型发展及其相应的学术治理结构的改革创新

对于现阶段高校尤其是地方高校缺乏特色、核心竞争力不强、服务经济社会发展的能力不突出等一系列问题，我们均可从现行的僵化、呆板的学科专业制度中找到根源。学科专业目录制度一方面发挥了对学科专业人才培养的指导性功能，但随着后高等教育大众化时代的到来，这种单一的理论型、学术型取向的学科专业设置不利于高校的分类发展。另一方面，学科专业目录制度成了高校设计其内部组织架构的基本制度依据。高校均按照学科专业目录来设计其内设组织，就造成了其内部设计组织形态的趋同，进而导致了不同类型、不同层次学校难以分化和实现多样化发展，也就难以形成良好的高等教育生态。因此，统一的学科专业目录制度不利于高校的科学定位、特色定位、分类发展等。这对高校尤其是地方高校而言，不仅是内部组织设计和内部治理结构的问题，更是涉及高校战略定位、类型定位、层次定位的顶层设计的问题。

现阶段，我国高校学科专业组织建设及其管理体制机制、基层学术组织治理结构依然存在局限性。从我国高校基层学术组织治理结构演进的历史进程来看，我国高校的基层学术治理结构如下：中华人民共和国成立前，高校基本上沿用欧美的学院制模式，到1952—1957年全国高校进行院系调整和高校专业设置调整，学习苏联经验，我国大学才取消学院建制，实施校—院系（所）—专业教研室三级学术组织结构模式,专业教研室这一基层学术组织结构模式一直延续到20世纪80年代中期,成为传统的基层学术组织形式。[①]20世纪90年代,新一轮高校调整后,我国高校原来被废除的"学院"得到了恢复,大学逐渐进行学院制改革,实行校—院—系三级学术组织管理模式。当前,大学基层学术组织虽几经变革,大部分高校在表面上恢复了学术组织的校—院(部)—系三级建制,但在实际的运行中,由于受我国现行学科专业制度和传统组织结构形式、管理体制的影响,很多高校的学院不是通过系的合并组建,而是简单地把原有的系升格为学院。实际上,学院是系的翻牌,系是教研室的翻牌,组织名称发生改变,形式上变了,但学科专业口径没变,组织文化、组织功能和运行机制并没有发生根本性的改变,因此难以适应学科综合化趋势,也就很难达到跨学科研究的目的,更无法促进高深学术的生产、传播与应用。[②]此种高校基层学术管理体制和运行机制、治理结构已无法适应经济与社会的发展,其局限性日益凸显,改革势在必行。

## 二、学科专业制度改革

基于上述分析,本研究认为我国学科专业制度的改革应从以下几个方面展开。

### (一)重新厘定我国学科专业制度的价值取向和功能定位

随着社会主义市场经济的不断完善和后高等教育大众化时代的来临,我国的学科专业制度既要满足高校承担教学、科研等基本职能的需要,还要统筹兼顾国家、市场、社会、公民个人等多元主体的利益。因此,学科专业制度价值取向要从多主体立场出发,统筹兼顾,立足于兼顾社会本位和个体本位的制度设计取向;从多个角度来进行综合制度设计,在立足于学科专业制度对教学和科研等进行指导的本体功能的基础上,进一步拓展和强化由其本体功能直接衍生的指导性、参考性功能,如对学校发展战略定位、教师专业发展、学生就业指导、服务社会能力等方面的指导、参考等。与此相对应,还要从制度设计上逐步消解其非本体性功能,克服由于管制职能不断强化而带来的过度制度化、管理主义等发展倾向。

---

① 胡成功,田志宏.我国高校学术组织结构现状研究[J].大学教育科学,2003,(4):5-8.
② 曾冬梅,唐纪良,武波.学术组织创新:高校"学科—专业"一体化建设的基础:"学科—专业"一体化建设研究之一[J].广西大学学报(哲学社会科学版),2008,(2):150-153.

## （二）重构我国学科专业制度的设置逻辑和方法论

重构我国学科专业制度的设置逻辑和方法论应从以下几点考虑。

一是构建政府主导下的政府、高校和行业、产业、社会权威第三方共同参与的制度设计主体格局。学科专业制度不仅关涉国家意志，也关涉高校、社会、行业产业的重要利益关切。为此，学科专业制度设置的主体应由中央政府集中管理走向政府主导下的政府、高校、行业、产业、社会权威第三方共同参与的制度设计和建设主体格局。需要说明和强调的是，多主体参与的前提是政府依然要发挥主导作用，依然是"同辈中的长者"。在此基础上，充分发挥高校和学者在学科专业设置上的主体性，进一步增强制度的弹性和适应性，充分尊重学生对学科专业设置和选择的意愿，鼓励高校设置有特色、反映科技发展新趋势、满足市场和学生个性需求的新工科、新文科、新商科、新医科等新兴学科专业。

二是改进学科专业划分方式方法。在学科专业的关系及其具体划分方式方法上，要彻底改变现行的学科专业制度中以学科分设为基础，在单一学科内细分专业的划分方式方法，要打破封闭、分割的格局，促进学科专业交叉，设置交叉学科专业，这样既拓宽了专业设置的口径，又实现了专业数量的增加，从而达到了既提高了人才培养质量，又满足了行业、产业的需求的双赢局面。

三是学科专业设置要遵循在理论分化的基础上兼顾应用导向的基本逻辑。当下，本科教育缺乏分化、应用型本科难以发展的问题与我国现行制度中理论逻辑主导下的学科专业设置有密切关系。[1]习近平总书记对研究生教育工做做出了重要指示："研究生教育在培养创新人才、提高创新能力、服务经济社会发展、推进国家治理体系和治理能力现代化方面具有重要作用。各级党委和政府要高度重视研究生教育，推动研究生教育适应党和国家事业发展需要，坚持'四为'方针，瞄准科技前沿和关键领域，深入推进学科专业调整，提升导师队伍水平，完善人才培养体系，加快培养国家急需的高层次人才，为坚持和发展中国特色社会主义、实现中华民族伟大复兴的中国梦作出贡献。"[2]因此，地方高校改革学科专业制度，在学科专业设置上既要坚持理论导向，更要考虑社会对应用型人才的广泛需求，设置应用型学科专业，并为此创设良好的制度环境，促进专业学位研究生教育和应用型本科教育的发展，引导我国地方高校科学定位，实现分类分化，进而促进良好的高校办学生态的生成。

---

[1] 刘小强. 高等教育学科专业制度：回顾、反思与方向——关于我国高等教育学科专业制度改革的思考[J]. 学位与研究生教育，2010，（1）：33-39.

[2] 中华人民共和国中央人民政府. 习近平对研究生教育工作作出重要指示[EB/OL].（2020-07-29）[2020-10-19]. http://www.gov.cn/xinwen/2020-07-29/content_5531011.htm.

### （三）推动高校内部学科专业管理体制机制变革

从高校学科与专业建设间的内在互动关系来看，教学与科研的结合最终是在基层学术组织中落实的，良好的学科专业组织体系是促进二者协同发展，提高人才培养质量的关键制度要素。[①]实践表明，最能激发教学科研活力的组织、制度设计应是促进学科专业一体化框架下的教学科研组织一体化。基于此，适应上述学科专业组织制度改革的方向，推动高校内部学科专业组织及管理体制机制改革，应有三个着力点：其一，高校要根据应用导向和跨学科导向，通过开展高校内部深化综合改革，对传统的学科专业组织、制度进行整体性、全局性、系统性的改造，彻底打破人、财、物、知识、信息等相关制度的藩篱，建立良性互动的资源共建、共享机制。其二，高校要对现行的学院制进行改造升级，在目前按一级学科设置学院的基础上，根据学科专业发展的成熟度、社会需求度以及学校战略重点，选择一定数量的学科专业，上移至学科门类或学科群设置学部或学院，以进一步扩大人才培养单位的学科容量，促进学科交叉融合，推动科研创新，培养复合型人才。其三，高校要充分利用"网络+"的技术优势，大力发展虚拟跨学科组织，建立跨学科的网络教科研平台，此举既可以拓展合作共享的覆盖面，又可以为学术组织变革提供一种试错性机制，有利于降低学术组织改革的制度性交易成本。总之，学科专业组织改造和制度变革的一个重要取向就是通过有效的制度创新，建立一个虚实相结合、分工与合作相结合、自主与共享相结合的促进学科交叉、学科专业一体化发展的良好学术生态体系，进而全面提升地方高校的内涵式发展水平。

## 第三节 地方高校转型发展的人事制度改革

本研究已经从理论和实证双重角度论证了人事制度改革与创新是推进地方高校转型发展的重要战略支点和突破口。地方高校的转型发展、内涵式发展，首先要解决的是教师队伍的内涵式发展问题。地方高校"双师型"教师队伍建设是

---

① 曾冬梅，唐纪良，武波. 学术组织创新：高校"学科—专业"一体化建设的基础："学科—专业"一体化建设研究之一[J]. 广西大学学报（哲学社会科学版），2008，（2）：150-153.

其人事制度改革的重点战略面向，二者是重点与全面的关系。因此，在对"双师型"教师队伍建设这一地方高校的关键人事管理问题进行探讨的基础上，要兼顾好全面与重点的关系、整体与局部的关系，还应从地方高校人事管理工作的整体生态出发，系统推进人事制度整体性变革，进而为地方高校建设高水平的师资队伍提供有力的制度支撑。

## 一、问题与挑战

### （一）教师准入制度面临的问题与挑战

《国家中长期教育改革和发展规划纲要（2010—2020年）》指出，加快建设一流大学和一流学科。以重点学科建设为基础，继续实施"985工程"和优势学科创新平台建设，继续实施"211工程"和启动特色重点学科项目。改进管理模式，引入竞争机制，实行绩效评估，进行动态管理。鼓励学校优势学科面向世界，支持参与和设立国际学术合作组织、国际科学计划，支持与境外高水平教育、科研机构建立联合研发基地。加快创建世界一流大学和高水平大学的步伐，培养一批拔尖创新人才，形成一批世界一流学科，产生一批国际领先的原创性成果，为提升我国综合国力贡献力量。[1]我国要建成一批国际知名、有特色、高水平的高等学校，若干所大学达到或接近世界一流大学水平，高等教育国际竞争力显著增强。建设一流大学，需要一流的师资、一流的学科、一流的科研、一流的教学和一流的管理，其中最关键的是一流的师资。现阶段，我国地方高校与一流大学、重点高校之间的最大差距表现为师资队伍建设水平的差距，地方高校普遍存在着引进和培育学术领军人才、拔尖优秀青年教师人才、国际化人才等高端人才困难等诸多问题。[2]无独有偶，与高端学术人才引入困难相类似，地方高校重点建设的"双师型"教师队伍准入制度也尚不健全，对于"双师型"教师的任职资格标准，目前没有明确、统一的认定标准，也缺少相应的资格认证制度。在现有的地方高校教师队伍结构中，学术型教师与"双师型"教师的比例结构不均衡，"双师型教师"的数量偏少，且在人事聘任制度上，"双师型"师资队伍建设仍与应然的要求存在一定的出入和差异，诸多有行业经验和职业能力的人才流失，无法

---

[1] 中华人民共和国教育部. 国家中长期教育改革和发展规划纲要（2010—2020年）[EB/OL].（2010-07-29）[2019-07-29]. http://www.moe.gov.cn/jyb_xwfb/s6052/moe_838/201008/t20100802_93704.html.

[2] 王占军. 推进人事制度改革建设高水平教师队伍——访浙江大学校长杨卫[J]. 大学（学术版），2010，(10)：4-7.

顺利成为"双师型"教师。①

（二）教师培训制度面临的问题与挑战

地方高校教师的培养培训是提升地方高校师资队伍建设整体水平，提高育人质量的主渠道。但是，地方高校人事管理部门往往因缺乏科学合理的师资培训规划，对什么专业需要"双师型"教师，什么专业需要学术型教师，以及不同类型的教师岗前、在职培训的途径、内容的差异性关注不够。学术型教师和"双师型"教师在不同学科专业是一个什么样的比例结构布局，也鲜有制度设计。地方高校缺乏鼓励教师去企业和行业挂职锻炼的激励性政策，以及教师在企业或行业实习锻炼的效果如何评价等诸多问题，都是地方高校无法绕开的，任何一个问题解决不好，都会影响教师队伍建设质量。②从目前来看，地方高校教师培训的外在条件与培训效果难以达成正比。从教师培养制度来看，更多的制度设计将注意力投射到被培训的教师身上，而培训者的水平如何，却总被忽视，由此培训质量以及培训效果可想而知。地方高校师资储备不足和相关培训经费投入不足，导致高校教育师资培养培训的所需条件保障、时间保障受到了极大的限制，教师职业化、专业化发展的进程受到了制约。同时，地方高校与企业深度合作的机制尚未建立，企业对职业教育的参与度始终处于一个较低的水平，产学合作开展得十分迟缓，教师专业训练平台贫乏。同时，地方高校重教师的使用、轻培养的现象依然存在，绝大多数高校对教师培训未能给予足够的重视，相关的培训途径和机会较少，加之固定教师教学任务和时间的限制，很容易错失难得的培训机遇。③

（三）教师激励评价制度面临的问题与挑战

高校教师绩效考评是按照一定的标准、采用科学的方法检查和评定教师履行职责的程度，以确定教师的工作成绩的过程。科学的绩效考评不仅有利于管理者对教师进行报酬激励、奖惩激励和成就激励，同时也是教师聘任、职务晋升的重要依据，对教师的成长及教师专业发展产生了积极的推进作用。回到现实中来，我国地方高校教师激励评价制度依然没有摆脱计划管理评价体制的制度路径依赖。当前，教师绩效考评机制不完善，不足以全面、客观地反映教师工作中的成

---

① 李梦卿，张碧竹. 教育规划纲要背景下的职业院校"双师型"教师队伍建设[J]. 职业技术教育，2011，32（4）：55-59.
② 郑山明. 地方本科院校教师队伍建设研究[M]. 北京：光明日报出版社，2018：65.
③ 庞鹤峰，薄煜明，孔捷. 高校"双师型"教师队伍的培养现状及策略[J]. 教育与职业，2015，（34）：57-59；李丽华. 高职院校"双师型"教师队伍建设情况调研报告——以辽宁省为例[J]. 现代教育管理，2010，（10）：72-75.

绩与问题，不能为教师奖评提供客观、公正的依据，从而挫伤了教师工作的积极性，使教师的进取心、责任感和成就感降低，同时引发了管理者与教师、教师与教师之间的矛盾，削弱了教师绩效评价的激励作用。从现行的高校内部津贴分配制度的实际效果来看，仍然存在平均主义的现象，教师的劳动价值尚未得到应有体现，高校教师薪酬的激励作用的发挥还不够充分，以致影响了教师进行教学和科研的热情。①目前，地方高校对教师的物质激励不足等诸多问题，都与教师工资制度中缺乏合理有效且经常起作用的工资增长机制有关。如果没有相关立法和经常性的制度保证，光靠类似于抢救中年学科带头人、学科骨干的"救火式"的措施，时间不定，范围多变，随机性太大，教师的工资待遇难以真正得到改善。②

从教师激励评价重心来看，我国地方高校教师激励评价制度依然没有摆脱传统的学术型激励评价制度的路径依赖。这就造成了众多教师依然偏重理论教学和学术研究，学校人事部门管理者和教师的思维和行动基本固化在学术型人才激励评价的范式内。传统的注重职称、课题、论文等的评判标准依然大行其道，这也造成了地方高校教师轻视自身实践技能的训练和培养，进而造成了教师学术与实践能力的群体性严重失衡。同时，由于人事管理、津贴待遇、职称晋升、身份限制等相关激励评价性制度存在设计缺陷，地方高校在培养和留住"双师型"教师方面面临的困难重重，出现了"双师型"教师流动"肠梗阻"现象。③

## 二、教师准入制度改革

在资源有限的前提下，地方高校应进行精细化管理，统筹推进教职工岗位设置、编制管理，健全准入机制，持续推进教师队伍整体结构优化。地方高校完善教师队伍结构，应从以下两个方面入手。

一是拓宽教师引进渠道。实践证明，校地互动、校企合作是培养高素质师资的有效举措。因此，要彻底打破仅从应届毕业生中招聘新教师、从高等教育领域引进教师的单一渠道的人才引进局面，应根据应用型高校对教师的素质、知识和能力的要求，有计划地聘请企业的优秀专业技术人才、管理人才和高技能人才作为专业建设带头人，担任专兼职教师，从而达到调整和优化地方高校师资队伍结构的目的。同时，要建立与之相配套的引进标准、引进程序和引进规范，并使之成为地方高校教师准入常态化机制，成为一种有效规范教师准入和优化教师队伍

---

① 张欣. 高校教师分类激励机制研究[M]. 北京：经济管理出版社，2010：74.
② 管培俊. 高校人事制度改革与教师队伍建设[M]. 北京：北京师范大学出版社，2015：164.
③ 夏美武. 地方本科高校"转型陷阱"及其规避路径[J]. 职教论坛，2016，(7)：11-17.

结构的源头性制度供给方式。

二是积极引进行业公认的专才，探索多种形式相结合的聘任机制。行业公认的人才是地方高校的稀缺资源，更是地方高校急需的资源。地方高校应立足于现有发展基础，建立灵活的人才引进机制，本着不求所有、但求为我所用的原则，实行无固定期限和有固定期限的职务聘任形式。例如，对以院士、"千人计划"、"长江学者"等为代表的高层次人才，可以实行刚性引进与柔性引进相结合的方式，为学校的学科专业建设服务，进而带动师资队伍整体水平的提升。地方高校还可以设立校级特聘教授岗位，参照教育部设立的高校"特聘教授"和"长江学者奖励计划"的做法，在学校部分重点学科、专业设立校级特聘教授岗位，面向校内外公开招聘特聘教授，为培育名师创造条件。设立特聘教授岗位，可以有效吸引和造就一批高水平的学科带头人，以及在国内外有较大影响力的专家学者。

## 三、教师培养培训制度改革

### （一）健全完善教师岗前培训制度

目前，我国地方高校实行了教师岗前培训制度，但是教师的岗前培训基本上是走过场，并没有成为一种培训教师的有效方式。为此，地方高校要加强对新教师的岗前培训组织、管理和考核，优化培训专家队伍构成，改进培训内容与培训考核方式，同时对于学术型教师和"双师型"教师要进行差异化的培训，在培训内容上要各有侧重，并严格根据培训考核结果，取得合格证书后方能上岗，避免教师岗前培训的形式化。从教师入职的起点开始，就从制度上规制新教师要认真对待和接受岗前培训，确立终身学习的意识，进而提高岗前培训的质量和效果。

### （二）健全完善教师常规岗位培训机制

地方高校教师从新教师成长为熟练教师，通常需要3~5年的时间。教师能否养成立足于岗位、自觉接受培训的良好习惯，决定了其未来的专业发展潜力和走向。为此，地方高校应建立科学合理的培训考核体系，发挥考核对教师在职接受培训的导向和激励作用。地方高校可成立由教师发展中心、人事处、教务处、科研处和资深教师共同组成的教师培训考核委员会，对教师参加培训所学内容进行考核，重点考核其教学素养、科研能力、现代教育技术素养、人文素质等，并引导教师将培养培训与自身的工作有机结合起来,将教育理论应用到教学、教研、科研的各个环节,促进教师反思其业务的短板和不足,促进其不断提高专业化发展水平。对于培训成绩优秀的教师,可以给予适度的物质奖励,并在职称评定和评先评优上给予相应的倾斜。

### (三)健全教师培养培训的途径

地方高校教师队伍建设,尤其是骨干教师队伍建设,不能仅立足于从外部引进,更要立足于自己培养。[①]具体的培养途径有以下两种。

一是地方高校要建立培养与引进并举,以培养为主的教师培训机制,应更加重视并及早着手培养中青年骨干教师队伍,制订全方位的教师培养计划。同时,地方高校要立足于自身的优势学科专业,引进和培养高水平的学科专业带头人,并为其提供施展才华的事业平台、有吸引力的待遇、宽松的人文环境,进而留住人才、用好人才,这既是带动其他教师专业化发展的一种有效培训机制,更是提高教师队伍核心竞争力最便捷的途径。

二是构建校企协同培养教师的模式。地方高校通过深入实施校企合作,与企业建立以"共建人才纽带、共建育人纽带、共建科技纽带"为核心内容的高层次人才共建共享机制,联合培养"双师型"师资,促进教师将应用实践与应用研究相结合,从而使教师的知识、能力结构适应应用型人才的培养要求,促进教师向应用型教师转变,实现校企合作共建高素质的"应用型"师资队伍的初衷。[②]同时,地方高校可以建立专任教师到相关行业和领域学习交流、接受培训的长效机制,选派中青年教师深入企业进行社会实践,通过到企业挂职锻炼、调研、参与项目研究开发等方式,提高教师的行业实践能力,进一步提升产学研相结合的深度。

## 四、教师评价激励制度改革

地方高校的办学目标和办学理念的实现,最终都要通过教师的创造性劳动来体现,如何评价和激励教师是地方高校办学要解决的首要问题。地方高校教师职务评审制度作为一种人才的发现和激励机制便是与之关系最为密切的制度。因为

---

[①] 刘江栋. 构建应用型本科人才培养模式——地方本科高校转型发展之路[M]. 天津:南开大学出版社,2016:199-120.

[②] 顾永安等. 新建本科院校转型发展论[M]. 北京:中国社会科学出版社,2012:249-250.

教师的职务与薪酬相关,与其专业发展密切相关,就是教师的核心利益诉求。基于此,本研究认为地方高校教师职务评审制度改革方向与设计的重点应围绕学术观念、评审标准、评审组织、评审程序等4个维度进行科学设计。①

### (一) 创新学术观念

创新学术观念既是一场地方高校教师学术评审非正式、渐进式的制度变迁,又是对地方高校教师学术事业发展本质认识的一次深刻思想启蒙。创新学术观念,就是要改变"唯学术取向"的片面的学术本质观,应从高校学术运行的自身运动规律出发,即从发现的学术、综合的学术、应用的学术和教学的学术等4个维度来重构全新的学术本质观,即地方高校的教师学术应当是教学学术、科研学术和服务学术的综合体,并以此作为教师职务评审制度设计和执行的核心理念,将其纳入教师职务评审的制度的设计与执行中,使之获得包括学术型教师、"双师型"教师、行业教师在内的所有利益相关者的广泛的合法性认同。

### (二) 重建评审标准

重建地方高校教师职务评审标准,要按照法治的要求,对原有标准进行修订和完善。

其一,首要任务是构建一个涵盖教学学术、科研学术、服务学术的完备的多元评审指标体系,使教师职务评审有规则可依。对教学学术的评价,应依据教师在考核期限内所授课的数量与质量、教学方式与手段、课程设计与研发、教学过程互动、课后指导、学生评价反馈等指标来进行;对科研学术的评价,应依据教师在固定的任教期限内发表专业学术论著、本学科领域科研项目和取得的科研成果数量与质量等一系列指标进行;对服务学术的评价,应着重考察教师依托其学术能力和学术成果对社会、行业相应领域所做出的贡献(表6-7)。

**表6-7 地方高校教师职务评审考核指标体系框架**

| 评价内容维度 | 具体指标 |
| --- | --- |
| 教学学术评价 | 常规教学、课程设计、学生咨询与指导、组织学生活动、教学奖励、其他教学 |
| 科研学术评价 | 论文、著作等出版物,科研项目及经费,科研奖励,学术期刊编辑与学术团体任职,访问学者经历,国内外学术交流 |
| 服务学术评价 | 决策咨询服务、科研成果转化等 |

---

① 卢伟. 治理理论视域下的大学教师职务评审制度设计[J]. 沈阳师范大学学报(社会科学版),2014,(4):88-91.

其二，定量评价与定性评价相结合，兼顾教师学术成果的数量和质量。在基本指标框架的基础上，还要对各项指标根据不同学科、教师类型予以适度量化，并对不同指标进行权重赋值，将最后得分作为教师职务晋升的基本依据。同时，在此基础上实行"代表作制度"，即组织业界专家对教师提交的代表性成果的影响因子及其在学界的影响力进行客观评价。

其三，采取教师职务评审标准执行的权变性策略，即归于教师职务评审内容、标准，还要根据学校的类型（如学术型、教学型、教学研究型、技术技能型）、教师的类型（如科研型、教学型、二者并重型）而有所差异和侧重。在确立了科学性、规范性的教师职务评审标准的同时，严格的执行力也是确保所制定标准贯彻落实的关键，是教师晋升评价标准法治诉求得以实现的关键，在对考核结果进行综合分析的基础上，就可以以此为客观依据，确定其是否能够晋升。

（三）优化评审组织

地方高校教师职务评审能获得业界合法性认同的基本前提是评审组织能依据评审标准对教师的学术水平做出客观、公允的评价。从长远来看，第三方专业评价是破解教师职务评审不公平问题的良策。立足当下，重学术同行评议应该是优化教师职务评审主体构成所应迈出的第一步。对待职务评审改革，要秉持一种公共理性，逐步让同行评审成为主导，让行政力量逐渐消退。具体的优化策略有三方面：其一，优化评审组织的人员结构，加大学术人员在评审组织中的比例，增加校外权威专家，行业、企业一线专家在评审组织的数量和评价的权重；其二，建立规模适中的专家库，打破相对固定的校内职称评议组成员的设置，组建弹性化的职务评审组织机构，根据历次参评教师的评价情况，按照学科、专业相关原则，动态地随机抽取专家。例如，在浙江大学的现有制度中，学校人事部门要求各学院在上报材料的同时上报本学科国内前5强名单，人事部门选择其中3强，并由对方相应部门根据申请人提供的论文确定评审人，此种"高水平+背靠背"的评审方式，在一定程度上确保了学术评审的严肃性、权威性。其三，实行专家评价实名制，清晰地界定专家的权利和责任，从制度上保障专家对参评教师做出客观、合理的评价，并对其评价做出负责任的解释。

（四）革新评审程序

地方高校教师职务评审程序改革的重点是提高公平度，增强评审过程的透明性、回应性、有效性。从职务管理向岗位管理转变是地方高校人事治理的基本趋势。地方高校在教师职务评审程序的设计上，应致力于建立和完善定期的例行常规职务评审和动态性的直通车评审相结合的评审制度。在例行常规性职务评审方面，一是学校应根据自身的情况制定并公开各学科的职称岗位设置和准入条件，并在全校甚至全国范围公开招聘，将职务评审制度改为岗位公开招聘制度，对校内教师与校外申请者的申报应聘同等对待，所有机会公开、透明、均等，确保程序公平；二是学校应公开具体、详细的岗位招聘、职务评审流程，并依规定严格执行这些程序，接受同行和社会的监督，同时要提高职称评定过程的开放度、参与度、透明度，使同行和相关当事人有更多的机会参与监督；三是建立问责机制，充分发挥学校审计监察部门的作用，加强评审纪律和教师申诉制度、救济制度建设，制订符合地方高校自身特点的教师职务评审监察机制和有效的申诉机制，提高教师职务评审工作的有效性，保障教师依法享有的学术申诉权利。地方高校在开展好常规教师职务评审的同时，还要不拘一格降人才，建立教师职务评审直通车制度。地方高校的人事部门应参照各相关学科专业前5强的标准制定高规格的评审条件，满足条件，无违法违纪、无学术不规范行为者直接取得职称，经过学校教师职务评议委员会讨论通过后，直接给予聘任教师相应的专业技术职务等级。此项职务评审应作为人事部门日常性的工作，只要有申请就受理，同时为防止教师职务评审的投机行为，降低教师盲目参评而带来的评审的工作量陡增的治理风险，对于连续两次申请"直通车"评审且均未通过的教师，不再受理其申请"直通车"评审。诚然，制度本身的目的只是追求自由、繁荣、和平一类基本价值观的手段。[1]因此，完善上述评审程序的最终目的还是使制度设计落实到服务于对地方高校教师学术评价和激励的有效性上来，引导教师回归到对学术本真的追求和专业化发展上来。

## 第四节 地方高校转型发展的人才培养制度改革

前文已经从理论和实证双重角度论证了人才培养制度改革与创新是推进地方高校转型发展的核心环节。地方高校的转型发展、内涵式发展，核心是人才培

---

[1] 柯武刚，史漫飞. 制度经济学——社会秩序与公共政策[M]. 韩朝华译. 北京：商务印书馆，2000：463-464.

养质量的提升。地方高校应用型人才培养是其人才培养制度改革的重点战略面向，二者是重点与全面的关系。因此，本书在对应用型人才培养这一地方高校关键人才培养问题进行探讨的基础上，兼顾全面与重点的关系、整体与局部的关系，从地方高校人才培养工作的整体生态出发，系统推进人才培养制度整体变革，进而为地方高校全面提升人才培养质量提供有力的制度支撑。

## 一、问题与挑战

### （一）知识经济、信息化时代对高校人才培养的新要求

21世纪，以人工智能技术为核心的信息科技革命以及以现代信息技术、智能技术为核心支撑要素的知识经济在世界范围内迅速兴起和发展。新科技革命所引发的经济、社会等领域的深层次变革，对我国高等教育人才培养提出了前所未有的挑战，中国教育开始步入信息化2.0时代。经济社会发展对优质、多样化人才、技术的需要与地方高校人才、技术供给能力不平衡、不充分的发展之间的矛盾，已经成为高校人才培养的主要矛盾。我国地方高校人才培养结构和质量不能够满足经济结构调整和产业升级的要求，出现了高校毕业生就业难和就业质量低与生产一线急需的应用型、复合型、创新型人才紧缺的人才供给悖论。《教育部 国家发展改革委 财政部关于引导部分地方普通本科高校向应用型转变的指导意见》提出，地方高校要增强把握社会经济技术重大变革趋势的能力，加强战略谋划和布局，实现弯道超车；适应、融入、引领所服务区域的新产业、新业态发展，瞄准当地经济社会发展的新增长点，形成人才培养和技术创新新格局；促进新技术向生产生活广泛渗透、应用，推动"互联网+"战略在当地深入推进，形成人才培养和技术创新新优势。[1]推动地方高校人才培养模式变革，已经成为推进地方高校转型发展战略的核心任务之一。

2018年4月，《教育信息化2.0行动计划》的发布，既是顺应全球性科技变革新趋势，又是为新时代中国教育现代化发展提供新的内生动力而做出的一种制度安排。信息技术在推动高校人才培养质量提升中的作用和地位发生了质的提升和转变，中国由此进入教育信息化新时代。《教育信息化2.0行动计划》作为推进"互联网+教育"的具体实施计划，聚焦和回应了新时代对高校人才培养的新

---

[1] 教育部、国家发展和改革委员会，财政部. 教育部 国家发展改革委 财政部关于引导部分地方普通本科高校向应用型转变的指导意见[EB/OL].（2015-10-23）[2019-01-10]. http://www.moe.gov.cn/srcsite/A03/moe_1892/moe_630/201511/t20151113_218942.html.

需求，强化以能力为先的培养理念，赋予了教育信息化新的使命，将教育信息化作为教育系统性变革的内生性变量，标志着中国教育信息化建设进入了一个新时代。地方高校转型发展和教育信息化 2.0 行动计划这两大国家教育战略纷纷应时代要求、国家发展之需发布，二者的深度"联姻"既是外部因素驱动使然，更是基于提高高校人才培养质量的内生性需求。

### （二）人才培养模式存在的问题与挑战

在教育信息化 2.0 时代，转变人才培养模式，提高人才培养质量，培养与地方经济社会发展及行业、产业需求相匹配的高层次复合型、应用型专门人才，是地方高校转型发展的核心任务。人才培养模式涉及人才培养目标、教师队伍、培养方案、课程设置、教与学方式以及质量评价等要素。[①]在教育信息化 2.0 阶段，专用的数字教育资源转变成为通用的"大资源"，跨学科、自组织的数字资源彻底摆脱了对教科书的依附性，成为学校教学内容的重要载体和课堂教学活动的主要依托，促使分科教学体系不断瓦解，加之虚拟现实、大数据分析和人工智能技术在人才培养中的广泛和深度应用，使得教育教学数据资源供给方式全面升级，整个互联网都成为提供优质教育资源供给的"宝藏"，而且有效、精准供给的水平大大提升。[②]然而，地方高校人才培养模式仍然存在诸多与知识经济、教育信息化 2.0 发展趋势和要求相悖而亟待改进的问题，具体如下。

**1. 培养目标设置依然是单一的学术型导向**

现阶段，地方高校人才培养目标的设定依然是将学术型人才培养作为培养目标，虽然有很多高校在培养目标的表述上兼顾学术与职业能力取向的设计，但基本上处于表层改进的状态，缺乏相应的课程体系和实践环节的匹配与有效支撑，没有真正落地。高校专业人才培养缺乏个性化设计，特色不显著，尤其是对学生职业精神、创新精神、实践能力、信息素养、合作能力等核心素养的关注度还远远不够。

**2. 培养主体结构和素质均有待提高和优化**

教师是地方高校人才培养的主体，但教师队伍在整体上仍然呈现出两个主体

---

① 卢伟，褚宏启. 高等教育发展方式转变的内在机制与可行路径——一种要素分析的范式[J]. 现代教育管理，2014，（12）：14-20.
② 杨宗凯，吴砥，郑旭东. 教育信息化 2.0：新时代信息技术变革教育的关键历史跃迁[J]. 教育研究，2018，（4）：16-22.

居于主导、一种类型教师缺乏、一种能力薄弱的尴尬局面,即在教师队伍整体结构上,学术型、传统理论讲授型两种类型的教师依然是地方高校教师队伍的主体,而兼具理论专长和行业经验的"双师型"教师缺乏,教师的信息技术能力和媒介素养、行业实践素养还很薄弱。

### 3. 培养内容结构不合理、内容建设滞后、质量层次不高

当前,地方高校的课程体系已越来越不适合新形势发展的需要,其主要问题表现为:其一,许多地方高校的课程体系理论课程与实践课程呈现出失衡状态。这种失衡不仅体现在不同类型的课程比例上,还体现在课程设计与实施上。地方高校的人才培养多采用公共基础课程、学科基础课程及专业课程的设置与实施模式,即从理论到实践的模式,虽然突出了理论知识的系统性,但是忽视了教育与产业的关联。课程设置仍以理论知识为主,以实践教学为辅,相对于理论课程而言,高校实践教学课程所占权重相对较小。课程内容与职业标准的对接不紧密,未能将职业标准真正引入课程建设中。①其二,部分地方高校的人才培养方案多是简单地移植、复制重点高校同类学科专业的培养方案,并没有真正从地方性、应用型人才培养目标定位的要求出发,构建具有自身特色优势、符合应用型大学本质属性要求的课程体系、课程质量标准体系与人才培养体系。人才培养方案并没有实现真正的改革,课程没有真正变化,实验、实训、实习等实践课程也就难以发生实质性的变革。②其三,高质量的课程缺乏。地方高校获得的国家精品在线课程等现代网络课程的数量较少、比例偏低,主导作用不强,如在教育部2017年认定的首批490门国家精品在线课程中③,以北京大学、武汉大学等教育部直属重点高校为主建设的课程多达344门,占70.2%,地方高校所占比例很小。

### 4. 教学方式、手段单一,现代化程度不高

教学方法仍以传统的讲授法为主导,而对启发式、项目式教学、探究式教学等新型教学方式的运用较少且流于形式,效果甚微;教学过程中,学生的主体地位没有得到应有重视和体现,此种以灌输式为主的教学方法使学生养成了被动接受的习惯,其创新能力、实践能力、独立思考能力都没有得到有效训练,严重影响了教学质量。④在教学手段上,现代信息技术仅停留在应用层面,缺乏与教学

---

① 唐毅谦. 地方本科院校学科专业一体化建设研究[M]. 北京:社会科学文献出版社,2018:138.
② 董立平. 地方高校转型发展与建设应用技术大学[J]. 教育研究,2014,35(8):67-74.
③ 教育部. 教育部办公厅关于公布2017年国家精品在线开放课程认定结果的通知[EB/OL].(2017-12-26)[2019-01-10]. http://www.moe.gov.cn/srcsite/A08/s5664/moe_1623/s3843/201801/t20180112_324478.html.
④ 唐毅谦. 地方本科院校学科专业一体化建设研究[M]. 北京:社会科学文献出版社,2018:138.

的深度融合和创新,教学效能不高。另外,跨学科教学、校企深度合作育人的机制尚未建立,在专业实训教学中,学生"进不去、看不见、动不了、难再现"等难题尚未得到根本性解决。①

5. 评价制度类型单一、功能不健全

当前,地方高校人才培养评价制度仍亟待改进,主要体现在:其一,评价主体和评价形式单一。例如,常规的考试评价主要是基于教材的考试内容和侧重于考查基本知识,不能有效地对学生的创新精神、实践能力进行考查。我们应当看到,依据规范化、固定化的标准评价"长"于事实判断,"短"于价值判断,不能体现对创新人才培养的价值引领,且评估标准过于刚性,过于强调共性,进而抑制了学生的个性化发展、特长特色的彰显。其二,评价指标类型单一。无论是对地方高校的整体评价,还是对专业人才培养质量的评价,均存在用一把尺子衡量不同类型专业人才培养质量的问题,即尚未建立针对应用型人才培养的评价体系,而是依然将传统人才培养评价制度作为应用型人才培养质量的评价标准。其三,在人才培养评价结果的使用上,高校并未把工作的重心和焦点放在如何提高教学质量以及如何缩短本校培养目标与国家规定的教育目标和标准之间的差距上,只注重评估等次和排名次序,有悖于评价制度的本然目的,无异于本末倒置。②

地方高校此种人才培养模式所培养出来的学生知行分离、理论研究功底不深、实践能力不强、创新精神不足、信息化素养不高,制约了地方高校优质、多样、创新、应用型人才的有效供给。基于此,本书认为推进上述人才培养制度的相关变革和改进已势在必行。

## 二、人才培养理念目标制度改革

人才培养理念目标属于地方高校人才培养的非正式制度变革,但恰恰又是关键性、引领性的制度变革。社会各行业对人才需求的层次、类型是多元的,研究型人才、应用型人才、实用型人才之间只有质量优劣之别,并不存在层次之分。③"学术型人才的主要任务是致力于将自然科学和社会科学领域中的客观规律转化为科学原理。而应用型人才的主要任务是将科学原理直接应用于社会实践领域,

---

① 教育部. 教育部关于印发《教育信息化"十三五"规划》的通知[EB/OL].(2016-06-07)[2019-01-10]. http://www.moe.gov.cn/srcsite/A16/s3342/201606/t20160622_269367.html.
② 潘懋元,车如山. 做强地方本科院校的理论与实践研究[M]. 北京:高等教育出版社,2016:285-286.
③ 金国华. 高校应用型人才培养新探[M]. 上海:上海社会科学院出版社,2007:6.

从而为社会创造直接的经济利益和物质财富。"①因此,两种不同类型的人才培养及其规格在知识结构、能力与素质方面具有显著的差异。地方高校要根据综合性大学和技术性大学不同类型的定位,树立多样化的人才培养观,进而引入多元化的教学模式。不同类型大学以及高校内部不同学科专业所确定的人才培养目标各异。综合性大学主要培养经济社会发展所需要的拔尖创新人才、高层次复合型人才,科教融合是其培养人才的核心面向。应用技术大学主要培养生产—线所急需的实用技能型人才和各种高素质的劳动者,产教融合是其培养人才的核心面向。同时,人才培养的多样化,既要面向全体受教育者,又要在实现其个性发展的基础上,为每个受教育者提供适合其的教育类型。

鉴于此,地方高校应树立应用型人才培养的理念,聚焦核心素养,全面升级人才培养目标。人才培养目标应聚焦到培养具有职业精神、信息素养、创新能力、实践能力、合作能力的专门的应用型人才上来,并围绕核心目标优化培养方案的设立。转变人才培养理念,要靠懂教育、会经营的教育家办学,依赖于教育技术、教师教学技能、课程等要素的优化,关键是要把资源、劳动等要素更多地投入到教学过程及与其直接相关的教育培训和研究中,进而为人才培养理念更新、目标设计提供全面、系统的智力支持。②

## 三、人才培养主体制度改革

教师是教学活动的直接实施者,在地方高校人才培养中发挥着主体和主导性作用,要实质性地更新理念、升级目标、改变教学模式,关键在教师。同时,对于地方高校转型发展来讲,行业、企业与高校协同育人、构建育人共同体,也是一个重要面向。从这个意义上来讲,两类育人主体建设同等重要。为此,地方高校人才培养主体制度的改革应致力于以下两个层面。

其一,地方高校内部应致力于推进高校教师人事制度分类改革,地方高校应根据不同科类结构和类型实施差异化的高校教师的培养、选聘及晋升制度,优化不同类型高校教师的素质和能力结构,为提升其教学技能、治学能力奠定坚实的基础。对于学术型教师,要参照综合性大学教师胜任素质结构——基础素质、专业知识、教学能力、科研能力等来构建教师胜任素质模型③,并以此为依据,把

---

① 宋伯宁,宋旭红. 山东省高等学校分类研究[M]. 济南:山东大学出版社,2012:136.
② 卢伟,褚宏启. 高等教育发展方式转变的内在机制与可行路径——一种要素分析的范式[J]. 现代教育管理,2014,(12):14-20.
③ 许安国,叶龙,郭名. 研究型大学教师胜任素质模型构建研究[J]. 中国高教研究,2012,(12):65-68.

选拔和培养国内外学术领域的拔尖人才作为教师专业化发展的目标定位,针对教师绩效考核发现的短板,要通过针对性的培训加强。对于应用技术型教师,应根据其职业教学能力、专业实践能力、科研能力、信息技术能力及社会融合能力等素质结构标准,以"双师型"教师的培养和选拔为标准。地方高校要聚焦教师素质结构中的专业实践能力、科研能力及面向社会能力这三大能力中的"短板",持续推进教师素质结构优化和信息素养提升,强化对教师的计算思维、编程能力、信息技术伦理等信息素养的培训。地方高校要在建设一支具有深厚理论功底和丰富行业经验的"双师型"教师队伍的基础上,打造"数字教师",从而实现师资队伍由"双师型"向兼具理论功底、行业经验、信息素养的"三师型"转型升级。

其二,建立健全人才培养资源共享、协同机制,构建合作育人共同体。地方高校可以充分依托国家数字资源公共服务体系以及覆盖全国的数字资源产权保护和共享交易机制,改变过去教育资源封闭运营的模式……政府应鼓励企业积极提供云端支持、动态更新的适应混合学习、泛在学习等学习方式的新型数字教育资源服务[①],这就从理念、空间、技术上彻底打破、弥合了部门、行业、企业等育人机构之间的壁垒和鸿沟,使得转型高校能充分借助信息化的"桥梁",与企业、行业、社会机构等利益相关者形成"网络空间发展合作共同体",从技术上彻底解决资源供需、共享等瓶颈问题,从而真正实现了现代意义上校企深度融合的育人格局,解决了学生到行业、企业进行实践教学、实训的难题,真正实现了校企双主体协同合作育人。

## 四、人才培养课程制度改革

课程关涉地方高校人才培养的内容,课程制度改革是其核心环节。本研究认为地方高校应致力于以下两个层面开展人才培养课程制度改革。

一是建立基于学生素质差异的分层课程设置机制。在普通高校大规模扩招的背景下,较之以往,地方高校的学生基本素质、学习习惯等都存在较大差异,因此出现了学生素质参差不齐的情况。地方高校的课程设置往往出于兼顾大多数学生需求的目的,课程教学内容无法凸显出个性和特色,课程教学逐渐流于"平庸的教育"和对"平庸者的教育"。义务教育阶段,侧重平等、公平的教育价值取向,高等教育中也沿袭惯例,不愿意对学生进行明确的分层教育,但精英学生、优秀学生、普通学生的分野是存在的既定事实。因此,地方高校在基于核心素养

---

① 教育部. 教育部关于印发《教育信息化"十三五"规划》的通知[EB/OL]. (2016-06-07)[2019-01-10]. http://www.moe.gov.cn/srcsite/A16/s3342/201606/t20160622_269367.html.

训练和培养的实践中,应对课程进行分层分类设置,根据学生的能力基础,培养所有学生的基本能力,凸显绝大部分学生的核心能力,开发一部分学生的创新能力,成为一种必然和可行的选择。①

二是优化课程体系、内容结构。课程体系是人才培养的核心要素。地方高校应积极构建以"平台+模块"为结构特色的实践型课程体系,合理设置公共基础课、学科基础课、专业课程和实践课程的性质和类别,减少不必要的理论课程,增加有助于学生从事岗位工作的实践性课程,形成突出实践能力培养的课程群或课程模块,更加专注于培养学习者的技术技能和创新创业能力。在实践能力尤其是实验能力的培养上,要降低验证性实验的比例,加大设计性、综合性、创新性与开放性实验的比例,从而培养学生的专业设计能力与实践创新能力。概言之,只有每一门课程都构建起科学的能力体系,并在此框架下构建相应的应用技术大学教材体系,才能真正构建科学的专业能力体系,从而形成应用技术大学的应用技术能力体系。这是当前地方高校课程改革的"硬骨头"和"深水区",也是评判其转型是否成功的基本标准。②

## 五、教学方式方法制度改革

教学方式方法是人才培养的"核心技术"。地方高校应根据不同学科专业的建设层次和水平,兼顾人才培养类型和层次差异,实行分层分类教学,采用不同的方式方法并借助现代信息技术手段实现教学手段的转型,切实提高教学效能,具体涉及以下几点。

一是在研究生层次、优秀本科生层次可采用研究型教学模式,开设研究型课程,鼓励学生自主学习,将教学与研究有机结合,让学生实质性地参与研究工作,接触科技发展前沿,在以探索和研究为基础的教学过程中培养学生的研究能力和创新、批判精神,注重培养学生的研究型思维和对学术规范的掌握,培养学生独立从事科学研究和科学发现的能力,概括地讲就是科教融合——研中学,研学结合,注重学生个体特定的理论知识的掌握和研究能力的习得,提高其自主发展、可持续发展的能力。

二是在应用型本科人才培养层次,要按照职业岗位需要,开展以虚拟仿真教学和以情境教学、实例教学为主的教学模式,建立以职业需求为导向的课程结构

---

① 唐毅谦,杨明娜,胡屹等. 高素质应用型人才培养模式多途径探索的理论与实践[M]. 北京:科学出版社,2016:83-84.
② 董立平. 地方高校转型发展与建设应用技术大学[J]. 教育研究,2014,35(8):67-74.

体系，实现教学内容与实际工作需求紧密结合，实现"学校中有工厂"；深化和完善地方高校"工学结合、校企合作"的教学模式，学生实习和实训、毕业设计全部结合生产实践技术问题进行，并在工厂完成，实现"工厂中有课堂"，强化对学生实践技能的培养，概括地讲就是"产教融合——做中学，做学一体"，注重针对个体的特定学习结果与技能的习得，增强其对相关行业的适应性。当然，两种方式方法也可以根据学习内容的需要适度进行交叉使用。

三是推进现代信息技术与教学手段的融合创新。教育信息化2.0的重心在于"化"，即如何把信息技术"化"入教与学的实践中，使之浑然一体、深度融合，从而创造出新的教育教学生态，实现教学范式的更替。[1]然而，实现"化"的关键在于，地方高校要真正落实《教育信息化2.0行动计划》，主动对接"互联网+教育"大平台，对接数字校园、智慧教室、智慧课程[2]，地方高校独立自主地主持并建设国家精品在线开放课程、虚拟仿真教学实训平台，解决"看不见、难再现"的实训难题，打造集理论讲授、在线自学、虚拟仿真实验、企业实习于一体的"中国式翻转课堂"。[3]这样就可以实现现代信息技术与转型高校教育教学的深度融合，实现虚拟世界与现实世界的有机融合，以教育信息化打造地方高校的高水平信息化教育，促进教师教学方式和学生学习方式的转变，进而促进转型高校人才培养模式的根本性变革。

## 六、人才培养评价制度改革

人才培养评价制度是衡量高校人才培养目标和人才质量达成度、匹配度的核心标尺，是地方高校人才培养过程的"指挥棒"和"风向标"。地方高校人才培养评价制度改革，要围绕培养创新型、应用型人才培养这一核心目标进行，实施涵盖知识基础、创新能力、创新精神、实践能力的综合性评价，实现从终结性评价向形成性与终结性评价相结合转变，从学校作为单一的评价主体向行业、企业、学生等多主体评价相结合转变，具体应从以下两个方面进行改进。

一是改革、升级传统的考试评价制度。考试评价要具有开放性和综合性，考试范围必须要广泛，考试范围既要基于教材，还要增加教材之外的拓展知识，通过改进考试评价制度，给学生自主学习、创新学习留下一定的发展空间。考试评

---

[1] 董洪亮. 融合信息技术 重构教育生态——访华中师范大学校长杨宗凯教授[N]. 人民日报, 2017-04-27(第18版).
[2] 陈琳, 王钧铭, 陈松. 教育信息化2.0时代的职业教育创新发展[J]. 中国电化教育, 2018, (12): 70-74.
[3] 何克抗. 如何贯彻落实《教育信息化2.0行动计划》的远大目标[J]. 开放教育研究, 2018, (5): 11-22.

价方式从原来的终结性考试转化成过程性检测和终结性考试相结合，进而形成终结性评价，要在事实判断的基础上，增加价值判断的权重，注重将学生与学业相关的创新活动与创新成果作为其判断学业进步和能力形成的重要参考，动态关注、综合考量学生在创新人格、创新精神、创新意识、实践素养等方面的进步与变化。

二是构建多元化的人才培养质量评价体系。地方高校应与企业、行业团体和技能认定机构共同构建多元化的人才培养评价体系，采取企业评价、教师评价、学生互评等多种主体评价相结合的方式，对学生必备的专业知识、应用能力、综合素质等方面进行综合考核和评价，体现"以人为本、注重能力、分型培养"的人才培养评价导向，形成科学、公正、权威的评价机制。在这个过程中，还要充分借助现代信息技术手段，针对学生的学习过程和特定学习结果、技能掌握情况，增强其对相关行业的适应性，概括地讲就是"产教融合——做中学，做学一体"。①

## 第五节　地方高校转型发展的科研制度改革

本研究已经从理论和实证双重角度论证了科研制度改革与创新是推进地方高校转型发展的关键引擎。地方高校的转型发展，关键的动力机制是科研水平的提升。地方高校科技成果转化是其科研制度改革的重点战略面向，二者是重点与全面的关系。因此，本研究在对科技成果转化这一地方高校科研工作关键问题进行探讨的基础上，兼顾好全面与重点的关系、整体与局部的关系，从地方高校科研工作的整体生态出发，系统推进科研管理制度整体变革，进而为地方高校全面提升科研水平和服务地方经济社会发展的能力提供有力的制度支撑。

### 一、面临的问题与挑战

（一）地方高校科学研究规划定位不清

地方高校提升办学水平，有效服务经济社会的发展，既需要开展高水平的基

---

① 卢伟，褚宏启. 高等教育发展方式转变的内在机制与可行路径——一种要素分析的范式[J]. 现代教育管理，2014，（12）：14-20.

础性研究，也需要开展应用研究，推动科技成果向现实生产力转化。然而，地方高校的科研定位不清晰，还没有形成与办学类型、办学层次及其科学研究重点面向相匹配的科研规划和科研定位，主要表现在以下三个方面。

其一，在科研动机上，部分教师为了完成科研任务与职称晋升，片面地追求"短、平、快"，还存在"唯数量""唯速度"倾向，忽视了科研成果质量和对社会的贡献度，高校层面缺乏对科研工作的长远规划，缺乏对科研方向的凝练和培育。①

其二，在科研取向上，地方高校还存在着学术取向与应用取向的冲突。高校科研人员多是追求发表高水平论文、著作、发明专利，获得高层次奖项等，对科研成果的应用往往采取漠视态度。

其三，在对科研与教学的关系的认识上，很多地方高校不能正确处理科研与教学的关系，要么强调教学，忽视科研，要么"重"科研，"轻"教学，顾此失彼，非此即彼。鉴于此，地方高校应尽快找准自身的科研定位，平衡好基础研究与应用研究、学术性与应用性、科研成果的传播与科研成果的应用之间的关系，这也成为地方高校转型和科研工作转型的当务之急。

### （二）地方高校科学研究能力基础薄弱

地方高校教师的科研能力是一所高校创新驱动发展的核心动力。地方高校的科研队伍建设也是影响地方高校科研转型的重要因素之一。地方高校的科研竞争力的高低，关键取决于一线教科研人员的科研水平、管理水平与科研经费保障。当前，总的来看，地方高校科研基础依然薄弱，集中表现在四个方面。

其一，从总体的科研状况来看，部分地方高校缺乏学术积淀，与"211工程高校""985工程高校"相比，其在科研经费总额、师均科研经费、科研成果数量和质量以及科研综合能力等方面处于弱势地位。

其二，从地方高校的教科研队伍结构来看，高水平的学科带头人紧缺，科研创新团队建设滞后，科学研究还是教师以"个体户"为主的方式进行，地方高校引进高端人才困难，教师中具有博士学位的比例偏低，且高学历教师多是从研究型大学引进的博士毕业生，其行业、企业从业经验不足，甚至还有相当一部分教师缺乏基本的科研能力。由于缺少成熟的科研基础环境、创新氛围和高水平团队的带动，部分拥有博士学位的教师亦难以开展高水平的科学研究，缺乏清晰的学术方向，导致部分高层次人才流失。对于地方高校科研能力建设来说，这无疑是

---

① 田苗，王庆. 地方本科高校转型发展进程中科研服务社会评价体系研究[J]. 当代教育实践与教学研究，2015（8）：48-49.

"雪上加霜"。

其三,从教科研人员的科研水平来看,科研人员对学科发展的前沿动态掌握和了解得不够,科研选题大多是从自己有限的知识出发,科研起点低[1],加之科学研究的经验不足,不断转换研究问题,不能形成相对稳定的学术方向,难以形成持续研究、联合攻关效应。由此,地方高校教师的科研原始创新能力难以提升,原创性成果少,其学术价值、创新价值亦不高。[2]

其四,地方高校的科研协同创新能力薄弱。长期以来,我国在产学研合作上普遍遵循的是从成果到产业化的线性模式,基本上是以资源交易(知识与经费的交换)方式为主,但在"跨组织"科研合作中,成果共享和利益分配机制不完善,在很大程度上已经成为影响提高协同合作效率的主要因素。[3]这就造成了地方高校与研究型大学、行业和企业之间缺乏有效的协同创新机制。即便是地方高校已建的协同创新中心,其实质性的合作及协同创新措施的落实情况也并不理想。同时,现有协同创新中心还存在着"协同锁定"的现象,限制了企业或大学依据发展需要调换合作伙伴的灵活性,增加了合作伙伴的变换成本,影响了创新活动的持续。[4]校企缺乏深度协同,造成了基础研究、应用研究、技术开发不能相互贯通,影响了知识链、技术链、产业链之间的有机衔接,致使地方高校的科研成果的应用性特质、科技成果转化的成熟度低。此外,加之高校科研人员主观上不考虑、不关注转化,不了解转化,其科研成果的应用和转化也就缺乏内在动力,因此必须从制度、激励、约束机制设计上提出刚性要求和进行激励引导,切实加以解决这些问题。

### (三)科研管理制度保障不完善

对于地方高校在科研上的困境,可以从制度上寻找原因。总体而言,地方高校的科研管理制度保障能力还不完善,科学研究管理重结果、轻过程的管理方式影响了地方高校科学研究的成效,具体表现在以下四个方面。

其一,政府的政策环境作为地方高校科学研究的基本保障性制度,是影响科学研究和科技成果转化的重要因素。[5]但是,目前政府层面的政策法规设计不配

---

[1] 庄严. 新建本科院校发展理论与实践探索[M]. 哈尔滨:黑龙江大学出版社,2009:8.

[2] 刘宇文,张鑫鑫. 从外部激励走向内部激励:高校教师科研创新的动力转型研究[J]. 湖南师范大学教育科学学报,2010,(1):16-20.

[3] 蒋文昭,王新. 知识生产模式转型与高校科研支持体系变革[J]. 中国高校科技,2018,(8):14-17.

[4] 蒋文昭,王新. 知识生产模式转型与高校科研支持体系变革[J]. 中国高校科技,2018,(8):14-17.

[5] Mehdi B, Nazanin J, Morteza M. Examine the commercialization research outcomes in Iran: Astructural equation model[J]. International Journal of Business and Management,2011,(6),261-275.

套，缺乏对技术市场主体和交易行为等进行约束的专门性法规。[①]

其二，地方高校科研人员的技术股权和分红权缺乏法律支持和制度保障，高校科研人员的技术转化动力不足。[②]

其三，高校内部的教师考核评价制度重科研成果产出、轻成果转化的现象突出，对教科研人员从事基础研究、应用研究、教学和成果转化人员的评价往往是"一刀切"，缺乏科学的分类管理、评价导向。此种考评制度导向导致高校科研人员的研究往往注重学科、科技前沿，注重学术成果的获得，与实际市场需求脱节。

其四，地方高校用于科学研究方面的经费投入存在总量不足且结构不合理的问题。科技开发作为成果转化的重要过程，得到了各国的充分重视。发达国家在基础研究、技术中试开发和商品化的资金投入比例一般是1∶10∶100，而我国的这一比例却是1∶0.7∶100。[③]由此可见，我国高校科研经费总体投入不足，用于科技成果中试和二次开发的经费投入更是"捉襟见肘"。因此，只有对科研管理制度进行改革，才能规范、引领地方高校科研工作走向正轨，从而助推高校整体转型发展，全面提升其服务经济社会发展的能力。

## 二、科研规划与定位制度改革

为了有效地破解地方高校科学研究力量分散、整体实力不强、缺乏特色和具有竞争力的科研方向等诸多问题，建立科学的科研规划与定位制度显得尤为必要和迫切。地方高校科研规划的编制应聚焦科研定位，结合地方高校自身的科研实际，实施战略性、全局性、综合性、特色化的科研队伍、研究方向、平台基地建设的综合配置与优化[④]，并做好配套制度设计。为此，地方高校的科研规划与定位制度设计应着重从以下四个层面展开。

一是精准地对地方高校科研方向进行定位。地方高校科研规划编制要把培育和遴选优势特色学科方向作为首要和核心任务。学科方向的凝练和培育要基于高校自身的优势学科和特色学科方向，聚焦本学科发展趋势和前沿，基于学科团队成员的研究基础、兴趣，合理兼顾学科科研方向在区域经济和产业发展中的应用前景和市场空间，着眼于科学研究的全过程，统筹兼顾好基础研究、应用研究和

---

① 黄祥嘉. 高校科技成果转化的影响因素与实现路径[J]. 中国高校科技，2015，（3）：95-96.
② 郭英远,张胜. 科技人员参与科技成果转化收益分配的激励机制研究[J]. 科学学与科学技术管理，2015，36（7），146-154.
③ 朱先奇，史彦虎，史洁等. 制度创新与中国高等教育[M]. 北京：中国社会出版社，2006：141.
④ 朱苏飞. 一般地方高校科研规划编制与科研定位[J]. 科技管理研究，2006，（9）：139-140.

中试、产业化之间的关系，并在此基础上做好研究方向的整合，组建学科科研团队，充分发挥科研规划的政策导向和凝聚作用，同时把相关人才引进、经费投入、基地建设等优势资源向重点研究方向倾斜，提升学校的整体科研实力和集成创新能力。

二是做好科研团队建设的定位。地方高校科研人力资源非常分散，缺乏承担高层次重大科研项目的能力已经成为制约其科研水平提升的瓶颈问题。科研团队建设规划是地方高校科研规划的核心。另外，地方高校应该以科研带头人为核心，构建由科研带头人、科研骨干、科技情报人员与管理、服务人员等不同层次、不同类型人才组成的异质性团队，围绕科研方向、平台建设整合科研团队。

三是做好科研平台建设的定位。科研平台是科学研究的基本条件，是实现各种科技资源最佳配置的重要方式和直接表现形式，是科学研究过程中各种支撑条件的综合体现。[1]地方高校科研平台建设要坚持"功能集约型、环境友好型、可持续利用型"的规划定位，立足学校学科、科研全局科学谋划、科学布局、协同发展，学校重点建设的科研基地、重点实验室要与学校重点学科、重点科研方向、重点学科带头人相匹配，发挥优势平台和资源的辐射作用，发挥平台的育人功能，实现教学与科研统一、融合于平台的最佳利用效果。

四是做好科研制度设计的定位。地方高校科研制度建设的定位就是要为学校科研工作的运行和开展提供稳定、可靠的保障。地方高校应该围绕科研工作制定宏观规划类制度、激励评价性制度、刚性约束性制度等，从而为地方高校科研工作发展提供充足的制度供给。

## 三、科研团队建设制度改革

科研团队建设是地方高校科学研究转型升级的内生性变量，也是地方高校产出高水平、创新性成果，提升学校整体科研层次和水平的突破口。在转型发展的过程中，地方高校应致力于科研团队建设制度改革，将国家、地方层面的各项科研政策有机融合，建设高水平的科研团队，具体有三个着力点。

一是围绕高校学科建设，切实实现地方高校科研团队建设由政府政策刚性引领向提升科研团队学术能力和专业发展能力的内生性需求转变。现阶段，地方高校科研创新团队建设的思维和视野通常会受到相关部门的科研创新团队遴选和资助政策的影响，把获批科研创新团队的数量作为衡量其团队建设水平的主要依

---

[1] 王志刚. 发展地方高校科学研究的理论与实践[M]. 北京：高等教育出版社，2004：26.

据和重要目标。这虽然必要，但从长远来看，地方高校建设科研创新团队的重心应从追求获批省部级科研团队数量等外在要求转变到培养优秀科研人才，提升科研整体水平，打造优势特色学科等核心目标的追求上来，从而为地方高校科研创新团队建设及优质成果产出提供持久的内生动力，推动其可持续、健康发展。

二是优化团队类型结构、层次结构、来源结构，构建一支专兼结合、校内外人员结合的多元化的协同创新型科研团队。地方高校要正视自身高端人才、高水平学科带头人不足的现实，本着务实、协同、有效的原则，采用柔性引进的方式，积极聘请国内外高水平大学的高水平专家学者作为团队顾问或负责人，聘请行业、企业的高级技术技能型人才作为团队核心成员，组建科研团队，并积极与国内外高水平大学、科研院所、科技创新企业等合作，组建和持续打造协同创新型科研团队。

三是优化科研团队的运行机制，统筹兼顾科研团队的科研与育人两大职能，建立科研与教学相结合的机制和科研反哺教学机制。地方高校的科研团队不同于企业的研发团队，也有别于科研院所的科研团队，科研团队成员兼具教师和研究人员双重角色。除了进行科研之外，地方高校科研团队还应该承担相应的人才培养和教学研究任务，实现科研创新团队两轮驱动，同时将科研成果有效转化为教学内容，形成科研对教学的有效反哺。

综上所述，地方高校科研团队建设应秉持"求真务实、开放协同"的原则，遵循学校学科建设的实际情况，立足于地方高校自身学科建设的内在需求，遵循科研活动的基本规律，聚焦自身的特色研究优势和方向，不唯政策、不唯数量、不唯帽子、不唯利，尊重学术规律，积极整合和利用校内外资源，自主地构建适合本校实际和学科科研建设实际的科研创新团队及其运行机制，从而使科研团队建设走上良性、健康、可持续发展之路。

## 四、科研平台建设制度改革

科研平台是高校组建科研团队、培养人才、产出科研成果的重要"孵化器"。地方高校的科研平台建设要坚持"功能集约型、环境友好型、可持续利用型"的规划定位，重点做好基础研究平台、技术研发创新平台、科技创新投融资平台、科技中介服务平台等四类平台的建设及其配套制度建设。

一是地方高校要建好高校人文社会科学研究基地、重大科技平台、实验室、工程技术研究中心等基础研究类平台，发挥平台在基础研究、人才培养方面的基础性支撑作用，为产出高水平的成果、培养创新人才奠定坚实的基础。

二是地方高校要完善技术研发创新平台的建设，与地方政府、行业企业开展深度合作，创新合作与共享机制，共建具有区域特色和行业产业特色的政策研究院、高端智库、产业技术研究院、博士后创新实践基地、大学科技园等科技创新平台，围绕共性关键技术、区域性重大政策问题开展联合攻关，实现互惠共赢。

三是完善地方高校科技创新投融资平台体系建设，加大总体的科研经费投入力度，优化经费结构，增加对科研成果转化与研发的投入，吸引社会资本以资金入股、技术合作方式介入，重点解决科技成果早期开发和进入市场阶段的资金问题以及创办高科技创业企业的投融资问题，解决技术集成和孵化阶段的资金来源问题。同时，建立并完善科技成果转化的风险投资机制、风险共担机制，打通科研成果转移转化的"最后一公里"。

四是要加强校内科技中介服务平台的专业化建设。地方高校要改革传统的内部科研管理组织架构的设计，将其从科研管理部门分化出来，单独设立科技成果转移转化服务中心，遴选懂技术、懂市场、善经营、会管理的复合型管理人才，培养其成为校内外的专业"技术经济人"，发挥其在行业企业技术需求与校内成熟科技成果供给间的沟通、对接作用，积极推介高校科技成果。同时，地方高校还要改革现有的人事、科研、薪酬分配等相关制度，对"技术经济人"的岗位属性、职业身份、专业化水平给予认同，从制度上保障转化成果收益，确保其获得相应的专业技术身份的合法性，从而有效激励专业化科技中介队伍和校内技术中介服务平台的形成。

## 五、科研评价激励制度改革

地方高校科研评价激励制度与科研绩效呈正相关。地方高校的科研转型首要的就是进行以促进科技成果转化为导向的地方高校评价及激励制度的改革，主要有以下三个层面。

一是合理定位地方高校办学类型、科研属性及其评价标准。对于不同类型的高校、不同类型的科研活动，应当采用不同的评价指标、方法。对我国的大学科研的评价可以分为研究型、应用型两类。[①]两类高校所应承担的科研任务、目标应有所差异。研究型大学的科研主要承担着赶超国际领先水平的学科领域的任务，培养学术型人才，而应用型大学的科研主要聚焦区域行业、企业的现实需求

---

① 卢立珏，薛伟. 地方高校科研：外部评价体系重构与内部激励机制改革[J]. 中国高校科技，2019，(4)：46-50.

和技术支撑、服务能力,培养应用型人才。不同类型的高校的科研工作应该有不同的类型,如对战略性基础研究、自由探索性基础研究、应用研究等不同类型科研的评价的定位亦应有所差别。① 鉴于此,地方高校承担的科研工作的类型应以应用研究为主,兼有自由探索性基础研究。因此,地方高校应建立以促进科技成果转化为导向的地方高校科研评价及激励机制。自由探索性基础研究旨在以推动学科与科学发展为导向,主要以相关学科、技术领域的新发现、新理念、新知识和新技术等原始创新性成果研发和创新型人才培养为主要考察指标。应用研究则旨在强调高校科研应紧密结合区域社会的经济发展需求,以技术推动和行业、企业市场需求为导向,以共性关键技术突破以及技术创新、集成水平、自主知识产权的产出、经济效益、社会效益等为主要考察标准。

二是在对地方高校办学类型和科研类型进行合理定位的基础上,建立符合地方高校自身特点的科研评价体系。对不同类别的科学研究项目,制定差异化的评价标准。其中,对于基础研究类科研项目,应以原创性成果为评价重点,着重评价其学术价值;对于应用类研究项目,则应以行业、企业的关键、核心技术突破、自主知识产权成果、经济效益和社会效益等为评价重点,着重考察其任务和目标的达成度、成果转化及产业化的程度等,同时要将人文社会科学等软科学研究形成的资政建议、调研报告等研究成果纳入应用研究项目评价框架,主要考察相关学科作为政府和行业思想库智囊团的作用的发挥情况。对于地方高校的创新团队,进行以解决重大科技问题的能力与团队协同创新能力为重点的整体性、综合性评价,围绕团队整体建设水平、标志性成果、协同创新与协同育人机制、配套制度建设等方面进行综合评价,综合考察团队绩效、团队整体的贡献及其每个成员的参与度和贡献度。在对地方高校科研平台的评价方面,对其科研创新平台实行以科研、育人、服务等三大板块为主的综合性绩效考核评价,围绕支撑科研质量、服务行业企业贡献度、协同创新与协同育人、高层次人才队伍培养、协作机制建设等方面开展评价。对于地方高校的校内科技成果转移转化中心等科研成果转化支撑平台中的技术经济人队伍,主要以技术推介服务与推进科技成果转化、推进校企协同创新、协同育人的实际贡献为重点对其进行评价,鼓励高校面向社会和技术市场广纳贤才,并完善相关岗位设置和职级、职务评聘机制。

三是进一步完善以促进科技成果转化为导向的地方高校内部科研激励制度。在推进地方高校科研评价制度改革方面,地方高校应摒弃过去的用学术型科研评价体系来衡量应用型大学的科学研究的传统评价范式,积极探索并建立以应用技术转化和社会服务为导向的评价制度体系,进一步完善与应用型大学相适应的科

---

① 雷朝滋. 坚持正确导向 完善评价机制 促进科学研究健康发展[J]. 中国高等教育,2003,(15):35-36.

研激励制度,大胆改革科研成果收益机制,提高科研人员的成果转化收益比例,让科研人员真正认识到科研的价值,提高教师开展应用技术研究的积极性。[1]具体而言,地方高校要实行以增加知识价值为导向的激励政策,突出科技成果转化绩效在教科研人员、科研团队、校内技术经济人薪酬、奖励、专业技术评审、职务晋升中的导向作用,适当设置科技成果转化类教师专业技术职务类型,激发教师进行科技成果转化的积极性。

## 第六节 地方高校转型发展的管理制度改革

推动地方高校办学定位与学科专业结构的优化调整,加强人才队伍建设,推进人才培养模式与科学研究的转型升级等,均关涉原有相关制度所固化下来的利益和权力的重新配置。这就需要通过强制性和诱致性制度变迁,建立相应的激励与约束机制,提供压力和动力,把各利益相关主体引导到地方高校转型发展、内涵式发展的轨道上来。这就要求地方高校转变教育管理方式,推动教育管理制度创新。教育管理方式转变包括教育行政方式转变和高校管理方式转变两个层面的问题。从高校发展角度来审视,前者属于外部关系,后者属于内部关系。外部关系决定了内部关系,并对后者产生一种联动影响,进而能够调整和改变与之不适应的内部关系。后者在努力适应外部关系的同时,也具有一定的独立性,并会对前者产生一种有限的反向作用。[2]

### 一、面临的问题与挑战

地方高校最大的特点在于其"地方性"和"应用型",不论是应用型人才培养还是应用型科学研究,都必须有系列的与之适应的制度做保障。[3]我国地方高校转型发展的核心是关键发展要素及其配套制度的转型。伴随着我国经济体制从

---

[1] 赵晶晶. 科研改革是地方高校转型发展重点[J]. 中国高等教育, 2016, (23): 52-54.
[2] 湛中乐, 韩春晖. 论大陆公立高校自治权的内在结构——结合北京大学的历史变迁分析//劳凯声. 中国教育法制评论(第4辑)[A]. 北京: 教育科学出版社, 2006: 50.
[3] 顾永安等. 新建本科院校转型发展论[M]. 北京: 中国社会科学出版社, 2012: 260.

计划经济体制向市场经济体制的转轨的不断深入,市场和社会力量的深入介入改变了我国高校既有的利益格局,即从计划体制下的利益格局(利益不分化、高度一致)转变为多元利益主体并存或者博弈的格局。①这也是地方高校进行制度转型的根本动因所在。具体体现在以下几个方面:其一,随着"放管服"改革的深入推进,地方高校摆脱了"政府附属物"的局面,逐渐成为"自主办学的法人实体",政府则转变为多元利益主体中居于主导地位的一方;其二,以教师为代表的教职工群体改变了"单位所有"的身份,与地方高校形成了合同聘约关系,也成为有自身利益诉求的利益主体;其三,学生缴费上学,自主择业,不再是统包统分的"准国家干部",他们与学校的关系越来越带有"消费者"的色彩;其四,地方高校的管理者扮演着多种角色,除了代表政府的利益,还代表教职工和学生的利益;其五,由于投资主体多元化,以"获取利益回报"为目的的高校办学合作者开始介入地方高校的资源配置与发展,然而他们的利益又有其独特性。综上所述,政府、以教师为代表的教职工群体、以书记和校长为代表的校级管理者群体、学生群体、合作办学者已经构成了我国地方高校的多元利益主体。

地方高校多元利益主体及其对高校发展的利益诉求既有共识,更存在差别和冲突。地方高校多元利益主体日益增长的合理的现实利益诉求与现存的滞后的地方高校管理制度供给之间的矛盾日益突出,这给地方高校转型及其管理提出了严峻挑战,主要表现在以下三个方面。②

(一)地方高校与政府的权力划分不清晰

政府在对地方高校转型的管理中的"越位""缺位""错位",使政府管理陷入了"管"与"不管"的两难境地。在微观管理方面,政府处于"越位"状态,具体表现在以下几个方面:其一,地方高校的招生计划需要听从上级教育行政部门的命令;其二,引进和聘任教师需要通过当地或上级人事部门批准,另外,从行业、企业中引进具有丰富实践经验的教师,还存在政策上的局限;其三,地方高校在学科专业设置上必须按照教育行政主管部门给定的专业目录进行,不能依据当地经济社会发展、行业和企业的需要来自主设置、调整相应的学科专业及培养当地急需的人才。然而,在《中华人民共和国高等教育法》把这方面的自主权交给学校之后,政府对这些方面的管理已失去了法律依据。在宏观管理方面,政府处于"缺位"状态。我国先后出台了如《中共中央关于教育体制改革的决定》

---

① 于文明,卢伟. 治理理论的适用性及大学治理的中国实践方略[J]. 高等教育研究,2016,(10):25-30.
② 于文明. 深化我国公立高校内部治理结构改革的现实性选择——基于多元利益主体生成的视角[J]. 国内高等教育教学研究动态,2010,(23):8.

（1985年）、《中华人民共和国高等教育法》（1998年）、《中共中央国务院关于深化教育改革，全面推进素质教育的决定》（1999年）、《国家中长期教育改革和发展规划纲要（2010—2020年）》（2010年）等系列教育政策和法规，逐步推进落实和扩大高校办学自主权，以激发地方高校自身的办学活力，力求进行针对性的弥补与纠偏。这些法规大多需要具体、配套、可行的实施细则。扩大办学自主权一直在推进，高等教育体制亦经过了多次变革，但政府管理模式传统仍需进一步改革，以加强高等学校的办学自主权。[1]有的地方性政策政出多门、随意性较大，有的甚至相互矛盾、相互制约，没有形成密切联系、相互支撑的制度环境，政策执行效果不佳。我国相关法律虽然规定了政府要从高校的微观管理中退出，但这并不意味着政府失去了权力，放弃了对高校管理的责任，而是政府要在高等教育宏观管理方面扮演角色，强化相应的职能。

高等教育是国家的"公共事业"，政府管理地方高校具有合法性，是顺理成章的，关键是需要政府厘清职权边界。近年来，尽管国家一再强调政府要不断调整自身的职能以适应社会发展的需要，但实际的效果并不明显，始终没有很好地解决政府与高校之间的关系，地方政府的高等教育职能与角色没有得到明显转变。在上级教育行政部门的管理之下，即便地方高校认识到了自身缺乏办学特色，但因自身缺乏办学自主权，被束缚了手脚，无能为力，无力扭转同质化发展的办学惯性。在办学实践中，地方高校出现的"规模冲动""贷款失控""同质化"等问题实际上都是政府管理"缺位"造成的，正是政府管理的这种"错位"造成了现实中"管"则越位，"不管"则失控，陷入了"管"与"不管"两难的境地，也制约了地方高校的转型发展。

（二）地方高校内部治理结构不完善

地方高校内部多元利益主体对学校管理的参与不够、激励和监督机制不健全，具体体现在以下几个方面：其一，以教师为代表的教职工群体在学校中的地位出现了新问题。教师是学校工作的主体，应当是大学的主人。如果教师的主体性作用发挥得不好，地方高校也就办不好，转型更是无从说起。依据《中华人民共和国高等教育法》《中华人民共和国教师法》的规定，教职工与学校之间是聘约关系。当二者的关系由原来的行政单位制隶属关系转变为平等的法律契约关系后，在新的制度关系框架下，如何确保教师的权利和义务，如何激发其专业发展的内生动力，就成为新的管理难题。其二，学生群体的权利依然无法得到充分保

---

[1] 潘懋元. 多学科观点的高等教育研究[M]. 上海：上海教育出版社，2001：323.

障。大学生缴费上学，分担了高等教育的部分成本，毕业后自主择业，他们对高等教育的选择权有法理依据和支撑。但是，在现行制度下，学生在入学前和入学后对专业、课程、教师及学习方式的选择的个性化需求却无法得到充分满足。在大学的管理方面，学生缺乏有效依法参与学校管理的渠道和方式，在学校中的权益尚未得到充分保障和实现。其三，以书记、校长为代表的校级管理者既受束缚，又对其缺乏有效监督。一方面，政府还没有从地方高校的微观管理中完全退出，使得学校管理者群体并不能充分地行使办学自主权，他们既受束缚，又缺乏办学的自由空间，这在某种程度上对地方高校的转型发展产生了影响；另一方面，由于政府对地方高校进行宏观管理的渠道与方式还没有完全建立，政府对校级管理者的监督、制约还不健全，教职工参与学校管理的渠道和方式不规范，学生更谈不上实质性参与学校管理，这就使得对校级管理者缺乏监督，如果由此而产生的"短期行为""权力寻租"得不到及时纠正，就会给地方高校发展带来风险，同时也会损害教育的公益性和学校的声誉。

### （三）地方高校与社会的合作不紧密

地方行业、企业与地方高校的办学体制尚未实现激励相容，学校缺乏办学活力。从现实来看，相关行业、企业已深度介入地方高校的转型发展建设中来，并成了地方高校多元利益主体中的一方，但由于现行办学管理体制尚无有效的整合机制，在实践中出现了一系列问题。在经济方面，有的是由于与地方行业、企业存在知识认知的不对等，企业急功近利，损害了教育的公益性，影响了学校的稳定与发展；有的是对合作办学的行业、企业利益关照得不够而使其失去合作动力。在经费投入上，存在着经费来源结构不合理、经费保障水平的区域差异日益加剧、经费保障缺乏稳定性和可持续性等问题。[①]我国的地方高校正处在规模高速发展期，这种规模的快速扩张是在没有充分准备的情况下实现的，高等学校不仅在师资、图书资料、教学设施等基本条件方面准备不足，而且在办学理念、制度、机制上更缺乏准备。地方高校的经费问题已严重影响了地方高校的持续健康发展，如果关于经费方面的理念、制度、机制等问题长期得不到解决，不仅地方高校的办学质量难以实现与规模扩张同步提高，少数地方高校连维持基本运转都面临困难。在政治方面，地方行业、企业合作者多数只能在二级学院参与一定的管理，在校级层面无任何"话语权"，这也使他们的积极性受到影响。在认同感方面，地方行业、企业难以和大学形成"共同体"，"大学人"多数时候并不认同他们，

---

① 赵应生，洪煜，钟秉林. 我国高等教育大众化进程中地方高校经费保障问题及对策[J]. 教育研究，2010，（7）：73-81.

而他们也没有把自己当成"大学主人",其貌不合,其神当然更"离"了。①

另外,对地方高校办学成效也缺少一个恰切的评估主体和适宜的评估方式,社会权威第三方评价处于缺位状态。自20世纪80年代中期开始,我国对普通高等学校本科教学工作水平评估建立了较为科学、合理和完善的体系。但是,这仅仅是对普通高等学校本科教学工作水平进行的评估,而对职业教育的评估还未形成完整、合理的方案。对于应用型大学这样的"新"类型学校,由于其办学定位和发展方式发生了转变,用老办法评价新事物肯定会有失偏颇。②目前,地方高校是否能转型成功,从很大程度上来说还是政府说了算,但还要看学生和社会是否满意,因此,应该让学生和社会各方面都参与到地方高校转型评价体系的制定中来。长期以来,我国在高等教育领域的第三方评价一直缺失,具体到地方院校转型的评价,由于转型是一个刚出现的新事物,第三方评估机构的建设基本上还处于空白阶段。③在评估的具体操作过程中,政府、大学和专业评价机构之间的角色和职责界限不清,专业评价机构缺乏权威性和独立性,缺乏法规与制度的保障。④同时,在"管评办"分离制度、向教学倾斜的制度、师资评价和聘任制度以及合理的科研制度等建构方面并不完善。⑤因此,应该让社会、行业和企业、家长与学生等各利益主体参与到对地方高校转型发展的评价中来,不能仅仅依靠上级制定的硬性的指标体系,由上级教育行政部门选择一些专家学者来评价,而是需要第三方参与进来,进行客观、公正的评价。⑥

## 二、地方高等教育行政改革

地方高等教育行政改革的核心是处理好地方高校与政府之间的关系,处理好分权和集权的关系,建设"责任政府",发挥政府在地方高校治理中的主导作用。固然,多元主体并存是实现大学有效治理的前提,但多元治理主体之间的地位和

---

① 于文明. 中国公立高校多元利益主体的生成与协调研究——构建现代大学制度的新视角[M]. 北京:高等教育出版社,2008:87-88.
② 汪大喹. 关于地方高校转型发展的思考——基于中外应用技术型大学比较研究的视角[J]. 教育探索,2015(7):66-70.
③ 王者鹤. 新建地方本科院校转型发展的困境与对策研究——基于高等教育治理现代化的视角[J]. 中国高教研究,2015,(4):53-59.
④ 陈翠荣. 反思与建构——大学办学特色问题研究[M]. 武汉:华中师范大学出版社,2012:167.
⑤ 王中华. 地方普通本科高校转型发展的困惑与出路——二级学院的视角[J]. 现代教育管理,2016,(3):43-57.
⑥ 王者鹤. 新建地方本科院校转型发展的困境与对策研究——基于高等教育治理现代化的视角[J]. 中国高教研究,2015,(4):53-59.

作用是不一样的,并非主次不分。对治理机制开启、关闭和另行建制的权力始终掌握在政府手中,政府是元治理者。①政府对地方高校转型发展的治理与改革责无旁贷,具体应从以下几个方面展开。

一是政府要转变职能,向地方高校放权,向社会、市场转移权力。首先,向地方高校放权。"世界上最强大的大学就是那些能够得益于政府给予确实自主权的大学"②,政府放权的重要意义在于让地方高校摆脱对政府的依赖,真正成为自主办学的权力主体,从而增强地方高校办学的专业性,更好地满足经济社会的发展需求。放权的关键一步就是依法严格落实高校办学自主权,即《中华人民共和国教育法》《中华人民共和国高等教育法》所规定的高校应拥有的教育教学、科学研究、招生、学生管理、机构设置、教师管理、经费使用7项自主权,以解决政府权力下放不彻底的问题。其次,向市场转移权力。市场机制作为一种有效的高等教育资源配置方式,扮演着政府和地方高校不可替代的角色,发挥着不同的作用。例如,校企合作办学机制、民间资本高等教育投融资机制等在提高地方高校办学投入和促进办学经费来源多样化的同时,也进一步增强了地方高校办学的活力。此外,高校在工程建设、大型仪器设备购买等环节所采用的招投标制度也是对市场机制的引入和有效运用。最后,向社会转移权力。政府要改善与社会组织的关系,积极培育教育类的中介机构,始终坚持它的"在场",发挥其在多元治理主体之间利益整合与表达、方向纠偏等方面的中介、协调、咨询功能,克服政府"失灵"问题,为提升高等教育治理效能服务。

二是政府要提升宏观教育管理能力和横向统筹能力。具体来说,首先,要加强教育行政机构的权力,改变长期以来我国各层级教育行政管理部门"事权"划分相对明晰,与之相对应的"财权"和"人事权"(因过多集中在同级财政、人事部门)却相对薄弱的现状,进而提高教育行政机构宏观整合高等教育发展关键要素的能力和水平。其次,在高等教育治理过程中,要充分发挥政府"元治理"角色的作用,加强政府协调多元利益主体、确定高等教育发展目标与标准、制定宏观规划和统筹高等教育治理等方面的宏观管理职能。最后,进一步加大在高等教育行政关键领域及高校内部核心治理事务上的常态化监督问责力度,以保障地方高校管理者更加规范地行使办学自主权,自觉地依法管理高校。

三是明确高校的办学定位和转型目标。高校办学定位是指办学者根据社会政治、经济、文化发展的需要及学校所处的环境,从办学条件与办学现状出发,确

---

① 俞可平. 治理与善治. [M]. 北京:社会科学文献出版社,2000:74.
② 教育部中外大学校长论坛领导小组. 中外大学校长论坛文集[C]. 北京:高等教育出版社,2002:109.

定学校发展的方向、奋斗目标、建设的重点和办学的特色。①地方高校向应用技术大学转型发展的第一步就是要明确办学定位,确定其在社会系统和高等教育系统中的位置,这样才能进一步决定发展方向和办学模式。首先,要正确认识应用型高校的本质属性。应用技术大学的本质属性是"高等性""专业性""应用技术性""人文性"。地方高校属于高等教育的范畴,进行的是本科层次的教育。地方高校是面向社会职业分工、培养高层次专业人才的教育。应用技术性是地方高校在人才培养、科学研究与社会服务方面的主要特征,是其区别于研究型大学的一个显著特征。地方高校所培养的人才是具备人文素养、职业素养、科学素养、生态伦理素养等全面发展的人。②应用技术大学的本质属性就是地方高校发展方向。其次,要切实做好科学的办学定位。科学合理的办学定位,应该是解放思想、实事求是的结晶,是现实性与超现实性的统一,是动态把握、与时俱进、努力实现跨越式的发展。③由于知识生产模式与知识传承逻辑的差异,地方高校不可能完全模仿研究型大学的发展样式④,这样容易使地方高校迷失办学方向,丧失核心竞争力,失去自身的价值。"在当前高等教育竞争日趋激烈的态势下,一所大学要在竞争中赢得主动权,靠的不应是单一规模做大和层次提升,而应该是办学特色凝练和自身品牌形成。"⑤因此,地方高校既要遵循高等教育内部规律,又要遵循高等教育外部规律,结合形势发展,抓住转型机遇,科学地进行办学定位,打出自己学校的品牌。

## 三、地方高校内部治理结构改革

地方高校内部的治理结构转型改革的核心是处理好行政权力和学术权力的关系,建立现代内部治理结构,发挥地方高校在转型发展过程中的主体作用。地方高校本身是最为重要的高等教育治理主体之一。当前,我国地方高校推进治理改革的核心目标是"从依附到自主",核心任务是建立"党委领导、校长负责、教授治学、民主管理、依法治校"的内部治理结构。具体应从以下几个方面加以推进:一是坚持和完善党委领导下的校长负责制,发挥党委在大学治理中的领导和核心作用。推进国家治理体系和治理能力的现代化,就是在完善和发展中国特

---

① 王志刚. 地方高校特色建设访谈录[M]. 西安:陕西人民出版社,2007:3-4.
② 董立平. 地方高校转型发展与建设应用技术大学[J]. 教育研究,2014,(8):67-74.
③ 梅友松,黄红英. 地方高校转型发展研究[M]. 北京:光明日报出版社,2015:59.
④ 解德渤,赵光锋. 地方本科院校转型发展:理念、困境与突围[J]. 山东高等教育,2015,(4):13-18.
⑤ 顾永安. 新建本科院校转型发展研究的几个重要结论[J]. 常熟理工学院学报,2012,(12):1-6.

色社会主义制度的前提下,在中国共产党的领导下,优化和创新国家治理的主体格局、体制机制和流程环节,提升治国理政的能力。①这也是我国大学治理中坚持党委领导的政治体制的基础所在。二是高校内部要对政府下放的办学自主权进行再分配,即"二次分权"。按照学术权力与行政权力相协调的原则,科学厘定不同权力类型及权力主体的治理意涵,进一步将权力下放给教师、学生、具体管理人员。也就是说,把教育教学、科学研究等学术权力充分授予教学科研人员;把招生、学生管理等行政权力充分授予管理部门;把机构设置、教师管理、经费使用等属于共同支配的权力交给相应的大学治理委员会。三是加强学校管理者队伍建设,提升大学治理的专业化水平。合理分权并不能自动实现大学治理的现代化,中外大学治理实践表明,大学内部的人际关系、中高层行政人员的领导力对于大学能否实现有效治理至关重要。②同时,促进学校管理者的专业化发展也是提升地方高校自身治理能力的关键。在校长的选拔和培养上,要充分尊重高等教育发展与治理规律,按照政治家和教育家的标准,改进高校校长的遴选标准和方式,改善学校领导班子的素质结构、能力结构,从而提升其治校水平;在高校中层管理队伍的建设上,按照"讲政治、精业务、懂教育、会管理、作风正"的标准,以能力建设为重点,提高其依法治理能力、战略规划能力以及应对经济社会发展新变化、新需求的能力。另外,还要建立有效的激励机制和约束机制,加强对高校领导和中层管理者的监督和问责。四是健全教职工参与大学治理的有效机制,切实保障以教师为主体的教职工的合法权益,要充分发挥校、院两级学术组织的作用,保障教师在学术事务治理中的决策权。校级学术委员会要通过搭建跨学科、协同创新平台保障教师充分行使学术自主权,从而使教授治学在学校治理结构中得到体现和固化;学院教授委员会也应当使教授在学科专业建设、科学研究、人才培养上更好地发挥主体性作用。此外,地方高校要依法保障教职工的民主参与权、监督问责权,凡是关涉教职工切身利益的人事制度、津贴制度、财务预算、决算等重大管理事项,都要通过教职工代表大会、工会等为教职工表达合理利益诉求提供畅通渠道。五是进一步建立学生参与学校民主管理的有效机制。地方高校要改革和完善学生代表大会制度,落实学生的自主决策权、专业选择权、民主选举权,地方高校在制定关涉学生切身利益的政策时,也要充分征求学生的意见和建议。同时,地方高校应充分运用好政府赋予的专业设置自主权,破除与学生专业选择权相冲突的现行培养体制、机制的羁绊,扩大学生专业学习的自主

---

① 王浦劬. 科学把握"国家治理"的含义[EB/OL]. (2013-12-29) [2019-09-01]. http://epaper.gmw.cn/gmrb/html/2013-12/29/nw.D110000gmrb201312291-07.htm.
② 顾建民,刘爱生. 超越大学治理结构:关于大学实现有效治理的思考[J]. 高等教育研究,2011,(9):25-29.

选择权，保障学生群体的自主学习权，通过"互联网+"等创新管理手段，做好统筹协调、信息发布、专业学习个性化指导等服务性工作。此外，还要通过建立健全学生代表大会制度、学生议事制度、学生自治性组织等为学生参与学校管理提供切实可行的路径。六是地方高校要加强自我评估，健全校内质量保障体系，完善本科教学基本状态数据库，建立本科教学质量、毕业生就业质量年度报告发布制度，自觉接受社会的监督。同时，地方高校要改进科研评价办法，建立以科研成果创造性、实用性以及科研对人才培养贡献度为导向的评价激励机制。[①]

## 四、地方高校与社会合作机制改革

地方高校与社会合作机制改革的核心是地方高校应处理好自主办学与开放办学的关系，加强地方高校与社会的良性互动，保障社会力量有效参与地方高校治理。大学作为一种组织，不是一个封闭的系统，而是一个开放的系统，与外在环境系统保持着复杂的联系。[②]随着办学自主权逐步落实，高等教育资源配置的市场化逐步深入，高等教育实行成本分担机制，构建政府、高校、社会之间的新型关系具有了合法性基础和实现可能。在推进高等教育治理体系和治理能力现代化的进程中，除了强调以政府为主导、以高校为主体之外，社会力量也不能缺位，应着力促进社会中介组织、营利性组织、公益组织和公民社会等力量有效参与大学治理。

一是强化社会组织的评价和咨询功能，发挥其在地方高校治理中的智库作用。通过推进管、办、评分离，实现地方高校治理体系和治理能力现代化，其中"管"是基础，"办"是核心，"评"是重要支撑。共同治理的本质是第一、二、三部门对于公共事务的共同治理。[③]社会组织作为独立的咨询评价主体参与高等教育治理，有利于提高大学治理的科学化水平。因此，社会组织要在完善高等教育中介组织的准入、资助、监管和行业自律制度的基础上，积极发挥高等教育行业协会、专业学会、基金会等具有第三方性质的专业性社会组织的作用。同时，要不断提高社会组织的专业性、权威性、独立性，构建具有中国特色的新型教育智库，为推进大学治理提供有效的智力支持。例如，教育部学位与研究生教育发

---

① 张大良. 把握"学校主体、地方主责"工作定位 积极引导部分地方本科高校转型发展[J]. 中国高等教育，2015，（10）：23-29.

② Rowan B, Miskel C G. Institutional Theory and the Study of Educational Organizations [M]. Jossey Bass, 1999：359-383.

③ 褚宏启，贾继娥. 教育治理中的多元主体及其作用互补[J]. 教育发展研究，2014，34（19）：1-7.

展中心作为准第三方机构,正以其专业性、权威性评价在推进大学治理体系和治理能力现代化方面发挥着越来越重要的作用,其在全国范围内组织开展的学科评估不仅为国家建设一流大学和一流学科提供了重要决策支撑,也为高校学科建设和内涵式发展、转型发展提供了重要咨询和指导,初步彰显了中国特色新型教育智库的价值。对于分类评价制度的完善,要认识到"高等教育质量是一个多层面的概念",应"考虑多样性和避免用一个统一的尺度来衡量高等教育质量"[1],学术型高校和应用型高校具有不同的社会功能,对其应该有不同的评价指标。在地方高校转型发展过程中,要尽快制定和完善应用技术大学的评价标准,建立有利于应用技术大学发展的评价机制。[2]另外,要建立新的价值导向和评价标准引导地方高校转型发展,评价的重点是从供给端转向需求端,突出产出导向、贡献导向和质量导向,其核心是对高等学校创造经济社会文化价值和学习者发展价值的能力进行评价,并在此基础上科学地设计利益机制。[3]最后,要着力推进"管评办"分离制度构建、向教学倾斜的制度构建、师资评价和聘任制度构建以及建立合理的科研制度。[4]针对应用技术大学的特点,地方高校要牢固树立质量第一的评价导向,健全科学合理的分类评价标准,建立以政府、企业、社会团体等为评价主体的多元评价机制,引入第三方评价模式,把满足区域经济发展重大需求作为核心标准,形成有进有退的动态管理机制。[5]

二是建立产学研一体化的体制机制,推动地方高校和社会深度融合。地方高校只有积极回应行业企业的发展需求,不断提升自身的适应性品质,主动实现转型发展,才能实现可持续发展。行业、企业只有实施创新驱动,持续将地方高校研发的新技术、新产品投入市场或实际应用中,才能获取更多的经济利益。因此,推进地方高校与社会深度融合的关键是寻求行业、企业与地方高校在联合培养人才、协同创新、技术信息共享等方面的最大利益公约数,并通过建立相应的体制、机制来规范和协调企业、高校、投资者等多元利益主体的关系,解决信息不对称问题,降低交易成本,提高合作绩效。在开展校企合作的同时,地方高校能否有效吸收社会资源参与办学,也是衡量其地方治理能力的重要一维。虽然我国大学

---

[1] 迈克尔·A. 希特, R. 杜安·爱尔兰, 罗伯特·E. 霍斯基森. 战略管理:竞争与全球化(概念)[M]. 吕巍等译. 北京:机械工业出版社,2006:125.
[2] 汪大喹. 关于地方高校转型发展的思考——基于中外应用技术型大学比较研究的视角[J]. 教育探索,2015,(7):66-70.
[3] 陈锋. 引导部分本科高校转型发展——关于部分普通本科高校转型发展的若干问题思考[J]. 中国高等教育,2014,(12):16.
[4] 王中华. 地方普通本科高校转型发展的困惑与出路——二级学院的视角[J]. 现代教育管理,2016,(3):53-57.
[5] 潘剑锋. 高等教育新常态下地方高校的应用转型改革发展与学校十三五谋划[Z]. 2015-11-13.

董事会与欧美的大学董事会有着本质的不同,是社会合作机制而非决策机构[①],但这并不意味着要完全拒社会力量于大学治理之外,而应在现有的制度框架下逐步转变董事会(理事会)仅仅是资金筹集机构的有限认识,通过建立相应的沟通机制,积极倾听社会投资者在学校战略规划、人才培养方案制订、文化建设等方面提出的有益建议,凸显中国情境下社会力量参与大学治理的意义和价值。

三是建立地方高校信息公开制度,完善社会问责机制。实行地方高校信息公开,加强社会监督,既是地方高校及时回应多元利益主体直接利益关切的需要,也是落实地方高校社会问责制的有效途径。《国家中长期教育改革和发展规划纲要(2010—2020年)》提出"广泛宣传动员,营造良好环境。广泛宣传党的教育方针政策,广泛宣传优先发展教育、建设人力资源强国的重要性和紧迫性,广泛宣传《教育规划纲要》的重大意义和主要内容,动员全党全社会进一步关心支持教育事业的改革和发展,为《教育规划纲要》的实施创造良好社会环境和舆论氛围"。当前地方高校信息公开首要的就是严格落实教育部颁发的《高等学校信息公开事项清单》,并着重将特长生招生、基建工程招投标、校级领导干部社会兼职、因公出国等纳入重点落实和公开的领域。同时,要确保公开信息的真实性和及时性,建立即时公开制度、常态化年度报告制度,致力于构建多维互动的信息公开平台。地方高校应充分利用新闻发布会及微博、微信等新媒体及时公开信息,加强信息解读与互动,回应社会关切,增强透明性、有效性。政府则要加强对地方高校信息公开的监督和检查,并及时将督察结果向社会公开。总之,实行高校信息公开制度,对于完善地方高校的治理结构,探索建立符合地方高校转型发展的学校管理制度,增进地方高校与社会的互动等均有助益。

综上所述,地方高校的转型发展应兼顾我国大学的发展实际和大学治理的现实基础,是立足于服务地方经济社会发展,并充分吸收治理理论的先进理念、共识性模式与方法等有益要素而形成的一种内生性方案,是一种体现中国特色的地方高校转型发展的治理方案。因此,需要以转变政府职能为突破口,以构建政府、高校、社会的相关行业企业新型关系为核心内容,进而形成政府宏观管理、地方高校自主办学、社会各界广泛参与的和谐共治新格局,为地方高校向应用型大学成功转型奠定坚实的治理基础。

---

① 孙霄兵. 探索完善中国特色的现代大学制度[M]. 北京:高等教育出版社,2012:23.

# 附　　录

## 附录1　地方高校转型发展现状调查问卷

## 第一部分　基本情况

A1. 您所在的学校：（可简写）
A2. 您的学校属于：
①985/211 工程院校　　　②省属本科院校　　　③市属本科院校
④民办本科院校　　　　　⑤高等职业院校
A3. 您的学校定位：
①科研型　　　　　　　　②教学科研并重型　　③教学型
④职业技术型　　　　　　⑤其他
A4. 您校被省教育厅列为转型试点学校：
①是　　　　　　　　　　②否
A5. 您所从事的专业被省教育厅列为转型试点专业：
①是　　　　　　　　　　②否
A6. 您所从事的学科专业与企业开展过校企合作：
①1~3 家　　　　　　　　②4~6 家

③7～9 家   ④10 家及以上

A7. 您所在学校的类型：

①综合类   ②理工类   ③农林类
④师范类   ⑤医药类   ⑥政法类
⑦财经类   ⑧民族语言类   ⑨艺术体育类

A8. 您校所处的战略发展阶段：

①初创区   ②成熟区   ③中兴期
④转型发展期

A9. 您校建校时间：

①90～100 年   ②70～89 年   ③50～69 年
④30～49 年   ⑤30 年以下

A10. 您校在校生规模：

①0.5 万～1 万人   ②1 万～1.5 万人（不含 1 万）
③1.5 万～2 万人（不含 1.5 万）   ④2 万～2.5 万人（不含 2 万）
⑤2.5 万～3 万人（不含 2.5 万）

A11. 学校办学经费主要来源（限选 3 项）：

①政府拨款   ②社会赞助   ③学生学费
④科技研发收入   ⑤校办企业经营收入   ⑥其他收入

A12. 您的职务：

①学校职能部门负责人（处长、副处长）   ②院长、副院长
③一线教师

A13. 您的性别：

①男   ②女

A14. 您的年龄：

①30～39 岁   ②40～49 岁
③50～59 岁   ④60 岁及以上

A15. 您的专业技术职称：

①初级   ②中级
③副高   ④正高

A16. 您的工龄：

①5 年及以下   ②6～10 年   ③11～15 年
④16～20 年   ⑤20 年以上

A17. 您的最后学位：

①博士   ②硕士   ③学士

A18. 您的国外学习经历：
①有　　　　　　　　②没有

A19. 您到企业开展项目合作研发的经历：
①有　　　　　　　　②没有

A20. 您所在的学科门类：
①哲学　　　　　　②经济学　　　　　　③法学
④教育学　　　　　⑤文学　　　　　　　⑥历史学
⑦理学　　　　　　⑧工学　　　　　　　⑨农学
⑩医学　　　　　　⑪管理学　　　　　　⑫艺术学
⑬其他

A21. 您所在的学科属于：
①国家级重点学科　　②省级重点学科（一流特色）
③校级重点学科　　　④其他

A22. 您的年工资收入：
①5万～9万元　　　　②10万～15万元
③16万～20万元　　　④20万元以上

## 第二部分　学科专业建设

填写说明：请根据您的实际情况进行判断，每个题目有四个选项：(1) 代表非常不符合，(2) 代表不太符合，(3) 代表比较符合，(4) 代表非常符合。请您只选一项，并在相应的选项上打"√"。

| 序号 | 描述 | 非常不符合 | 不太符合 | 比较符合 | 非常符合 |
| --- | --- | --- | --- | --- | --- |
| D1 | 您校学科专业建设定位突出行业性 | (1) | (2) | (3) | (4) |
| D2 | 您校学科专业服务面向突出区域性 | (1) | (2) | (3) | (4) |
| D3 | 您校学科专业建设绩效突出应用性 | (1) | (2) | (3) | (4) |
| D4 | 您校着力优化学科结构布局，兼顾学术型学科与应用型学科的比例 | (1) | (2) | (3) | (4) |
| D5 | 您校着力优化学科层次 | (1) | (2) | (3) | (4) |
| D6 | 您校注重科教、产教融合，推进学科、专业、课程一体化建设 | (1) | (2) | (3) | (4) |
| D7 | 您校的学科建设以促进专业建设和成果转化为核心内容 | (1) | (2) | (3) | (4) |

续表

| 序号 | 描述 | 非常不符合 | 不太符合 | 比较符合 | 非常符合 |
|---|---|---|---|---|---|
| D8 | 您校的学科建设面向行业企业实际需求,培育学科生长点 | (1) | (2) | (3) | (4) |
| D9 | 您校的相关学科深入开展产学研合作,推进成果转化 | (1) | (2) | (3) | (4) |
| D10 | 您校的学科建设应强化应用研究、试验开发研究和技术创新 | (1) | (2) | (3) | (4) |
| D11 | 您校的学科专业建设应主要着眼于区域经济社会发展需求 | (1) | (2) | (3) | (4) |
| D12 | 您校的学科建设应立足区域行业发展需求,凝练学科方向 | (1) | (2) | (3) | (4) |
| D13 | 您校开展校企合作搭建学科平台,开展技术攻关 | (1) | (2) | (3) | (4) |
| D14 | 您校专业教师应打造"双师型""双能型"教师队伍 | (1) | (2) | (3) | (4) |
| D15 | 您校注重发挥二级学院的学科专业建设主体作用 | (1) | (2) | (3) | (4) |
| D16 | 您校注重完善学科专业内外部综合评价机制 | (1) | (2) | (3) | (4) |

## 第三部分 "双师型"教师队伍建设

填写说明：请根据您的实际情况进行判断,每个题目有四个选项：(1)代表非常不符合,(2)代表不太符合,(3)代表比较符合,(4)代表非常符合。请您只选一项,并在相应的选项上打"√"。

| 序号 | 描述 | 非常不符合 | 不太符合 | 比较符合 | 非常符合 |
|---|---|---|---|---|---|
| S1 | 您认为高校师资结构规划有利于完善高等教育结构 | (1) | (2) | (3) | (4) |
| S2 | 扩大教育行政部门的人事统筹权 | (1) | (2) | (3) | (4) |
| S3 | 您校将"双师型"教师队伍建设纳入了规划 | (1) | (2) | (3) | (4) |
| S4 | 您认为师资学科专业规划有利于学科专业发展 | (1) | (2) | (3) | (4) |
| S5 | 您认为现有师资提升规划有利于学科专业转型 | (1) | (2) | (3) | (4) |
| S6 | 高校在教师绩效考核、职务评聘等方面应积极向"双师型"教师倾斜 | (1) | (2) | (3) | (4) |
| S7 | 您认为现有的师资队伍能较好地培养应用型人才 | (1) | (2) | (3) | (4) |
| S8 | 课程规划和设计能力是教师的核心能力 | (1) | (2) | (3) | (4) |

续表

| 序号 | 描述 | 非常不符合 | 不太符合 | 比较符合 | 非常符合 |
|---|---|---|---|---|---|
| S9 | "双师型"教师应持有权威机构认证颁发的应用实践能力资格证书 | (1) | (2) | (3) | (4) |
| S10 | 学校定期派教师到行业、企业从事与专业相关的实践活动 | (1) | (2) | (3) | (4) |
| S11 | 教师应积极通过多种途径获取技术技能知识 | (1) | (2) | (3) | (4) |
| S12 | 现阶段,学校的教师职称评定政策制约了科技成果转化 | (1) | (2) | (3) | (4) |
| S13 | 现阶段,学校科研成果评价方式制约了科技成果转化 | (1) | (2) | (3) | (4) |
| S14 | 学校对科研人员技术转移给予的激励不足 | (1) | (2) | (3) | (4) |
| S15 | 积极探索产教融合、校企合作人才培养模式改革 | (1) | (2) | (3) | (4) |
| S16 | 建立有行业、企业参与的专业教学指导委员会 | (1) | (2) | (3) | (4) |
| S17 | 学校聘任一线实践专家充实到教师队伍之中 | (1) | (2) | (3) | (4) |
| S18 | 高校应健全产教融合、校企合作的体制机制 | (1) | (2) | (3) | (4) |
| S19 | 您认为教师队伍的素质是制约学科发展的重要因素 | (1) | (2) | (3) | (4) |
| S20 | 您校教师现有的理论知识能满足学科专业教学的需求 | (1) | (2) | (3) | (4) |
| S21 | 您校教师现有的实践知识能满足学科专业教学的要求 | (1) | (2) | (3) | (4) |

S22. 您校"双师型"教师的认定标准是:【可多选】
①双证书(教师资格证、职业资格证)
②双职称(教师系列职称、技术专业系列职称)
③有工程师资格,又有教学能力
④来自企业一线,有丰富的专业实践经验,又有扎实的基础理论知识
⑤有理论教学能力,又有实践能力
⑥其他

S23. "双师型"教师标准的认定应该由谁负责:【可多选】
①政府主管部门　　　　　　　　　　②行业企业组织
③政府主管部门与行业企业组织　　　④学校与行业企业组织
⑤社会第三方组成的专门组织　　　　⑥其他

S24. 您认为培养应用技术型人才,高校最需要做的工作是?【可多选】
①致力于实现从"分数至上"到"能力至上"的转变,强化理论与实践的结合
②重视对学生创新能力的培养,让学生有能力提出新见解、发现新思路、解

决新问题

③改善学校硬件设施,创造拥有引导和培养应用技术型人才的创新氛围

④创新教育培养模式,挖掘应用技术型人才的内在潜能以及外在能力

⑤加强学校"双师型"队伍的建设,建立一个实践经验丰富的教学团队

⑥加强同行业、企业的紧密联系与合作,全面利用行业企业资源,为学生就业打下基础

⑦给学生独立发展的空间,让他们学习自认为对自身有用的知识

S25. 您认为您校在转型发展过程中应着重转变哪些方面?【可多选】

①办学目标定位　②师资队伍建设　③课程体系建设　④人才培养模式
⑤学科专业建设　⑥管理治理方式　⑦科学研究方式　⑧社会服务方式
⑨经费投入方式　⑩其他

## 第四部分　地方高校应用型人才培养

填写说明:请根据您的实际情况进行判断,每个题目有四个选项:(1)代表非常不符合,(2)代表不太符合,(3)代表比较符合,(4)代表非常符合。请您只选一项,并在相应的选项上打"√"。

| 序号 | 描述 | 非常不符合 | 不太符合 | 比较符合 | 非常符合 |
| --- | --- | --- | --- | --- | --- |
| R1 | 专业人才培养目标符合行业对人才规格的需求 | (1) | (2) | (3) | (4) |
| R2 | 专业课程目标设置符合人才培养目标 | (1) | (2) | (3) | (4) |
| R3 | 具体教学目标符合知识、能力和素质要求 | (1) | (2) | (3) | (4) |
| R4 | 课程建设注重理论课程的构建 | (1) | (2) | (3) | (4) |
| R5 | 高校课程设置提高实践课程的比例 | (1) | (2) | (3) | (4) |
| R6 | 在课堂教学中注重将理论知识转化为实践经验 | (1) | (2) | (3) | (4) |
| R7 | 指导学生参与项目是一种有效教学方式 | (1) | (2) | (3) | (4) |
| R8 | 进行情境式教学,在教学过程中介绍相关行业的发展情况 | (1) | (2) | (3) | (4) |
| R9 | 采用多元教学方法,并结合现代多媒体技术开展教学 | (1) | (2) | (3) | (4) |
| R10 | 教师以问题为中心,指导学生自主开展学习 | (1) | (2) | (3) | (4) |
| R11 | 学校与企业共建实训中心,完善相关机制 | (1) | (2) | (3) | (4) |
| R12 | 高校与企业搭建信息平台,信息通畅 | (1) | (2) | (3) | (4) |
| R13 | 合作企业提供实训岗位,由专门的师傅指导 | (1) | (2) | (3) | (4) |
| R14 | 政府为校企合作的高校和企业提供有效的政策支持 | (1) | (2) | (3) | (4) |

续表

| 序号 | 描述 | 非常不符合 | 不太符合 | 比较符合 | 非常符合 |
|---|---|---|---|---|---|
| R15 | 与企业、行业合作有利于提高企业的效益 | (1) | (2) | (3) | (4) |
| R16 | 与企业、行业合作有利于增强学校整体实力 | (1) | (2) | (3) | (4) |
| R17 | 与行业、企业合作有利于提高教师的实践教学技能 | (1) | (2) | (3) | (4) |
| R18 | 本专业毕业生的专业技能娴熟 | (1) | (2) | (3) | (4) |
| R19 | 本专业毕业生的创新精神较强 | (1) | (2) | (3) | (4) |
| R20 | 本专业毕业生的创业能力较强 | (1) | (2) | (3) | (4) |
| R21 | 本专业毕业生具有较好的合作意识 | (1) | (2) | (3) | (4) |
| R22 | 本专业毕业生的外语水平较高 | (1) | (2) | (3) | (4) |
| R23 | 本专业毕业生的计算机水平较高 | (1) | (2) | (3) | (4) |
| R24 | 与行业企业的合作有利于提高学生的创新创业能力 | (1) | (2) | (3) | (4) |

## 第五部分 科技成果转化

填写说明：请根据您的实际情况进行判断，每个题目有四个选项：（1）代表非常不符合，（2）代表不太符合，（3）代表比较符合，（4）代表非常符合。请您只选一项，并在相应的选项上打"√"。

| 序号 | 描述 | 非常不符合 | 不太符合 | 比较符合 | 非常符合 |
|---|---|---|---|---|---|
| F1 | 您对目前本专业的科技成果转化水平的满意度较高 | (1) | (2) | (3) | (4) |
| F2 | 学校十分重视科技成果转化工作 | (1) | (2) | (3) | (4) |
| F3 | 学校建立了针对科技成果转化的机构 | (1) | (2) | (3) | (4) |
| F4 | 学校具有较高的科技成果转化和管理能力 | (1) | (2) | (3) | (4) |
| F5 | 学校科技成果转化分配收益合理 | (1) | (2) | (3) | (4) |
| F6 | 学校科技成果转化经费使用受财务管理制度的制约 | (1) | (2) | (3) | (4) |
| F7 | 科研项目负责人及团队应直接获得70%以上的科技成果转化收益 | (1) | (2) | (3) | (4) |
| F8 | 现阶段，学校教师职称评定政策制约了科技成果转化 | (1) | (2) | (3) | (4) |
| F9 | 现阶段，学校科研成果评价方式制约了科技成果转化 | (1) | (2) | (3) | (4) |
| F10 | 学校技术转移机构队伍不整齐，服务和转化能力薄弱 | (1) | (2) | (3) | (4) |

续表

| 序号 | 描述 | 非常不符合 | 不太符合 | 比较符合 | 非常符合 |
|---|---|---|---|---|---|
| F11 | 学校对科研人员技术转移给予的激励不足 | (1) | (2) | (3) | (4) |
| F12 | 企业对新技术的需求程度不高 | (1) | (2) | (3) | (4) |
| F13 | 企业对新技术的开发运用水平不高 | (1) | (2) | (3) | (4) |
| F14 | 企业对高校科技成果的互信和了解程度较低 | (1) | (2) | (3) | (4) |
| F15 | 高校科技成果与企业实际技术需求的匹配度不高 | (1) | (2) | (3) | (4) |
| F16 | 中介机构在促进科技成果转化中的作用不大 | (1) | (2) | (3) | (4) |
| F17 | 中介机构对高校科技成果的了解程度较低 | (1) | (2) | (3) | (4) |
| F18 | 中介机构对企业的科技需求不了解 | (1) | (2) | (3) | (4) |
| F19 | 科技成果转化中介机构的专业化水平较低 | (1) | (2) | (3) | (4) |
| F20 | 您在做科研时关注行业企业需求 | (1) | (2) | (3) | (4) |
| F21 | 您自己研究的科研成果直接转化的能力不强 | (1) | (2) | (3) | (4) |
| F22 | 政府项目拨款对科技成果转化的经费支撑不够 | (1) | (2) | (3) | (4) |
| F23 | 学校对科技成果转化的经费保障不到位 | (1) | (2) | (3) | (4) |
| F24 | 合作企业对科技成果转化的经费投入不足 | (1) | (2) | (3) | (4) |
| F25 | 通过金融信贷等风险投资来支撑科技成果转化具有可行性 | (1) | (2) | (3) | (4) |

F26. 您认为高校科技成果转化难的高校自身层面的主要制约因素在于：【限选三项】

①成果技术成熟度低

②缺乏市场化方面的经营管理人才

③科技成果与技术市场的需求不匹配

④缺乏有效的转化机制

⑤评价考核方式对成果转化不重视

⑥现行科研管理体制的制约

F27. 您认为高校科技成果转化难的企业层面的主要制约因素在于：【限选两项】

①企业承担风险的能力薄弱

②高管对技术创新的重视程度不够

③热衷于短期项目

④科技吸纳能力低

⑤对科技成果缺乏深入、充分的了解

⑥其他

F28. 您认为对推动学校科技成果转化影响较大的因素有哪些：【可多选】
①职称评定政策
②教师考核政策
③保证教师共享科技成果转化收益的知识产权政策
④促进科技成果转化的社会资金安排（如创投资金）
⑤高校科技研发的机制，如产学联合研发、产学协同中心
⑥扶持专业性科技成果中介机构的发展
⑦知识产权的综合管理
⑧其他

F29. 您对地方高校科技成果转化绩效的整体评价：【限选一项】
①非常高　　　　②比较高　　　　③一般　　　　④不高

## 第六部分　管理治理

填写说明：请根据您的实际情况进行判断，每个题目有四个选项：（1）代表非常不符合，（2）代表不太符合，（3）代表比较符合，（4）代表非常符合。请您只选一项，并在相应的选项上打"√"。

| 序号 | 描述 | 非常不符合 | 不太符合 | 比较符合 | 非常符合 |
| --- | --- | --- | --- | --- | --- |
| G1 | 政府应构建政府宏观管理、高校自主办学、社会参与支持的治理格局 | （1） | （2） | （3） | （4） |
| G2 | 政府应建立市场导向的资源配置模式 | （1） | （2） | （3） | （4） |
| G3 | 扩大教育行政部门的人事统筹权 | （1） | （2） | （3） | （4） |
| G4 | 政府应进一步落实高校自主招生权 | （1） | （2） | （3） | （4） |
| G5 | 政府应扩大高校专业设置权 | （1） | （2） | （3） | （4） |
| G6 | 政府应扩大高校经费使用管理权 | （1） | （2） | （3） | （4） |
| G7 | 政府应落实高校内设机构设置权 | （1） | （2） | （3） | （4） |
| G8 | 政府应引入第三方评价机制 | （1） | （2） | （3） | （4） |
| G9 | 政府应充分发挥社会组织的咨询和评价功能 | （1） | （2） | （3） | （4） |
| G10 | 政府应完善对高校的监督问责机制 | （1） | （2） | （3） | （4） |
| G11 | 政府给予行业、企业一定的税收优惠或建立补偿机制 | （1） | （2） | （3） | （4） |
| G12 | 高校应构建党委领导、校长负责、教授治学、民主管理的治理结构 | （1） | （2） | （3） | （4） |
| G13 | 应进一步坚持和完善党委领导下的校长负责制 | （1） | （2） | （3） | （4） |
| G14 | 高校应健全产教融合、校企合作的体制机制 | （1） | （2） | （3） | （4） |

续表

| 序号 | 描述 | 非常不符合 | 不太符合 | 比较符合 | 非常符合 |
|---|---|---|---|---|---|
| G15 | 进一步完善有利于高校与行业融合发展的大学章程 | (1) | (2) | (3) | (4) |
| G16 | 建立健全有行业和企业参与的理事会制度 | (1) | (2) | (3) | (4) |
| G17 | 建立有行业、企业参与的专业教学指导委员会 | (1) | (2) | (3) | (4) |
| G18 | 建立促进产教融合、校企合作的内设机构 | (1) | (2) | (3) | (4) |
| G19 | 高校应优化自身的学科专业布局 | (1) | (2) | (3) | (4) |
| G20 | 高校人事编制管理由政府管理走向院校控编 | (1) | (2) | (3) | (4) |
| G21 | 转型专业可以尝试"文化知识+技能"的招考办法，面向中职学校单独招生 | (1) | (2) | (3) | (4) |
| G22 | 工程硕士等专业学位可以主要面向一线实践人员招生 | (1) | (2) | (3) | (4) |
| G23 | 校企共同制订学校招生计划 | (1) | (2) | (3) | (4) |
| G24 | 积极探索产教融合、校企合作的人才培养模式改革 | (1) | (2) | (3) | (4) |
| G25 | 引入市场机制，提高资源配置效益 | (1) | (2) | (3) | (4) |
| G26 | 学校定期派教师到行业、企业从事与专业相关的实践活动 | (1) | (2) | (3) | (4) |
| G27 | 学校聘任一线实践专家充实到教师队伍之中 | (1) | (2) | (3) | (4) |
| G28 | 转型专业教师应持有权威机构认证颁发的应用实践能力资格证书 | (1) | (2) | (3) | (4) |
| G29 | 高校在教师绩效考核、职务评聘等方面应积极向"双师型"教师倾斜 | (1) | (2) | (3) | (4) |
| G30 | 学校要建立教师参与学校治理的有效路径 | (1) | (2) | (3) | (4) |
| G31 | 学校要建立学生参与学校治理的有效渠道 | (1) | (2) | (3) | (4) |
| G32 | 学校应赋予学生专业自主选择权 | (1) | (2) | (3) | (4) |
| G33 | 高校应建立高端智库辅助政府决策 | (1) | (2) | (3) | (4) |
| G34 | 政府应建立科技成果报告制度，建立政、校、企业科技报告共享服务机制 | (1) | (2) | (3) | (4) |
| G35 | 政府应加大公共科技信息平台建设 | (1) | (2) | (3) | (4) |
| G36 | 政府应加大在共性技术研发和中试环节的专项经费投入力度 | (1) | (2) | (3) | (4) |
| G37 | 政府应健全知识产权保护制度 | (1) | (2) | (3) | (4) |
| G38 | 政府应将科技成果转化纳入高校办学绩效考核内容中 | (1) | (2) | (3) | (4) |
| G39 | 高校应加强信息公开，接受社会监督 | (1) | (2) | (3) | (4) |
| G40 | 高校转型应制定专项资金保障制度 | (1) | (2) | (3) | (4) |
| G41 | 高校应建立有别于政府管理的会计制度 | (1) | (2) | (3) | (4) |
| G42 | 应加大高校科研项目经费的自主统筹权 | (1) | (2) | (3) | (4) |

续表

| 序号 | 描述 | 非常不符合 | 不太符合 | 比较符合 | 非常符合 |
|---|---|---|---|---|---|
| G43 | 赋予科研项目负责人更多的经费自主权,可列支劳务费 | (1) | (2) | (3) | (4) |
| G44 | 高校转型应建立多条途径吸纳社会资金机制 | (1) | (2) | (3) | (4) |
| G45 | 建立符合应用型人才培养标准的学生学业考核评价制度 | (1) | (2) | (3) | (4) |
| G46 | 建立学校与行业、企业合作办学、合作治理的机制 | (1) | (2) | (3) | (4) |

G47. 您认为影响高校转型的主要原因有:【可多选】

①适应社会经济转型升级的需求

②解决大学生就业难的问题

③解决行业、企业招工难的问题

④促进地方高校内涵建设的需要

⑤高等教育结构调整的需求

⑥政策推动,成为不可阻挡的历史发展趋势

⑦其他

G48. 您认为高校转型面临的挑战有:【可多选】

①传统观念制约较强

②办学定位不明晰

③学科专业建设与区域社会经济结构的契合度低

④专项投入不足

⑤人才培养模式改革滞后

⑥师资力量不配套,"双师型"师资缺乏

⑦传统教学模式根深蒂固

⑧管理机制体制滞后

⑨其他

G49. 您对高校转型发展的建议:【可多选】

①确立应用技术型高校在国家高等教育体系中的地位

②加强对地方本科院校转型发展的政策引导和宏观指导

③打造"双师型"教师团队

④加大对应用技术型高校的经费投入

⑤改革和创新学校的课程体系

⑥构建呼应地方产业结构的学科专业
⑦搭建校企合作、产教融合平台，并提供法律、法规和机制保障
⑧加强应用技术型人才培养的理论研究和实践探索
⑨创新高校管理治理机制
⑩建立科学、规范的分类评估制度
⑪开展应用技术型高校的国际交流与合作
⑫其他

## 第七部分　对学校整体发展的综合打分

| 项目 | 单项满分 | 您的打分（满分100） |
| --- | --- | --- |
| 办学战略 | 25分 | |
| 人才培养 | 25分 | |
| 科学研究（科技成果转化） | 25分 | |
| 社会服务 | 25分 | |
| 综合得分 | | |

# 附录2　地方高校转型发展研究访谈提纲

## 一、高校管理者访谈提纲

（一）被访谈人员的基本资料

性别：　　　　　学校名称：　　　　　职务：

（二）访谈内容

1）您觉得地方高校转型对学校的学科专业建设产生了哪些影响？现存主要

问题是什么?

2) 贵校教师对学校转型影响学科专业发展的态度如何?

3) 地方高校在进行转型发展的过程中,政府对学校有何支持性政策?您希望政府给学校什么样的支持?

4) 在现有的政策条件下,您认为学校应该如何进行学科专业建设?是否针对学科专业建设采取了相应的措施?

5) 您认为地方高校转型发展的学科专业建设过程中的主要问题和困难是什么?

6) 您对地方高校转型发展的学科专业建设的未来前景怎么看?

7) 您认为地方高校怎样才能获得更好的发展?

## 二、学校职能部门负责人访谈提纲

(一)被访谈人员的基本资料

性别: 　　　　学校名称: 　　　　职务:

(二)访谈内容

1) 您觉得学科团队和专业教师团队建设是否存在一致性?

2) 您认为学科特色方向凝练对专业建设有何促进作用?

3) 您认为实验室、教科研基地是否有必要共建共享,贵校有何具体措施?

4) 在学科专业建设方面有没有具体的例子和成效,贵校有何实招?

5) 贵校在编制专业人才培养方案上,是如何融通学科知识与专业课程设置的?

6) 您怎样看待教学和科研的关系,科研以什么方式能达到育人功能?

7) 您认为地方高校博士单位和博士授权点建设情况对于学科专业建设有何影响?

8) 您觉得地方高校应该如何提高学科的交叉、融合、创新能力?

9) 您觉得贵校现在对科研人员的激励是否充足?

10) 目前,贵校在科研方面的资金是否充足?资金分配是否合理?

## 三、院长、副院长、一线教师访谈提纲

（一）被访谈人员的基本资料

性别：　　　　　　学校名称：　　　　　　职务：

（二）访谈内容

1）您觉得学科团队和专业教师团队建设是否存在一致性？
2）您目前在应用型人才培养过程中面临的最大困惑是什么？
3）学校运用现代教学手段的现状如何？
4）贵校更新教学内容时是否应用了学科科研的成果？
5）教师主要的教学方式是讲授式还是发现式？
6）学校对教师教学工作考核的评价状况如何？
7）学校开展教师培训、教研的情况如何？
8）学校教学规范建设和实施的情况如何？
9）请您简要谈谈学生到行业、企业进行实践教学的情况。
10）您对学校应用型人才培养模式改革有何建议？
11）您对学校管理有何意见和建议？

# 后　记

2010年，我在硕士导师周润智教授的悉心栽培和鼎力推荐下，忝列北京师范大学褚宏启教授门下，攻读教育经济与管理专业管理学博士学位。北京师范大学可谓聚天下教育英才而育之。求学期间我感受到了浓厚的学术氛围，更感受到自身基础之薄弱。我开始跟随导师学习硕士层面的课程，同时认真研读导师列出的书单上的书籍，并着力加强研究方法的学习和实践训练。现在想来，更让我受益的莫过于参与导师主持的两项国家级重点课题，一个是国家教体改重大项目"北京市探索城乡教育一体化发展的有效途径研究"，另一个是国家社科重点课题"以科学发展为主题，转变教育发展方式研究"。攻读博士学位的三年，我全程参与了两大课题的论证、设计、申报及建设过程。在此过程中，承蒙导师信任，还承担了"北京市探索城乡教育一体化发展的有效途径研究"课题组的秘书工作，调研足迹遍布北京市16个区县的基础教育优质校、打工子弟学校，体察了北京推进教育均衡发展的有效举措，感悟了城镇化进程中形成的城市内部新二元教育格局所带来的教育公平问题，博士学位论文《农民工随迁子女教育公平的制度设计》选题从中得以析出，并从课题数据和研究成果中汲取了宝贵营养。2015年，我的博士学位论文有幸在中国社会科学出版社出版，获得了2015—2016年度辽宁省政府哲学社会科学优秀成果二等奖，相关论文《教育扶贫视角下农民工随迁子女教育改革——如何实现入学机会均等与教育起点公平》（载于《中国教育学刊》）获2017—2018年度辽宁省政府哲学社会科学优秀成果二等奖；在全程参与"以科学发展为主体，转变教育发展方式研究"课题过程中，形成了系列研究报告，发表了《教育人才队伍建设：教育发展方式转变的人力资源基础》（载于《教育发展研究》）、《教育发展方式转变与教育培训改革》（载于《教育科学研究》）、《高等教育发展方式转变的内在机制与可行路径》（载于《现代教育管理》）等系列相关文章，主持了若干相关省级课题。2014年，我成功获批了国家社科基金青年项目"地方高校转型发展中的问题及对策研究"。地方高校转型发展实质上就是教育发展方式的转变。教育发展方式是指推动教育发展的各种要素投入及其组合的方式,其实质是依赖什么要素、借助什么手段、通过什么途径、怎样实现教育发展。导师主持的"以科学发展观为主题,转变教育发展方式研究"课题分别从教育发展要素和教育发展类型、发展阶段等多个层面展开了研究,均为我获批国家级课题和后续从事地方高校转型发展研究打下了学理和方法论基础。

2014—2019 年,虽工作岗位及角色几经变迁,从学校教育经济与管理研究所教师到院校研究中心研究员,再到教育学部部长助理,再到学校科研处副处长,再到发展规划与学科建设处处长,但我始终不敢在学术上有丝毫懈怠和放松,坚守师者的育人使命,力争做到管理、学术、育人的有机融合、相互促进。这期间,我指导的中美联合培养教育博士生王笑颖、许金戈,硕士生徐培培、卿灿、王潇以及作为助理导师协助指导的硕士生王天姿、翟冠宇,分别从课题总整体设计、问卷设计、实证调查、数据分析、应用型人才培养、"双师型"教师、科技成果转化、管理制度变革等课题核心研究环节、核心内容板块进行了深度参与,并形成了较高水平的硕士学位论文。同时,我在《教育发展研究》《高等教育研究》《中国高教研究》《教育研究与实验》陆续发表了系列相关高水平论文,专著《地方高校转型发展》有幸在科学出版社出版问世,最终顺利完成了课题研究。在大家共同协作开展课题攻关的过程中,师生之间、生生之间形成了互学互鉴、互帮互助的"教—研—学"一体的学术共同体,真正体味到了科研育人的价值、教学相长的真谛,奋斗过程令人难以忘怀。在此期间,有幸在导师周润智教授的提携下,在南京师范大学张新平教授的亲自指导下,参与了教指委案例编写和案例教学工作,先后有两篇案例入选国家案例库,2018 年获得全国首届教育管理专业学位案例教学大赛特等奖,先后完成了教指委交给的 30 余次案例教学培训任务,陆续到西南大学等国内 20 所高校进行学术交流,累计参与人次近万人。在上述学术成果的基础上,我陆续获辽宁省"兴辽英才计划"青年拔尖人才、辽宁省"百千万人才工程"千人层次人才、辽宁省高等学校创新人才支持计划人选、沈阳师范大学"百人计划"拔尖人才等称号。获批人才称号是组织、学界赋予我的荣誉,是对我个人阶段性学术成绩、贡献和影响的充分肯定,不是"永久牌"标签,更不是什么学术特权,我要更加端正态度,严格要求自己,正确认识和积极履行作为人才称号获得者的使命责任,始终坚守第一身份是教师、第一职责是教书育人的初心与信念,始终鞭策自己永不懈怠、一往无前、接续奋斗。

2010—2020 年,弹指一挥间,这是我学术生涯的一个重要节点,也是走向未来的一个重要起点。现在回顾、品味起来,攻读博士学位期间追随导师褚宏启教授并参与导师主持的两大课题使得自己在基本理论素养、系统性思维能力、课题设计能力、科学研究能力以及后来自己科研方向的孵化、科研育人能力的提升等方面均得到了立体化训练，体悟到了导师所坚持、倡导的"做中学"的价值意蕴所在，也更深刻体悟到了"教学相长"的价值意蕴所在。诚如德国教育家雅斯贝尔斯所言：教育的本质意味着一棵树摇动另一棵树，一朵云推动另一朵云，一个灵魂唤醒另一个灵魂！

我是幸运的，生逢盛世，感谢勤劳质朴的农民父母将我带到人世间，感受人间的繁华与多彩；我是幸运的，感谢妻子为了家庭的辛苦无怨付出，也感谢儿子的懂事与上进，令我享受到家庭的温馨。

我是幸运的，遇到良师，始终沐浴着周润智教授、褚宏启教授两位导师身上所彰显的"谦逊敬业、潜心研究、甘为人梯、奖掖后学"的良师风范，这就是言传身教，这就是人生课程思政，这就是立德树人。

常言道，不养儿不知父母恩，在此我化用一下，以表达我的"通感"——不培养学生不知师者恩。展望未来十年，我会怀着对养育、培养、提携、帮助我的父母、亲人、领导、老师的感恩之心，怀着对学问的敬畏之心，践行北京师范大学"学为人师，行为师范"的校训精神，把立德树人融入教育教学、科学研究全过程，带动和影响一批又一批青年学子在其岗位上建功立业，做"作风正、懂教育、会管理、善研究"的新时代合格师者。

是为后记，以此铭志。

卢 伟

庚子年岁末于沈阳师范大学